Werde aktiv! Übe mithilfe der Aufgaben auf den **NEWTON AKTIV**-Seiten dein neu erworbenes Wissen und wende es an. Die Aufträge sind mit leicht □, mittel ◪ oder schwer ◼ gekennzeichnet.

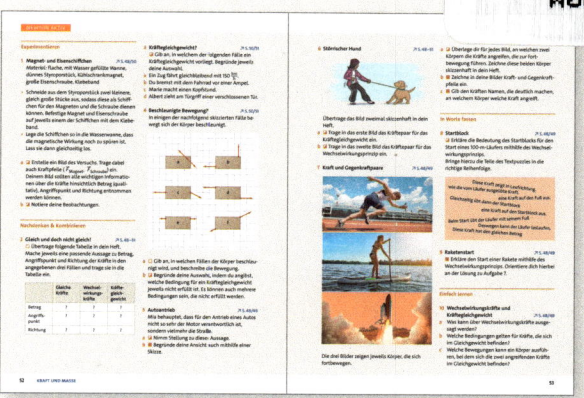

Die unterschiedlichen Kategorien zeigen dir, worauf es bei den Aufgaben ankommt.

Experimentieren
Führe Experimente durch und werte sie aus.

Lösungen finden
Wende dein neu erworbenes Wissen an, um Rechen- oder Konstruktionsaufgaben zu lösen.

Nachdenken & Kombinieren
Erkenne Zusammenhänge und bearbeite die Aufgaben mit dem erworbenen Fachwissen oder den erlernten Lösungsstrategien.

In Worte fassen
Übe dich darin, physikalische Vorgänge fachsprachlich richtig und verständlich zu beschreiben oder zu erklären.

Bewerten
Nimm Stellung zu Aussagen und begründe diese mit den im Physikunterricht gewonnenen Erkenntnissen.

Recherchieren
Recherchiere in verschiedenen Quellen nach neuen Informationen zu einem Sachverhalt.

Projekt
Arbeite in einem Team an einem Thema mit einer physikalischen Fragestellung und stelle ein Produkt her.

Einfach lernen
Gib die neu gelernten Fachbegriffe und Informationen wieder.

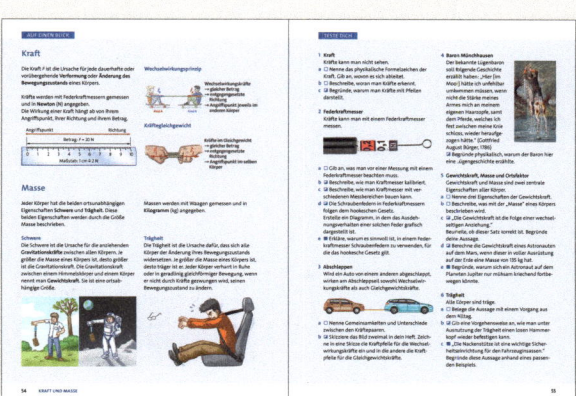

Am Ende des Kapitels findest du die wichtigsten Lerninhalte übersichtlich **AUF EINEN BLICK**.

TESTE DICH, indem du die neuen Inhalte und Fähigkeiten übst und vertiefst. Überprüfe dein Wissen mit den Lösungen im Anhang.

Städt. Maria-Probst-Realschule
81371 München · Gotzinger Platz 1a

Kl.	Familienname der Schülerin / des Schülers	Datum		Zustand
		des Empfangs	der Rückgabe	
8b	Gabriela Pavic	16.09.2021		N
8D	Selina H.	14.09.22		6
8d	Malik A.			N

8 II/III

Newton PLUS

Realschule Bayern
Physik

Erarbeitet von
Martina Flierl-Biederer (Baldham)
Markus Volke (München)
Martin Zimmer (Höchberg)

Newton PLUS

Autorinnen und Autoren: Martina Flierl-Biederer (Baldham), Markus Volke (München), Martin Zimmer (Höchberg)

Redaktion: Stefanie Pfeifer
Grafik: Hannes van Goessel, Gregor Mecklenburg, Matthias Pflügner, Walther-Maria Scheid
Umschlaggestaltung: Corinna Babylon
Layout: Studio SYBERG

www.cornelsen.de

Dieses Werk enthält Vorschläge und Anleitungen für Untersuchungen und Experimente. Vor jedem Experiment sind mögliche Gefahrenquellen zu besprechen. Beim Experimentieren sind die Richtlinien zur Sicherheit im Unterricht einzuhalten.

1. Auflage, 1. Druck 2020

Alle Drucke dieser Auflage sind inhaltlich unverändert und können im Unterricht nebeneinander verwendet werden.

© 2020 Cornelsen Verlag GmbH, Berlin

Druck: Mohn Media Mohndruck, Gütersloh

ISBN 978-3-637-00063-6 (Schülerbuch)
ISBN 978-3-637-01492-3 (E-Book)

PEFC zertifiziert
Dieses Produkt stammt aus nachhaltig bewirtschafteten Wäldern und kontrollierten Quellen.
www.pefc.de
PEFC/04-31-1033

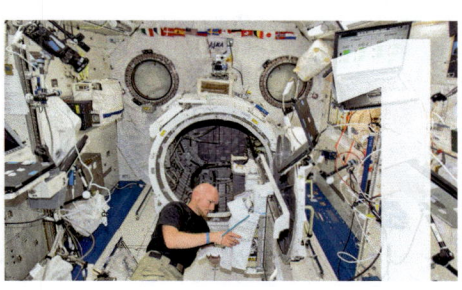

WISSENSCHAFTLICH ARBEITEN

1 Wissenschaft-lich Arbeiten

Auf der Internationalen Raumstation ISS arbeiten und forschen Wissenschaftler verschiedener Raumfahrtnationen. Hier siehst du den deutschen Astronauten Alexander Gerst bei der Vorbereitung eines Experiments.

In diesem Kapitel lernst du

- *wie man naturwissenschaftliche Erkenntnisse gewinnt.*

- *die physikalischen Größen Länge, Zeit und Geschwindigkeit kennen.*

- *wie man physikalische Größen richtig misst und eine Messreihe auswertet.*

Bei unserem Tagesablauf richten wir uns häufig nach der Uhr. Nicht nur im Alltag spielt die Zeit eine wichtige Rolle. Für wissenschaftliche Untersuchungen müssen Zeiten oft möglichst genau gemessen werden. Wie kann man Zeit so exakt messen?

1.1 Zeit messen – Physik machen

Jeder Vorgang, der sich in gleichen Zeitspannen wiederholt, eignet sich dazu, Zeit zu messen. Ein natürlicher Zeitgeber ist die Erdrotation. Auf die Erdrotation geht die Messung der Zeit in Stunden, Minuten und Sekunden zurück. Ein Tag ist die Zeit, in der sich die Erde einmal ganz um die eigene Achse dreht. Er besteht aus 24 Stunden zu je 60 Minuten und jede Minute wiederum aus 60 Sekunden.

Der italienische Naturwissenschaftler Galileo Galilei (1564–1642) plante etwa 1640 eine mechanische Uhr, mit der man Zeiten messen konnte und deren Funktionsweise auf Pendelschwingungen beruhte. Galilei zählt zu den ersten Naturwissenschaftlern, die ihre Erkenntnisse mithilfe systematisch durchgeführter Experimente belegten.

1 *Darstellung von Galilei und Leuchter*

Naturwissenschaftliche Erkenntnisse gewinnen

Am Anfang naturwissenschaftlichen Tuns steht eine **Beobachtung.** Laut einer Legende beobachtete Galilei das Schwingen eines an einer Schnur aufgehängten Leuchters im Dom von Pisa. ↗ 1

Naturwissenschaftler betrachten ihre Umgebung unter ganz bestimmten Blickwinkeln und entwickeln dabei ganz spezielle **Fragestellungen.** Galilei stellte sich die Frage, wovon die Dauer für eine Hin- und Herschwingung des Leuchters abhängen würde. Durch Nachdenken kam Galilei auf folgende drei **Vermutungen:**

Die Schwingungsdauer könnte sich ändern, wenn Folgendes geändert wird:
- die größte Auslenkung
- das Gewicht des Pendelkörpers
- die Länge der Schnur

Wir **planen einen Versuch**, um diese Vermutungen zu überprüfen. Anstelle des Leuchters verwenden wir ein handlicheres Pendel aus einem Stück Knete, das wir an einem ca. 1 m langen Faden befestigen. ↗ 2 Die Schwingungsdauer messen wir mit einer Stoppuhr. Wenn man herausfinden möchte, ob die Schwingungsdauer von einer der drei genannten Größen abhängt, muss man darauf achten, die anderen möglichen Einflussmöglichkeiten nicht zu ändern.

Führe nun die folgenden **Versuche durch.** Die dabei ermittelten Messwerte notierst du übersichtlich in einer Messtabelle.

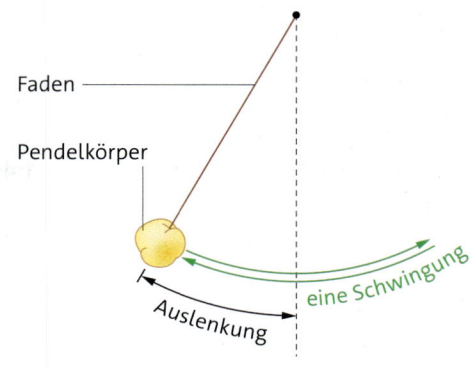

2 *Ein einfaches Pendel*

Versuch: Abhängigkeiten der Schwingungsdauer
a Lenke das Fadenpendel dreimal nur leicht aus. Miss die Schwingungsdauer für drei kleine, aber verschiedene Auslenkungen.
b Ersetze den Pendelkörper durch einen Pendelkörper mit größerem und anschließend mit kleinerem Gewicht und miss jeweils die Schwingungsdauer.
c Verändere die Fadenlänge. Miss die Schwingungsdauer für drei unterschiedliche Längen.

Wir sehen:
a Die Schwingungsdauer ist für nicht zu große Auslenkungen etwa gleich. ↗ 3
b Die Schwingungsdauer ist bei verschiedenen Pendelgewichten etwa gleich. ↗ 4
c Die Schwingungsdauer ist bei größerer Fadenlänge größer. ↗ 5

Auslenkung	am kleinsten	sehr klein	klein
Zeit in s	2,0	2,0	2,1

3 *Schwingungsdauer und größte Auslenkung*

Gewicht	klein	mittel	groß
Zeit in s	2,0	2,2	2,1

4 *Schwingungsdauer und Gewicht*

Länge	klein	mittel	groß
Zeit in s	1,5	1,8	2,1

5 *Schwingungsdauer und Pendellänge*

Ergebnisse:
Die Schwingungsdauer hängt für kleine Auslenkungen nicht von der Größe der Auslenkung ab. Auch das Gewicht des Pendelkörpers beeinflusst die Schwingungsdauer nicht.
Lediglich die Länge des Fadenpendels beeinflusst die Schwingungsdauer. Sie ist umso größer, je länger das Pendel ist.

Mit diesen grundlegenden allgemeingültigen **Ergebnissen** ist es möglich, ein Pendel zu bauen, das eine Schwingungsdauer von genau einer Sekunde besitzt und mit dem Zeiten genau gemessen werden können.

- **Kennzeichen des naturwissenschaftlichen Erkenntnisprozesses sind die folgenden Schritte:
Beobachtung – Fragestellung – Vermutung – Versuchsplanung – Versuchsdurchführung – Ergebnis.**

- **Die Schwingungsdauer eines Pendelkörpers hängt für kleine Auslenkungen nur von der Länge des Pendels ab.**

Unsere Sinne können leicht getäuscht werden. Betrachte die Figuren im nebenstehenden Bild. Sind die Figuren unterschiedlich groß?
Wie gehst du vor, um diese Frage zu beantworten?

1.2 Grundlagen des Messens

Physikalische Größen

Eine wesentliche Grundlage für den physikalischen Erkenntnisprozess ist das Messen. **Physikalische Größen** können durch geeignete Verfahren gemessen werden. Beispiele für physikalische Größen sind die Länge, die Zeit, die Fläche und das Volumen.
Man unterscheidet zwei Arten von physikalischen Größen: **Grundgrößen** wie Länge und Zeit sind direkt messbar. ↗ 1 Fläche und Volumen müssen erst aus der Grundgröße Länge berechnet werden. Sie zählen zu den **abgeleiteten Größen.**
Alle physikalischen Größen werden durch Buchstaben abgekürzt, sodass jede Größe typischerweise ein eigenes **Größensymbol** hat: Länge l, Zeit t, Fläche A, Volumen V ...

1 *Durch Messen zum Wissen*

Einheiten

Zur Messung von Grundgrößen wurden international vereinbarte **Vergleichsmaße** festgelegt. Damit verbunden ist die Festlegung einer Einheit für die jeweilige Größe. Die Einheit der Länge ist 1 Meter. Das Vergleichsmaß war lange Zeit ein in Paris aufbewahrter Metallstab, dem die Länge von 1 Meter zugeordnet wurde. Auch Einheiten werden durch Symbole abgekürzt. Das **Einheitensymbol** für Meter ist **m**. Möchte man die Einheit der Länge angeben, schreibt man verkürzt: $[l] = 1$ m. Die Einheit der Zeit ist 1 Sekunde: $[t] = 1$ s.

Messen und Messwerte

Messgeräte stellen im Prinzip Kopien der Vergleichsmaße dar. Für eine Größe gibt es oft verschiedene Messgeräte. ↗ 2 Je nach Verwendungszweck unterscheiden sie sich in der Skaleneinteilung und damit in der Messgenauigkeit. Auch der Messbereich, also der Bereich zwischen dem kleinsten und größten

Messgerät	Mess-genauigkeit	typischer Mess-bereich
Maßband	1 cm	1 cm– 2500 cm
Meterstab	1 mm	1 mm– 2000 mm
Geodreieck	1 mm	1 mm– 140 mm
Mess-schieber	0,1 mm	0,1 mm– 150,0 mm
Mess-schraube	0,01 mm	0,01 mm– 25,00 mm

2 *Verschiedene Längenmessgeräte*

Messwert, kann variieren. Das Ergebnis einer Längenmessung gibt man in Symbolschreibweise an:

$$\underset{\text{Größe}}{l} = \underset{\text{Maßzahl}}{1{,}53} \quad \underset{\text{Einheit}}{m}$$

Sehr kleine oder sehr große Maßzahlen werden häufig mithilfe von Einheitenvorsätzen oder mit 10er-Potenzen angegeben. ↗ 3

Versuch: Längenmessung

Messt in einzelnen Gruppen jeweils den Durchmesser des gleichen Gummiballs mit einem Messschieber. ↗ 4 Tragt die Messwerte anschließend in eine gemeinsame Messtabelle ein.

Wir sehen:
Manche Messwerte unterscheiden sich in der letzten Ziffer. ↗ 5

Erklärung:
Die unterschiedlichen Messwerte können verschiedene Ursachen haben. Wurde der Gummiball bei den Messungen unterschiedlich fest zusammengedrückt, war die **Messmethode** nicht immer gleich. Die **Messgeräte** können sich in ihrer Fertigungsgenauigkeit unterscheiden. Letztendlich hat auch die **messende Person** Einfluss auf den Messwert, da sie sich beim Ablesen für einen bestimmten Messwert entscheidet.

Ergebnis:
Messungen sind immer mit einer unvermeidbaren Messunsicherheit behaftet. Diese äußert sich im Prinzip in der letzten Ziffer des Messwerts. Dies ist die unsichere Ziffer. Den wahrscheinlichsten Wert für eine Größe erhält man durch Bildung des Mittelwerts $\overline{l}$ der Messwerte mehrerer Messungen:

$$\overline{l} = \frac{(2{,}65 + 2{,}63 + 2{,}65 + 2{,}66 + 2{,}63)\ \text{cm}}{\underset{\text{Anzahl der Messungen}}{5}}$$

$\overline{l} = 2{,}644$ cm

Das Ergebnis hat mehr Ziffern als die Messwerte und täuscht eine zu große Messgenauigkeit vor. Der Mittelwert für den Durchmesser darf nur drei sinnvolle Ziffern haben, so wie die Messwerte. Er wird daher auf hundertstel Zentimeter gerundet:

$$\overset{\text{sinnvolle Ziffern}}{\overline{l} = \underset{\text{sichere Ziffern \quad unsichere Ziffer}}{2{,}64}\ \text{cm}}$$

- **Physikalische Größen werden durch geeignete Messverfahren ermittelt.**

- **Messungen sind immer mit Messunsicherheiten behaftet.**

- **Bei einem Messwert ist die letzte Ziffer unsicher.**

Vorsatz-name	Vorsatz-zeichen	Potenz	Zahl
Tera	T	10^{12}	Billion
Giga	G	10^{9}	Milliarde
Mega	M	10^{6}	Million
Kilo	k	10^{3}	Tausend
Hekto	h	10^{2}	Hundert
Deka	da	10^{1}	Zehn
Dezi	d	10^{-1}	Zehntel
Zenti	c	10^{-2}	Hundertstel
Milli	m	10^{-3}	Tausendstel
Mikro	μ	10^{-6}	Millionstel
Nano	n	10^{-9}	Milliardstel
Piko	p	10^{-12}	Billionstel

3 *Einheitenvorsatz*

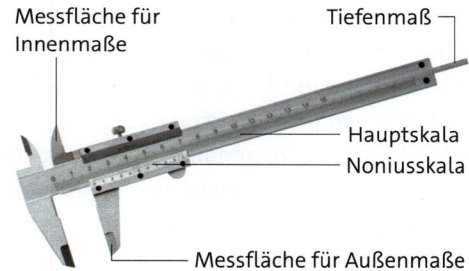

4 *Messschieber*

Gruppe	1	2	3	4	5
l in cm	2,65	2,63	2,65	2,66	2,63

5 *Durchmesser eines Gummiballs*

↗ **NEWTON AKTIV** Seite 13 Aufgabe 2–6, 7b–d

Sinnvoller Umgang mit Messwerten

Aufgabenstellung

Du sollst entscheiden, wie viele sinnvolle Ziffern die folgenden Messwerte haben, und diese in einer anderen Einheit angeben:
$l_1 = 3,56$ m; $l_2 = 0,046$ m; $l_3 = 7,860$ m.

Erinnere dich

Die Anzahl der sinnvollen Ziffern eines Messwerts wird durch die Messgenauigkeit des Messgeräts bestimmt.

Vorgehen

$l_1 = 3,56$ m

Die Angabe hat drei sinnvolle Ziffern. Die Messung erfolgte auf 0,01 m bzw. auf 1 cm genau. Nach der Sechs sind keine weiteren Ziffern angegeben. Würde man diese Länge nach einem Wechsel der Einheit etwa mit $l_1 = 3560$ mm angeben, würde damit eine genauere Messung vorgetäuscht werden, nämlich auf 1 mm genau. Die Anzahl der sinnvollen Ziffern wäre dann auf vier angestiegen.
Die Längenangabe mit drei sinnvollen Ziffern ist in der Einheit mm nur mithilfe von 10er-Potenzen möglich: $l_1 = 3,56 \cdot 10^3$ mm.

$l_2 = 0,046$ m

Die Angabe hat zwei sinnvolle Ziffern. Die Vornullen zählen nicht dazu. Die Messung erfolgte auf 1 mm genau. Man hätte also auch schreiben können: $l_2 = 46$ mm.

$l_3 = 7,860$ m

Die Angabe hat vier sinnvolle Ziffern. Die Endnullen zählen zu den sinnvollen Ziffern. Die Messung erfolgte auf 1 mm genau. Man hätte also auch schreiben können: $l_3 = 7860$ mm.
Nicht schreiben dürfte man jedoch: $l_3 = 786$ cm, denn die Angabe hat nur drei sinnvolle Ziffern. Richtig wäre: $l_3 = 786,0$ cm.

Aufgabenstellung

Du sollst den Flächeninhalt einer rechteckigen Postkarte aus den folgenden Messwerten ermitteln:
Länge: $l = 13,8$ cm
Breite: $b = 9,9$ cm

Vorgehen

1 Unsicherheit der Messwerte ermitteln
Beide Messwerte sind auf 1 mm genau gemessen worden. Der tatsächliche Wert für die Länge kann also zwischen 13,75 cm und 13,84 cm liegen sowie für die Breite zwischen 9,85 und 9,94 cm.

2 Unsicherheit der berechneten Größe ermitteln
Der Flächeninhalt A kann deshalb zwischen den folgenden Werten liegen:
13,75 cm · 9,85 cm = 135,4375 cm²
13,84 cm · 9,94 cm = 137,5696 cm²
Diese beiden Werte stimmen nur in den ersten beiden Ziffern überein.

3 Größe aus Messwerten berechnen
Bestimmt man den Flächeninhalt direkt aus den Messwerten, so erhält man:
13,8 cm · 9,9 cm = 136,62 cm².

4 Ergebnis auf sinnvolle Ziffern runden
Da bereits die dritte Ziffer des Ergebnisses ungenau ist, wird das Ergebnis der Rechnung auf zwei sinnvolle Ziffern aufgerundet:
$A = 1,4 \cdot 10^2$ cm².
Das Ergebnis hat so viele sinnvolle Ziffern, wie der Messwert mit der kleinsten Anzahl an sinnvollen ziffern (Breite b).

Merke: Runde das Ergebnis einer Rechnung auf so viele sinnvolle Ziffern, wie der eingesetzte Wert mit der geringsten Anzahl an sinnvollen Ziffern hat.

Experimentieren

1 Sekundenpendel ↗ S. 8/9
Material: Faden, Knete, Stoppuhr, Stativ

- Baue mithilfe der Materialien ein Fadenpendel. Ermittle dann durch systematisches Probieren die Fadenlänge, für die die Schwingungsdauer genau 1,0 s beträgt.

a ☑ Dokumentiere alle Messwerte deiner Versuche in einer Tabelle:

l in m	?	?	?
t in s	?	?	?

b ☐ Gib die Fadenlänge für ein Sekundenpendel an.

Nachdenken & Kombinieren

2 Beurteilung von Messwerten ↗ S. 10/11
a ☐ Übertrage die Tabelle in dein Heft und vervollständige sie.

Längenangabe	sichere	unsichere	sinnvolle
		Ziffer(n)	
$l = 4,37$ m	2	1	3
$l = 0,0017$ cm	?	?	?
$l = 5312$ m	?	?	?
$l = 5,4$ mm	?	?	?
$l = 1,6 \cdot 10^4$ m	?	?	?
$l = 2,30$ mm	?	?	?
$l = 0,8$ dm	?	?	?

b ■ Beurteile die Angabe des letzten Messwerts kritisch.

3 Längenmessgerät gesucht ↗ S. 10/11
☑ Gib jeweils an, mit welchem Längenmessgerät die Länge vermutlich bestimmt wurde.
$l_1 = 2,37$ m; $l_2 = 0,00489$ m; $l_3 = 6,0$ mm;
$l_4 = 5$ mm; $l_5 = 2,113$ cm; $l_6 = 1,2 \cdot 10^2$ µm

4 Umrechnungen ↗ S. 10–12
☑ Gib die folgenden Angaben in der jeweils genannten Einheit an:

Dicke eines Haars	0,000050 m	µm
Dicke einer CD	0,0012 m	mm
Bakterium	0,00020 cm	µm
Virus	0,000090 mm	nm
Doppelschulstunde	1:30 min	s
Dauer Film	1,4 h	min

5 Messreihe ↗ S. 10/11
In einer Messreihe wurde die Länge eines Werkstücks fünfmal gemessen.

l in cm	1,73	1,72	1,73	1,74	1,74

a ☐ Nenne das vermutlich verwendete Messgerät.
b ☑ Ermittle durch Rechnung den wahrscheinlichsten Wert für die Länge des Werkstücks.
c ☐ Nenne drei mögliche Ursachen für die unterschiedlichen Messwerte.

Bewerten

6 Geht es noch genauer? ↗ S. 10/11
Ali hat mit dem Smartphone herausgefunden, dass die Schwingungsdauer für zehn Schwingungen eines Fadenpendels 2,0568 s beträgt.
■ Nimm kritisch Stellung zu diesem Ergebnis.

Einfach lernen

7 Physikalische Arbeitsweisen ↗ S. 8–11
a In welcher Reihenfolge findet naturwissenschaftliche Erkenntnis typischerweise statt?
b Was versteht man unter einer Basisgröße und was unter einer abgeleiteten Größe?
c Was sind mögliche Ursachen für Messunsicherheiten?
d Wie erhält man den wahrscheinlichsten Wert für eine zu messende Größe?

Eine Fahrt mit der Achterbahn ist aufregend. Während seiner Fahrt ändert der Wagen der Achterbahn andauernd seine Geschwindigkeit, er wird ständig schneller und wieder langsamer. Wie können wir Geschwindigkeiten messen?

1.3 Geschwindigkeiten messen

Die Bewegungen, die der Wagen einer Achterbahn ausführt, sind sehr abwechslungsreich. Kaum fährt er geradeaus, legt er sich auch schon wieder in eine Kurve. Mal geht es bergauf, dann wieder bergab. Aufgrund der sich stetig ändernden Geschwindigkeit und der komplizierten Bewegung ist es relativ aufwendig, die Geschwindigkeit zu messen. Wir untersuchen deshalb zunächst eine einfachere Bewegung. Die einfachste Bewegung, die es gibt, führt der Zug in Bild 1 aus. Er fährt geradeaus und gleichmäßig schnell. Diese Bewegung untersuchen wir nun genauer.

1 *Zug auf einer geraden Strecke*

Versuch: Geradlinig gleichförmige Bewegung

Untersuche den von einer Spielzeuglok zurückgelegten Weg in Abhängigkeit von der Zeit. Lass die Spielzeuglok dazu über eine lange, ebene Papierbahn fahren. Ein Metronom gibt dir die Zeit im Sekundentakt vor. ↗ 2 Wir legen den Zeitpunkt $t = 0$ s für den Start fest. Zu diesem Zeitpunkt wurde von der Spielzeuglok noch keine Strecke zurückgelegt. Markiere mit einem Stift den von der Lok zurückgelegten Weg nach den Zeitspannen von 1,0; 2,0; 3,0 ... Sekunden. Da wir den Messbeginn $t = 0$ s festgelegt haben, entsprechen die Zeitspannen den Zeiten t. Miss mit einem Maßband die in den vorgegebenen Zeiten t gefahrenen Strecken s. ↗ 3 Trage die Messwerte in eine Wertetabelle ein.

Wir sehen:
Die Lok legt in jeder Sekunde nahezu die gleichen Strecken zurück. Je größer die Fahrtzeit t des Wagens, desto größer ist auch die zurückgelegte Strecke s. Die Lok legt in 2-, 3-, 4-, ...-facher Zeit annähernd die 2-, 3-, 4-, ...-fache Strecke zurück.

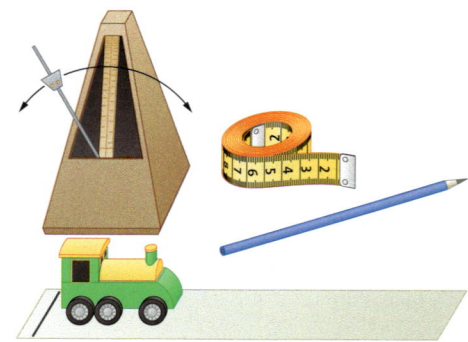

2 *Geschwindigkeitsmessung*

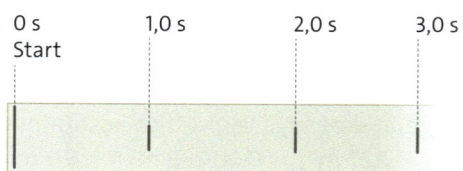

| 0 s Start | 1,0 s | 2,0 s | 3,0 s |

3 *Papierstreifen mit Markierungen*

Die grafische Auswertung zeigt, dass die Bildpunkte der Messwerte auf einer Ursprungsstrecke liegen. ↗ 4 Die rechnerische Auswertung zeigt, dass alle Wertepaare quotientengleich sind. ↗ 5 Abweichungen können mit Messunsicherheiten erklärt werden. ↗ METHODE Auswertung einer Messreihe, S.16

Ergebnis:
Eine Bewegung, bei der in gleichen Zeiten gleiche Strecken zurückgelegt werden, nennt man (geradlinig) **gleichförmige Bewegung.**
Die Strecke s ist hierbei direkt proportional zur Zeit t:
$s \sim t$ oder $\frac{s}{t}$ = konstant.

Aus der rechnerischen Auswertung ergibt sich der Quotient $\frac{s}{t}$ = 0,11 $\frac{m}{s}$.
Dies bedeutet, dass die Spielzeuglok jeweils in einer Zeit von t = 1,0 s eine Strecke von s = 0,11 m zurückgelegt hat.

> Der Quotient aus zurückgelegter Strecke s und Zeit t gibt an, wie schnell sich etwas bewegt. Er beschreibt den Betrag der physikalischen Größe **Geschwindigkeit v** (engl. **v**elocity: Geschwindigkeit).
> Die Geschwindigkeit ist eine gerichtete Größe. Um zu verdeutlichen, dass sie eine Richtung hat, schreibt man $\vec{v}$.
> Für den Betrag der Geschwindigkeit schreibt man $|\vec{v}|$ oder einfach v.
>
> Betrag der Geschwindigkeit = $\frac{\text{Strecke}}{\text{Zeit}}$
> $$v = \frac{s}{t}$$
>
> Die Geschwindigkeit ist eine abgeleitete Größe.
> Aus $[v] = \frac{[s]}{[t]}$ folgt für die Einheit: $[v] = 1\,\frac{m}{s}$.

Eine andere gebräuchliche Einheit der Geschwindigkeit ist $1\,\frac{km}{h}$. Die Einheiten lassen sich durch Teilen bzw. Multiplizieren mit dem Faktor 3,6 ineinander umrechnen. ↗ 6

Unsere Spielzeuglok fährt somit mit einer Geschwindigkeit von v = 0,11 $\frac{m}{s}$. Mit der auf dieser Seite beschriebenen Methode könnte man auch die Geschwindigkeit der Achterbahn für einzelne Abschnitte mit annähernd gleichbleibender Geschwindigkeit berechnen.

- **Bei einer geradlinig gleichförmigen Bewegung werden in gleichen Zeiten gleiche Strecken zurückgelegt.**

- **Die Geschwindigkeit berechnet man mit dem Quotienten aus Strecke und Zeit.**

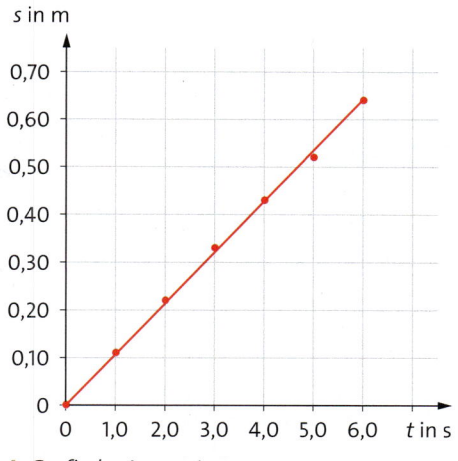

s in m

0,70 ·
0,60
0,50
0,40
0,30
0,20
0,10
0
0   1,0   2,0   3,0   4,0   5,0   6,0   *t* in s

4 *Grafische Auswertung*

t in s	0	1,0	2,0	3,0
s in m	0	0,11	0,22	0,33
$\frac{s}{t}$ in $\frac{m}{s}$	–	0,11	0,11	0,11

t in s	4,0	5,0	6,0
s in m	0,43	0,52	0,64
$\frac{s}{t}$ in $\frac{m}{s}$	0,11	0,10	0,11

5 *Rechnerische Auswertung*

$$1\,\frac{m}{s} = 1 \cdot \frac{\frac{1}{1000}\,km}{\frac{1}{3600}\,h} = 1 \cdot \frac{3600\,km}{1000\,h} = 3,6\,\frac{km}{h}$$

· 3,6 (oben) : 3,6 (unten)

$$1\,\frac{km}{h} = 1 \cdot \frac{1000\,m}{3600\,s} = 0,28\,\frac{m}{s}$$

: 3,6 (oben) · 3,6 (unten)

6 *Umrechnung von Einheiten*

Auswertung einer Messreihe

Aufgabenstellung

Du sollst die bei einer Versuchsreihe erfassten Messwerte grafisch und rechnerisch auswerten.

Erinnere dich

- Sind die Wertepaare direkt proportional zueinander, so ergibt sich als Graph eine Ursprungsstrecke.
- Alle Wertepaare sind dann quotientengleich. Den Proportionalitätsfaktor k berechnest du mit $\frac{y}{x} = k$.

Beispiel:
Untersuche den Zusammenhang zwischen Strecke s und Zeit t bei der Fahrt einer Spielzeuglok. Werte die Messreihe grafisch und rechnerisch aus.

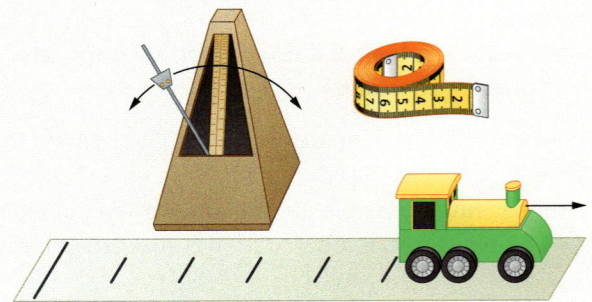

Schritte

1 Wertetabelle erstellen

Bei einer Messreihe wird immer in Abhängigkeit von einer **unabhängigen Größe (x-Werte)** eine **abhängige Größe (y-Werte)** gemessen.
Die x-Werte bei einer Messung legst du selbst fest. Abhängig davon misst du die y-Werte. Die entsprechenden Paare $(x \mid y)$ werden in eine Tabelle eingetragen.

x-Werte	x_1	x_2	x_3	x_4	x_5	...
y-Werte	y_1	y_2	y_3	y_4	y_5	...

Im Versuch misst du in Abhängigkeit von der Zeit t die von der Spielzeuglok zurückgelegte Strecke s.
Unabhängige Größe: t
Abhängige Größe: s

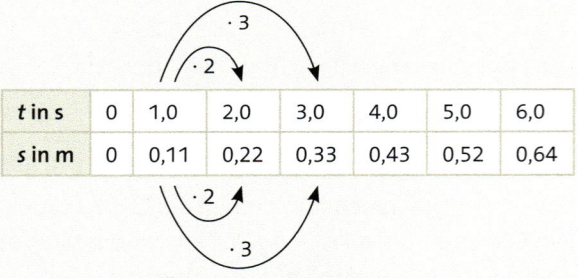

t in s	0	1,0	2,0	3,0	4,0	5,0	6,0
s in m	0	0,11	0,22	0,33	0,43	0,52	0,64

2 Je-desto-Beziehung

Nach Beenden der Messreihe kannst du eine Je-desto-Beziehung zwischen den beiden untersuchten Größen formulieren.
Zum Beispiel: **Je größer** die x-Werte, **desto größer** sind die y-Werte.

Je größer die Fahrtzeit t des Wagens, desto größer ist auch die zurückgelegte Strecke s.

3 Mathematischen Zusammenhang vermuten

Eine genauere Betrachtung der gemessenen Wertepaare lässt manchmal einen mathematischen Zusammenhang vermuten. Beispielsweise können die Wertepaare direkt proportional zueinander sein.

Der Wagen legt in 2-, 3-, 4-, ...-facher Zeit annähernd die 2-, 3-, 4-, ...-fache Strecke zurück.
Vermutung: Die Strecke s ist direkt proportional zur Zeit t.

4 Grafische Auswertung

Überprüfe deine Vermutung durch eine grafische Auswertung der Wertepaare.

Zeichne ein **Koordinatensystem** und passe die Länge der Achsen und die Achseneinteilung sinnvoll an die Messergebnisse an.

Beschrifte die **x-Achse** mit der unabhängigen Größe und die **y-Achse** mit der abhängigen Größe. Notiere zu beiden Größen auch die Einheit. Trage die Wertepaare als **Bildpunkte** in das Koordinatensystem ein.

Betrachte die Lage der eingezeichneten Punkte. Liegen alle Punkte auf einer **Ursprungsstrecke,** sind die beiden Größen direkt proportional zueinander. Nicht alle Wertepaare werden exakt auf der Ursprungsstrecke liegen, da bei jeder Messung unvermeidliche Messunsicherheiten auftreten. Suche die Ursprungsstrecke, die zu den Werten am besten passt.

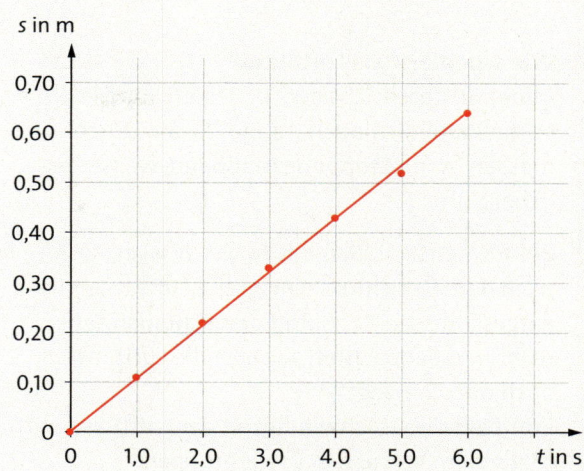

Aus dem Verlauf des Graphen im t-s-Diagramm siehst du, dass die Strecke s direkt proportional zur Zeit t ist.

Symbolschreibweise: $s \sim t$

5 Rechnerische Auswertung

Bei der rechnerischen Auswertung berechnest du den **Proportionalitätsfaktor** aus den Messwerten. Berechne dazu für jedes einzelne Wertepaar den Quotienten $\frac{y}{x}$:

Proportionalitätsfaktor: $\frac{s}{t}$

Berechnung des Quotienten für jedes Wertepaar:

x-Werte	x_1	x_2	x_3	x_4	x_5	...
y-Werte	y_1	y_2	y_3	y_4	y_5	...
$\frac{y}{x}$	$\frac{y_1}{x_1}$	$\frac{y_2}{x_2}$	$\frac{y_3}{x_3}$	$\frac{y_4}{x_4}$	$\frac{y_5}{x_5}$	...

t in s	0	1,0	2,0	3,0	4,0	5,0	6,0
s in m	0	0,11	0,22	0,33	0,43	0,52	0,64
$\frac{s}{t}$ in $\frac{m}{s}$	–	0,11	0,11	0,11	0,11	0,10	0,11

Aufgrund von Messunsicherheiten bei den einzelnen Wertepaaren treten Abweichungen bei den Quotientenwerten auf. Um den wahrscheinlichsten Wert zu erhalten, bildest du den **Mittelwert.** Bilde dazu die Summe aus allen Werten und teile das Ergebnis anschließend durch die Anzahl der Quotientenwerte.

$$\overline{\left(\frac{y}{x}\right)} = \frac{\frac{y_1}{x_1} + \frac{y_2}{x_2} + \frac{y_3}{x_3} + \frac{y_4}{x_4} + \frac{y_5}{x_5}}{5}$$

Mittelwert:

$$\overline{\left(\frac{s}{t}\right)} = \frac{0,11 + 0,11 + 0,11 + 0,11 + 0,10 + 0,11}{6} \frac{m}{s}$$

$$\overline{\left(\frac{s}{t}\right)} = 0,11 \frac{m}{s}$$

Je mehr Messungen du machst, umso wahrscheinlicher ist es, dass der ermittelte Wert dem tatsächlichen Wert entspricht.

Der Proportionalitätsfaktor hat in der Physik immer eine bestimmte Bedeutung und erhält in manchen Fällen ein eigenes Größensymbol.

Der Quotient aus Strecke s und Zeit t beschreibt die Geschwindigkeit. Die Geschwindigkeit hat ein eigenes Größensymbol: v.

Die Spielzeuglok fährt mit einer Geschwindigkeit von $v = 0,11 \frac{m}{s}$.

Experimentieren

1 Wie schnell ist die Luftblase? ↗ S. 14–17

Material: durchsichtiger, an beiden Enden verschließbarer Schlauch (Länge: 75 cm, Durchmesser: 1 cm); Stoppuhr, Maßband, wasserlöslicher Stift

• Befüllt den Schlauch mit so viel Wasser, dass nach dem Verschluss eine große Luftblase mit eingeschlossen ist. Haltet den Schlauch senkrecht und beobachtet, wie sich die Luftblase nach oben bewegt. ↗ 1
Ermittelt die Geschwindigkeit der Luftblase mit folgendem Versuch in Dreiergruppen:

• Übertragt die nachfolgende Tabelle in euer Heft:

t in s	?	?	?	?	?
s in m	?	?	?	?	?

Haltet den Schlauch zunächst waagerecht und markiert den Startpunkt der Luftblase mit dem Stift. Startet die Stoppuhr, sobald ihr den Schlauch senkrecht haltet. Haltet die Stoppuhr an und markiert zeitgleich die zugehörige Position der Luftblase im Schlauch. Messt mit dem Maßband, wie weit sich die Luftblase in der von euch vorgegebenen Zeit bewegt hat. Tragt Zeit und zurückgelegte Strecke in die Tabelle ein. Führt den Versuch mehrmals für verschiedene Zeitintervalle durch.

a ◪ Wertet die Messreihe grafisch aus. Formuliert das Versuchsergebnis.

b ◪ Entnehmt dem Diagramm aus Aufgabenteil **a** ein geeignetes Wertepaar und berechnet die Geschwindigkeit der Luftblase auf ihrem Weg durch den Schlauch.

c ■ Beschreibt, wo bei eurem Versuch Messunsicherheiten aufgetreten sind und wie diese verringert werden könnten.

In Worte fassen

2 Durchschnittsgeschwindigkeit ↗ S. 14/15

◪ In der Rekordtabelle vom 100-Meter-Lauf werden die Durchschnittsgeschwindigkeiten der Läufer aufgelistet. Erkläre, was man unter dem Begriff Durchschnittsgeschwindigkeit versteht.

Lösungen finden

Musteraufgabe:

Im 200-Meter-Lauf erzielte der Jamaikaner Usain Bolt 2009 den Weltrekord. Er lief die Strecke in 19,19 Sekunden. Berechne seine Durchschnittsgeschwindigkeit bei diesem Lauf.

Gegeben: s = 200 m, t = 19,19 s

Gesucht: v

$v = \frac{s}{t}$

$v = \frac{200\ m}{19,19\ s}$

$v = 10,4\ \frac{m}{s}$

Seine Durchschnittsgeschwindigkeit betrug bei dem Lauf 10,4 $\frac{m}{s}$.

3 Weltrekorde ↗ S. 14/15

a ☐ Der 400-m-Weltrekordhalter Wayde van Niekerk ist bei den Olympischen Spielen 2016 die Strecke von 400 Metern in 43,03 Sekunden gelaufen. Berechne seine Durchschnittsgeschwindigkeit bei diesem Lauf.

b ☐ In der gleichen Disziplin hat Marita Koch im Jahre 1985 den Weltrekord bei den Frauen erzielt. Sie lief die 400-Meter-Strecke in 47,60 Sekunden. Berechne ihre Durchschnittsgeschwindigkeit.

Nachdenken & Kombinieren

4 Verschiedene Geschwindigkeiten ↗ S. 14/15

In der folgenden Tabelle sind einige Beispiele für Geschwindigkeiten aufgelistet:

	Geschwindigkeit
Spaziergang	5,0 $\frac{km*}{h}$
Mensch (100-m-Rekord)	10,44 $\frac{m}{s}$
Gepard	120 $\frac{km*}{h}$
Hochgeschwindigkeitszug	575 $\frac{km*}{h}$
Auto	180 $\frac{km*}{h}$
Schall (in Luft)	333 $\frac{m}{s}$
Licht (in Luft)	299 760 $\frac{km}{s}$

* Beispiel für typische Geschwindigkeiten

a ☐ Gib für jedes Beispiel an, was die Angabe anschaulich bedeutet.

b ◪ Berechne, wie viele Meter ein Gepard pro Sekunde zurücklegt.

c ◪ Berechne, wie viele Kilometer der Schall in Luft in einer Stunde zurücklegt.

d ◪ Rechne die Lichtgeschwindigkeit in die Einheit $\frac{km}{h}$ um.

5 Messreihen auswerten ↗ S. 14–17

In einem Versuch wurde mit einer Spielzeugeisenbahn der zurückgelegte Weg s in Abhängigkeit von der Zeit t untersucht. Es ergaben sich folgende Messwerte:

t in s	0	1,0	3,0	6,0	10,0	12,0
s in m	0	0,25	0,78	1,44	2,50	3,00

a ◪ Stelle die zurückgelegte Strecke s in Abhängigkeit von der Zeit t grafisch dar.

b ☐ Formuliere das Versuchsergebnis, das sich aus dem Diagramm in Aufgabenteil **a** ergibt.

c ◪ Ermittle anhand der Messwerte die Geschwindigkeit des Wagens. Werte dazu die Messergebnisse rechnerisch aus.

6 Tropfendes Motorrad ↗ S. 14–17

Ein Motorrad verliert alle 2 Sekunden einen Tropfen Wasser.

a ☐ Beschreibe die Bewegung des Motorrads.

b ◪ Zeichne das s(t)-Diagramm.

c ■ Ermittle anhand eines Wertepaars die Geschwindigkeit des Motorrads.

7 Diagramme lesen und verstehen ↗ S. 14/15

Die beiden Graphen im folgenden t-s-Diagramm gehören zu zwei verschiedenen Fahrzeugen:

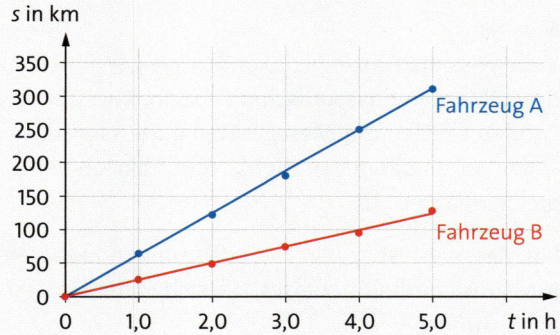

a ☐ Gib an, welches Fahrzeug die größere Geschwindigkeit hat.

b ◪ Begründe deine Antwort.

c ☐ Bestimme mithilfe des Diagramms die Geschwindigkeit von Fahrzeug B.

Einfach lernen

8 Geschwindigkeit ↗ S. 14/15

a Wie kann man Geschwindigkeiten berechnen?

b Welche Einheit hat die Geschwindigkeit?

c Wie wandelt man die Einheit $\frac{m}{s}$ in $\frac{km}{h}$ um?

Wissenschaftlich arbeiten

Arbeitsschritte der naturwissenschaftlichen Erkenntnisgewinnung

1. Beobachtung	Du beobachtest ein Phänomen aus deiner Umgebung. *Zum Beispiel: Aufsteigende Luftballons*
2. Fragestellung	Aus der Beobachtung ergibt sich eine konkrete Frage: *Wie bewegen sich die Luftballons?*
3. Vermutungen	Anhand deiner Vorerfahrungen kannst du eventuell schon eine Vermutung formulieren: *Es könnte sein, dass sich die Luftballons gleichförmig bewegen.*
4. Versuchsplanung	Du planst dein Vorgehen zur Ermittlung der Messwerte. Du überlegst dir welche Messgeräte und Materialien du benötigst.
5. Versuchsdurchführung	Du führst den Versuch durch und protokollierst deine Messwerte.
6. Ergebnis	Du wertest die Messwerte aus und formulierst ein allgemeines Versuchsergebnis: *Die Luftballons bewegen sich gleichförmig mit konstanter Geschwindigkeit.*

Messen

Viele wissenschaftliche Erkenntnisse gewinnt man durch Messen **physikalischer Größen.** Physikalische Größen werden mit **Messgeräten** gemessen, die Nachbauten der international vereinbarten Vergleichsmaße sind.

Ein Messwert ist immer mit einer unvermeidbaren **Messunsicherheit** behaftet, die sich in der letzten Ziffer äußert.

Messwert: Größe = Maßzahl Einheit

$$s = \quad 1{,}53 \quad \text{m}$$
unsichere Ziffer

Beziehung zwischen zwei Größen

Bei vielen Vorgängen in der Natur führt die Änderung einer Größe x (**unabhängige Größe**) dazu, dass sich eine zweite Größe y ebenfalls ändert (**abhängige Größe**).
Den Zusammenhang protokolliert man in einer Messtabelle. Die Auswertung erfolgt entweder grafisch oder rechnerisch.

Grafische Auswertung

Liegen die Bildpunkte der Messwerte auf einer Ursprungsstrecke, sind die beiden Größen direkt proportional zueinander.

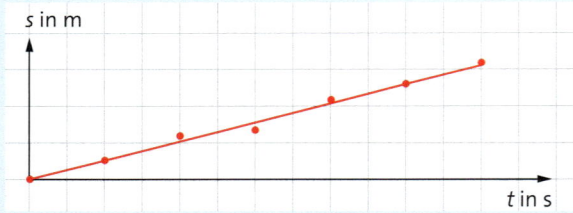

Rechnerische Auswertung

Sind alle Wertepaare quotientengleich, sind die beiden Größen direkt proportional zueinander.

t in s	0	1,0	2,0	3,0	4,0	5,0	6,0
s in m	0	0,11	0,22	0,33	0,43	0,52	0,64
$\frac{s}{t}$ in $\frac{m}{s}$	–	0,11	0,11	0,11	0,11	0,10	0,11

Der konstante Quotient ist immer eine neue physikalische Größe.
Im Beispiel: Geschwindigkeit: $v = \frac{s}{t}$

1 Physikalische Arbeitsweise
Michael beobachtet das Aufsteigen von Luftballons.

a ☐ Formuliere eine sinnvolle wissenschaftliche
Frage zur Bewegung von Luftballons.
b ☑ Äußere eine Vermutung.
c ☑ Plane einen Versuch, mit dem du die Vermutung überprüfen könntest und formuliere eine
mögliche Versuchsdurchführung.

2 Physikalische Größen
a ☐ Nenne zwei Basisgrößen.
b ☑ Entscheide, ob es sich bei der Geschwindigkeit
um eine Grundgröße oder eine abgeleitete
Größe handelt, und begründe deine Antwort.

3 Angabe von Messwerten
Tom gibt die Breite seines Tisches in der Schule
an: 0,83.
a ☑ Kommentiere Toms Angabe des Messergeb-
nisses kritisch und stelle sie richtig.
b ☐ Gib die Anzahl der sinnvollen Ziffern an.
c ☑ Gib an, welches Messgerät Tom vermutlich
verwendet hat, und begründe deine Antwort.

4 Auswertung von Messversuchen
Mia hat bei der Untersuchung des Bewegungs-
vorgangs eines Wagens folgende Messtabelle erstellt:

t in s	0	1,0	2,0	3,0	4,0	5,0
s in m	0	11	19	32	39	50

a ☑ Werte die Messreihe rechnerisch aus und
formuliere das Ergebnis des Versuchs in Worten
und in Symbolschreibweise.

b ☑ Gib die Art der Bewegung an und begründe
deine Aussage mit der rechnerischen Auswertung.
c ☑ Gib durch Mittelwertbildung die sich aus der
Messtabelle ergebende Geschwindigkeit an.
d ■ Werte den Versuch grafisch aus.
Ein zweiter Wagen fährt nur halb so schnell.
Wie sieht das Diagramm dann aus? Zeichne
das Ergebnis in einer anderen Farbe ein.

5 Bewegung eines Wetterballons

Im folgenden Diagramm ist eine Phase des Auf-
stiegs eines Wetterballons grafisch dargestellt.

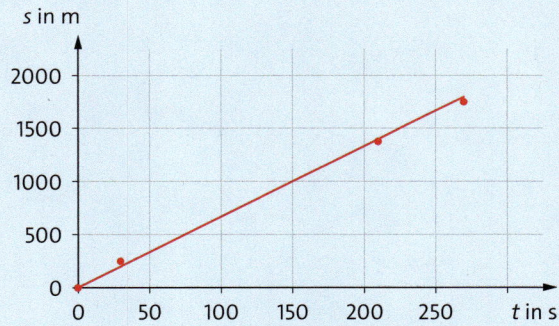

a ☐ Nenne die Art der Bewegung, die der Ballon
ausführt.
b ☑ Begründe deine Antwort mithilfe des Diagramms.
c ☑ Entnimm dem Diagramm ein geeignetes
Wertepaar und berechne damit die Geschwindigkeit des Ballons.
d ☐ Gib die Geschwindigkeit in der Einheit $\frac{km}{h}$ an.

2

Kraft und Masse

Bei einem Crashtest wird ein Unfall nachgestellt, indem ein Testfahrzeug gezielt auf ein Hindernis prallt.

In diesem Kapitel lernst du

- *woran man Kräfte erkennt, wie man sie darstellt und misst.*

- *wie Kräfte miteinander wechselwirken und unter welchen Voraussetzungen sie im Gleichgewicht miteinander sind.*

- *zwei zentrale Eigenschaften aller Körper kennen: Masse und Trägheit.*

„Kraftprotz, Muskelkraft, Geisteskraft, Willenskraft, Waschkraft, Sehkraft, Überzeugungskraft" – in der Umgangssprache verwenden wir oft den Begriff „Kraft". In der Physik ist sie eine wichtige Größe mit einer ganz bestimmten Bedeutung.
Was ist Kraft in der Physik?

2.1 Kräfte – nicht sichtbar und doch da

Versuch 1: Kraft in der Physik

a Verforme nacheinander einen Tennisball und einen Klumpen Knete.

b Bringe einen Magneten mehrmals aus verschiedenen Richtungen in die Nähe einer ruhenden Eisenkugel.
Lass die Eisenkugel über den Tisch rollen und nähere den Magneten aus verschiedenen Richtungen der rollenden Kugel an.

c Reibe einen Kunststoffstab mit einem Wolltuch und bringe den Stab in die Nähe eines feinen Wasserstrahls.

Wir sehen:

a Solange die Kraft auf den Tennisball wirkt, wird dieser verformt. Die Knete bleibt verformt, auch wenn keine Kraft mehr auf sie einwirkt.

b Die ruhende Kugel wird in Bewegung gesetzt. Die rollende Kugel wird beschleunigt, abgebremst oder abgelenkt.

c Der Wasserstrahl wird in die Richtung des Kunststoffstabs abgelenkt. ↗1

Ergebnis:

Kräfte kann man nicht sehen. Die **Kraft** ist aber die Ursache jeder **dauerhaften oder vorübergehenden Verformung** oder die Ursache jeder **Änderung des Bewegungszustands** eines Körpers.

Während Kraft in der Umgangssprache mehrere Bedeutungen hat, ist sie in der Physik eine genau definierte Größe. Ihr Größensymbol ist der Buchstabe $\vec{F}$ (engl. force: Kraft).

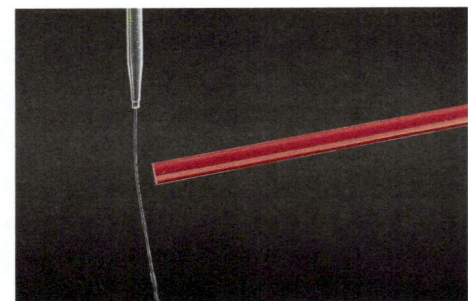

1 *Abgelenkter Wasserstrahl*

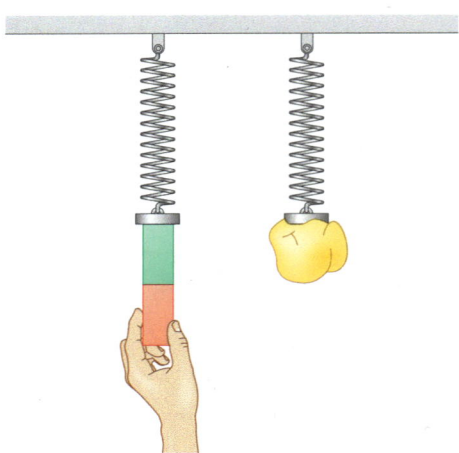

2 *Verschiedene Kräfte – gleiche Wirkung*

Versuch 2: Vergleich von Kräften

Dehne eine Schraubenfeder mit einem Magneten, bis sich Feder und Magnet voneinander lösen. Stelle einen Knetklumpen her, der die Feder genauso weit dehnt wie zuvor der Magnet unmittelbar vor der Trennung. ↗ 2

Ergebnis:
Der Betrag zweier Kräfte kann unabhängig von ihrer Art verglichen werden. Er ist dann gleich, wenn die Kräfte den gleichen Körper in gleicher Weise vorübergehend verformt halten.

Versuch 3: Kraft mit verschiedenen Folgen

Schlage mehrere gleiche Nägel jeweils mit einem Hammerschlag in einen Holzklotz. ↗ 3

3 *Nägel im Holzklotz*

Wir sehen:
Die Nägel werden unterschiedlich tief in den Holzklotz getrieben. Einige Nägel werden gerade in den Klotz gehauen und andere schief.

Erklärung:
Die Hammerschläge wurden nicht völlig identisch ausgeführt: Je tiefer ein Nagel in das Holz getrieben wurde, desto größer war der Betrag der wirkenden Kraft. Wenn der Nagel schräg in das Holz geschlagen wurde, ist er aus einer anderen Richtung oder an einer anderen Stelle getroffen worden.

Ergebnis:
Die Wirkung einer Kraft hängt von ihrem **Betrag,** ihrem **Angriffspunkt** und ihrer **Richtung** ab. Dies sind die drei **Bestimmungsstücke** einer Kraft.

Die Kraft ist eine **gerichtete Größe** und wird zeichnerisch als Pfeil dargestellt. ↗ 4 Der Punkt, an dem der Pfeil beginnt, ist der Angriffspunkt der Kraft. Die Pfeilspitze gibt die Richtung an, in die die Kraft entlang ihrer Wirkungslinie wirkt. Um zu verdeutlichen, dass die Kraft eine Richtung hat, schreibt man einen Pfeil über das Größensymbol: $\vec{F}$. Die Länge des Pfeils gibt den Betrag der Kraft an. Je länger der Pfeil ist, desto größer ist die wirkende Kraft. Für den Betrag der Kraft schreibt man: $|\vec{F}|$ oder einfach F.

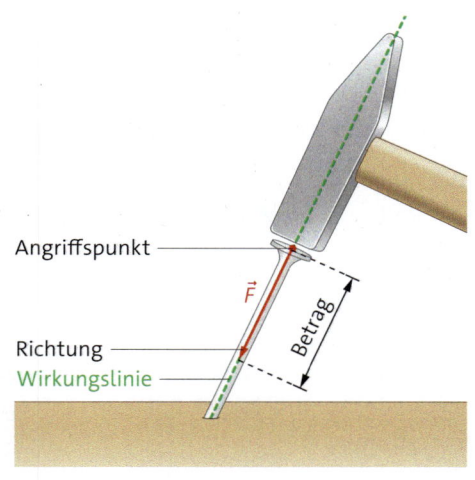

4 *Bestimmungsstücke einer Kraft*

- **Kraft ist die Ursache für jede dauerhafte oder vorübergehende Verformung oder jede Änderung des Bewegungszustands eines Körpers.**

- **Zwei Kräfte sind gleich, wenn sie einen Körper in genau gleicher Weise vorübergehend verformt halten.**

- **Die Wirkung einer Kraft hängt ab von ihrem Angriffspunkt, ihrer Richtung und ihrem Betrag.**

Auf manche Menschen übt das Herunterfallen einen besonderen Reiz aus.
Wieso fallen auf der Erde fast alle Sachen nach unten?

2.2 Gravitation und Schwere

Versuch 1: Alles fällt nach unten

a Halte einen Ball mit ausgestrecktem Arm vor dich und lass ihn los.

b Schütte Wasser aus einem Behälter in ein Waschbecken.

c Stelle ein leeres Trinkglas für mindestens eine Stunde in ein Tiefkühlfach. Schütte dann die im Glas enthaltene Luft auf den Temperaturfühler eines digitalen Thermometers.

Wir sehen:
Der Ball und das Wasser fallen nach unten. Das Thermometer zeigt eine niedrigere Temperatur an.

Ergebnis:
Alle festen, flüssigen und gasförmigen Körper erfahren auf der Erde eine anziehende Kraft. Diese wird **Gewichtskraft** genannt. Ihr Größensymbol lautet F_G. Diese Kraft wirkt lotrecht zum Erdmittelpunkt. ↗ 1

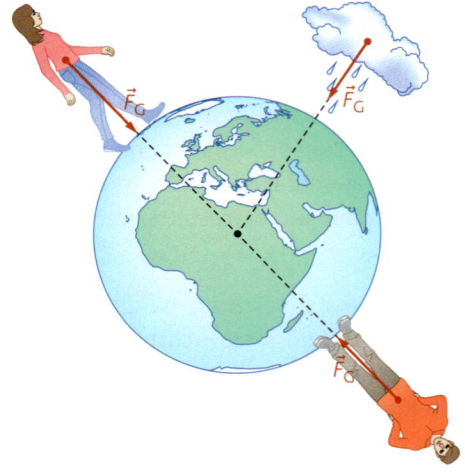

1 *Alle Körper werden von der Erde angezogen.*

Newtons Apfelerlebnis

Einer Anekdote zufolge kam dem englischen Naturforscher Isaac Newton (1643–1727) nach der Beobachtung eines herunterfallenden Apfels ein Gedanke: Der Mond könnte deshalb auf seiner Umlaufbahn gehalten werden, weil er durch die gleiche Kraft von der Erde angezogen wird wie der Apfel. ↗ 2
Nach 20-jähriger Forschung anhand astronomischer Beobachtungen und logischer Schlussfolgerungen formulierte Newton die folgenden Erkenntnisse:

- Jeder Körper muss eine anziehende Kraft auf einen anderen Körper ausüben.
- Diese Kraft nimmt mit zunehmendem Abstand vom Körper ab.

2 *Newton unterm Apfelbaum*

- Diese Kraft ist umso größer, je schwerer ein Körper ist.
- Ursache für diese Kraft ist eine Eigenschaft von allen Körpern, die man **Schwere** nennt. Die Kraft nennt man deshalb Schwerkraft oder **Gravitationskraft** (lat. gravitas: Schwere).

Die Gravitationskraft, die zwischen den Gegenständen des Alltags wirkt, ist sehr klein. Es dauerte etwa hundert Jahre, bis die Gravitation experimentell überprüft werden konnte. Dies gelang erstmalig mit der vom englischen Naturforscher Henry Cavendish entwickelten Drehwaage.

Versuch 2: Drehwaage nach Michell

Bei der Drehwaage von John Michell (1724–1793) sind zwei kleine Bleikugeln über eine Stange miteinander verbunden. Die Stange ist an einem dünnen Draht drehbar aufgehängt. Am Draht ist auch ein kleiner Spiegel befestigt, durch den ein Lichtstrahl auf eine Projektionsfläche reflektiert wird. Im Experiment (ursprünglich durchgeführt von Henry Cavendish) werden zwei große Bleikugeln den kleinen Kugeln genähert. ↗ 3

Man sieht:
Der Lichtstrahl bewegt sich zur Seite.

Ergebnis:
Die Kugeln üben anziehende Kräfte aufeinander aus.
Mit der Drehwaage von Michell konnten die von Newton durch Nachdenken gewonnenen Erkenntnisse zur Gravitationskraft experimentell bestätigt werden. Alle Körper ziehen sich gegenseitig an. ↗ 4
Damit ist die Gewichtskraft ein Sonderfall der Gravitationskraft, nämlich die Gravitationskraft zwischen Körpern und einem Himmelskörper wie der Erde. Sie nimmt mit zunehmendem Abstand zum Mittelpunkt des Himmelskörpers ab. Sie ist außerdem abhängig von der Schwere des Himmelskörpers: Je schwerer der Himmelskörper ist, desto größer ist die Gewichtskraft. ↗ 5

- **Die Gravitation ist das Phänomen, dass alle Körper aufeinander anziehende Kräfte ausüben.**

- **Ursache für die Gravitation ist eine Körpereigenschaft, die man Schwere nennt.**

- **Die Gravitationskraft ist umso größer, je geringer der Abstand zwischen den Körpern ist und je schwerer die beteiligten Körper sind.**

- **Die Gravitationskraft zwischen Körpern und der Erde nennt man Gewichtskraft.**

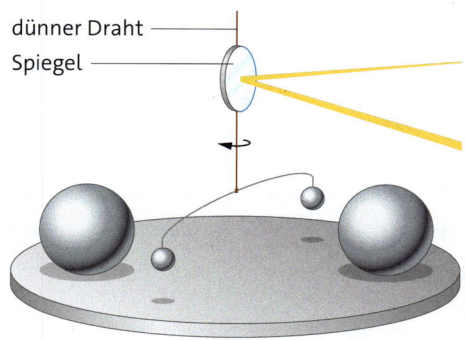

3 *Drehwaage nach Michell*

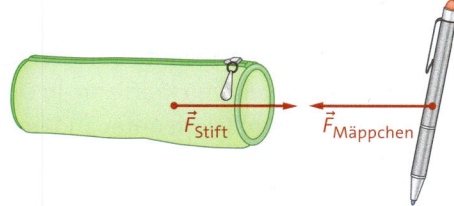

4 *Alle Körper ziehen sich gegenseitig an.*

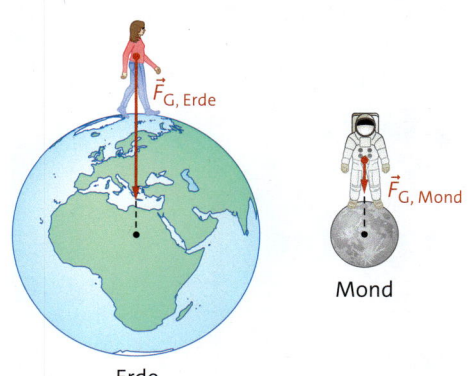

5 *Die Gewichtskraft hängt vom Ort ab.*

Mikrogravitation in der Grundlagenforschung

Mediziner vermuten als Ursache für die Seekrankheit Vorgänge im menschlichen Gleichgewichtssystem. Biologen wollen herausfinden, wieso sich Pflanzen nach einem Sturm automatisch wieder aufrichten. Diese und zahlreiche andere Erscheinungen hängen mit der Gravitationskraft zusammen.

Um den Einfluss der Gravitationskraft auf Vorgänge zu untersuchen, benötigen Wissenschaftler eine Experimentierumgebung, in der die Gravitationskraft kleiner als ein Millionstel des Werts auf der Erde ist. Man spricht dann von **Mikrogravitation.** Häufig wird dies auch als Schwerelosigkeit bezeichnet. Dieser Begriff ist jedoch verwirrend, da jeder Körper die Eigenschaft besitzt, schwer zu sein, sobald er existiert.

Mikrogravitation herrscht in Körpern, die einen sogenannten freien Fall ausführen. Dabei handelt es sich um eine Fallbewegung, die nicht durch den Luftwiderstand behindert wird. An Körpern im freien Fall greifen somit außer der Gravitationskraft keine weiteren Kräfte an. In Deutschland stehen Wissenschaftlern unter anderem die folgenden drei **Forschungseinrichtungen** für Mikrogravitationsexperimente zur Verfügung:

Im 146 m hohen **Fallturm** der Universität Bremen können Experimente in der Mikrogravitation durchgeführt werden. Eine Kapsel, in der sich das betreffende Experiment befindet, wird in einer evakuierten Röhre fallen gelassen. ↗1 In der Kapsel tritt dann für eine Zeit von 4,74 Sekunden Mikrogravitation auf.

Eine weitere Möglichkeit, Mikrogravitation zu erreichen, sind **Parabelflüge.** ↗2 Ein speziell ausgebautes Forschungsflugzeug führt mehrmals hintereinander Flugbahnen aus, die ähnlich dem schrägen Wurf eines Balls sind. Dabei tritt im Durchschnitt Mikrogravitation für 22 Sekunden auf.

Auf der **Internationalen Raumstation ISS** können Mikrogravitationsexperimente über mehrere Monate durchgeführt werden. ↗3 Die ISS befindet sich in etwa 400 Kilometer Höhe über der Erde. Wäre sie dort in Ruhe, würde sie wie ein Stein zur Erde fallen. Tatsächlich bewegt sie sich mit einer Geschwindigkeit von etwa 28 800 $\frac{km}{h}$ um die Erde. Dadurch fällt sie nicht zu Boden, sondern permanent um die Erde herum.

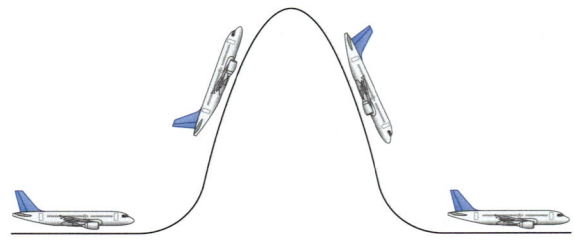

2 *Parabelflug*

1 *Fallturm in Bremen*

3 *Internationale Raumstation*

↗ **NEWTON AKTIV**   Seite 29   Aufgabe 3, 5

In Worte fassen

1 Bestimmungsstücke der Kraft ↗ S. 24/25
Ron hat in einer Versuchsreihe einen biegsamen Metallstab über eine Spiralfeder verformt. Dies wird in der folgenden Bilderserie dargestellt:

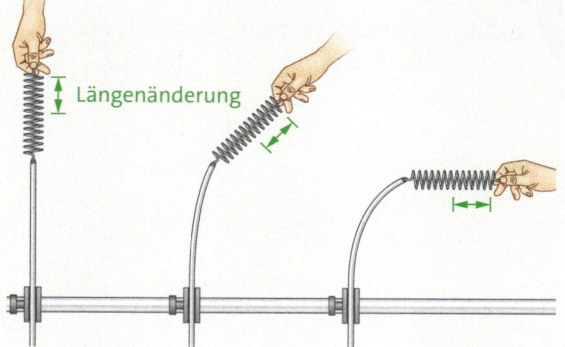

Längenänderung

a ◪ Gib an, welche Bestimmungsstücke gleich bleiben.
b ◪ Beschreibe , welche Eigenschaft der Kraft diese Versuchsreihe veranschaulicht.

2 Apfelbaum ↗ S. 24/25
◪ Die Wirkung einer Kraft wird neben ihrem Betrag auch durch ihren Angriffspunkt und ihre Richtung bestimmt. Erkläre diese Aussage mithilfe der Bilder.

Nachdenken & Kombinieren

3 Orte der Mikrogravitation ↗ S. 28
Zwischen Erde und Mond gibt es einen Ort, an dem ein ruhender Körper nahezu schwerelos zu sein scheint.

a ☐ Begründe, warum der Ausdruck „schwerelos" nicht ganz sinnvoll ist.
b ◪ Gib an, wo ungefähr sich dieser Ort in Bezug auf die Erde befindet.

c ◪ Erkläre, wie es dazu kommt, dass ruhende Körper an diesem Ort nahezu schwerelos erscheinen.
d ◪ Nenne mindestens einen Grund dafür, dass die Gravitationskräfte dort nicht null sind.
e ◪ Nenne einen weiteren Ort, an dem ein ruhender Körper von der Erde aus gesehen nahezu schwerelos erscheint.

4 Gewichtskraft von Luft ↗ S. 26/27
Ein Behälter wurde mit einer Vakuumpumpe evakuiert und dann auf einer Balkenwaage mit einem Wägestück ins Gleichgewicht gebracht.

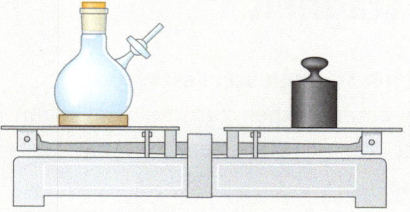

a ◪ Begründe das Gleichgewicht zwischen den beiden Waagschalen.
b ☐ Gib an, was man beobachtet, wenn man Luft in den Behälter einströmen lässt.
c ◪ Gib eine Erklärung für die Beobachtung.

Recherchieren

5 Experimente bei Mikrogravitation ↗ S. 28
☐ Recherchiere nach Experimenten in der Mikrogravitation und notiere mindestens drei von ihnen mit jeweils einer kurzen Beschreibung.

Einfach lernen

6 Kräfte ↗ S. 24–27
a Was versteht man in der Physik unter Kraft?
b Wann sind zwei Kräfte gleich?
c Was sind die Bestimmungsstücke der Kraft?
d Was versteht man unter der Gewichtskraft?
e Was sind die Eigenschaften der Gewichtskraft?
f Was versteht man unter Gravitation?
g Was versteht man unter der Schwere?

Geschnallt?

Mit der Einführung des Sicherheitsgurts Mitte der 1970er Jahre hat die Zahl der Verkehrstoten in Deutschland sehr stark abgenommen. Bis heute ist er der Lebensretter Nummer eins – noch vor dem Airbag.
Wieso ist, wenn man angeschnallt ist, die Verletzungsgefahr geringer?

2.3 Trägheit

Versuch 1: Trägheit von Festkörpern

a Lege einen Körper, zum Beispiel einen Holzquader, auf ein Blatt Papier. Ziehe parallel zur Unterlage ruckartig am Papier. ↗ 1a

b Lege den Holzquader auf ein Wägelchen und lass es gegen ein Hindernis fahren. ↗ 1b

c Lege den Holzquader auf ein Wägelchen, das sich auf einer Schiene vor einem Kurvenstück befindet. Setze das Wägelchen wie zuvor mit dem Holzquader in Bewegung, sodass es die Kurve durchfährt. ↗ 1c

Beobachte jeweils das Verhalten des Holzquaders.

Wir sehen:

Der Holzquader bewegt sich

a nahezu nicht.

b ein Stück in der ursprünglichen Fahrtrichtung weiter.

c nahezu geradeaus weiter.

Ergebnis:

Egal ob in Ruhe oder in geradlinig gleichförmiger Bewegung: Festkörper haben die Eigenschaft, ihren momentanen Bewegungszustand beibehalten zu wollen. Man sagt: Sie sind träge.

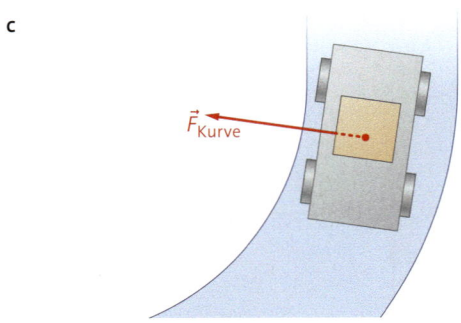

1 *Trägheit von Festkörpern*

Versuch 2: Trägheit von Flüssigkeiten und Gasen

a Fülle Wasser in einen Behälter, sodass es dort etwa 1 cm hoch steht. Setze den Behälter ruckartig in Bewegung. Beobachte das Verhalten des Wassers. ↗ 2

b Fülle den Rauch eines Räucherstäbchens oder den Nebel einer Nebelmaschine in einen Behälter. ↗ 3 Setze den Behälter ruckartig in Bewegung. Beobachte das Verhalten des Rauchs bzw. des Nebels.

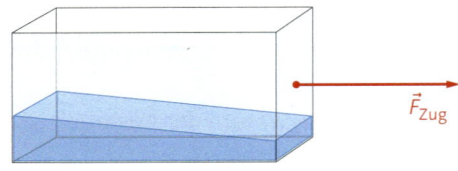

2 *Trägheit von Flüssigkeiten*

Wir sehen:

a Das Wasser schwappt nach hinten, es bleibt also im Prinzip am ursprünglichen Ort stehen.

b Der Rauch (bzw. der Nebel) schwappt ebenfalls nach hinten. Das Gemisch aus Rauch (bzw. Nebel) und Luft bleibt also im Prinzip am ursprünglichen Ort stehen.

Ergebnis:

Auch Flüssigkeiten und Gase sind träge.

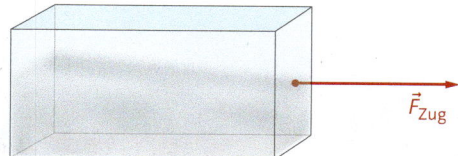

3 *Trägheit von Gasen*

Versuch 3: Festgeklebt

Befestige den Holzquader aus der Versuchsreihe 1 auf der jeweiligen Unterlage zum Beispiel mit einem Klebegummi. Wiederhole die Versuchsreihe. ↗ 4

Wir sehen:

Der Holzquader führt dieselbe Bewegung aus wie die Unterlage.

Ergebnis:

Durch den Klebegummi wirken auf den Holzquader dieselben Kräfte wie auf die Unterlage.

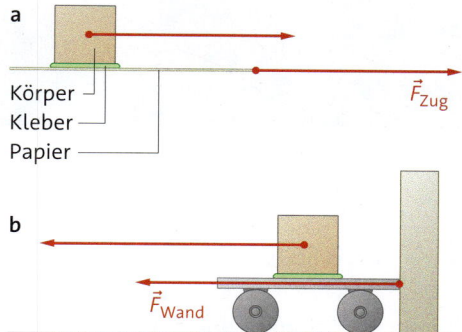

Isaac Newton formulierte 1686 im sogenannten Trägheitssatz die Erkenntnisse zum Verhalten von Körpern bei der Veränderung ihres Bewegungszustands:

> **Trägheitssatz**
>
> Jeder Körper verharrt in seinem Zustand der Ruhe oder der geradlinig gleichförmigen Bewegung, wenn er nicht durch einwirkende Kräfte gezwungen wird, seinen Bewegungszustand zu ändern.

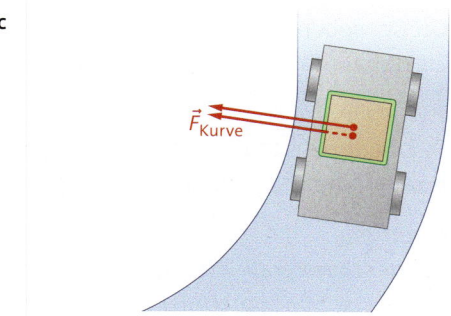

4 *Kräfte greifen auch am Körper an.*

Durch Anlegen des Sicherheitsgurts wird also verhindert, dass sich der Fahrzeuginsasse bei einer Vollbremsung weiterbewegt. Er wird durch den Sicherheitsgurt zusammen mit dem Auto abgebremst, sodass er nicht durch die Windschutzscheibe fliegt.

- **Alle Körper besitzen eine Eigenschaft, die man Trägheit nennt.**

- **Aufgrund der Trägheit bleibt jeder Körper in Ruhe oder er bewegt sich geradlinig, mit gleichbleibender Geschwindigkeit weiter, bis eine Kraft seinen Bewegungszustand ändert.**

↗ **NEWTON AKTIV** Seite 35 Aufgabe 1, 5, 7

Der Bremsweg von großen und damit schweren Schiffen ist unter Umständen mehrere Kilometer lang.
Was haben Schwere und Trägheit miteinander zu tun?

2.4 Masse

Versuch 1: Schwere und Trägheit

Stelle einen Styroporquader und einen Eisenquader gleicher Größe nebeneinander auf dem Boden auf ein Blatt Papier. Ziehe parallel zur Unterlage ruckartig am Papier. ↗ 1

Wir sehen:
Der Styroporquader wird in Bewegungsrichtung des Papiers bewegt, der Eisenquader verändert seine Position nicht.

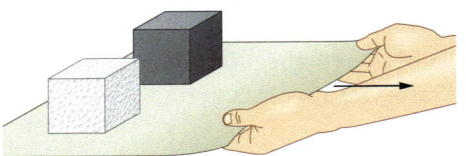

1 *Schwere und Trägheit*

Erklärung:
Beim schwereren Eisenquader reichen im Gegensatz zum leichteren Styroporkörper die Kräfte zwischen Papier und Körper (also die Reibungskräfte) nicht aus, um ihn mit dem Papier mitzubewegen. Der Eisenquader ist also nicht nur schwerer, sondern auch träger als der Styroporquader.

Ergebnis:
Je schwerer ein Körper ist, desto träger ist er auch. Das heißt, dass der Bewegungszustand eines schweren Körpers durch dieselbe Kraft nicht so stark geändert wird wie bei einem leichteren.

Sehr genaue Experimente haben gezeigt, dass Körper, die gleich schwer sind, immer auch gleich träge sind. Die beiden Körpereigenschaften **Schwere** und **Trägheit** werden deshalb durch eine Größe beschrieben, die man **Masse** nennt. Ihr Größensymbol ist der Buchstabe m.

Versuch 2: Vergleich der Masse von Körpern

a Lege zuerst einen kleinen Stein in eine Schale einer gleicharmigen Tafel- oder Balkenwaage.
b Lege ein Stück Knete in die andere Waagschale.

Wir sehen:

a Die Waagschale mit dem Stein bewegt sich nach unten.

b Ist der Knetklumpen schwerer als der Stein, bewegt sich die zugehörige Waagschale nach unten und hebt den Stein an. Ist der Knetklumpen weniger schwer, ändert sich nichts. Ist der Knetklumpen genauso schwer wie der Stein, bewegen sich die Waagschalen wieder in die Ausgangsposition zurück.

Erklärung:

a Die Waagschale bewegt sich nach unten, weil die Erde eine Gewichtskraft auf den Körper ausübt.

b Der Körper, der schwerer ist, erfährt eine größere Gewichtskraft. Daher bewegt sich die zugehörige Waagschale mit dem Körper nach unten. Erfahren die Körper auf den beiden Waagschalen die gleiche Gewichtskraft, befindet sich die Waage im Gleichgewicht.

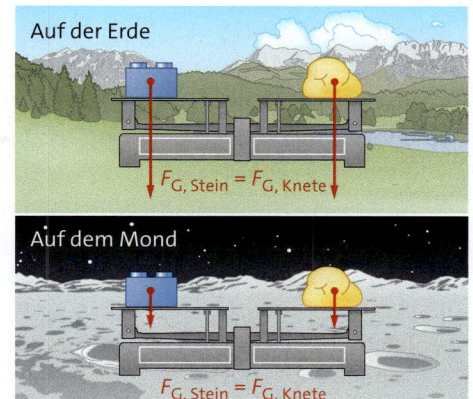

2 *Vergleich der Masse von Körpern an verschiedenen Orten*

Ergebnis:

Mit einer Balkenwaage lassen sich die Massen zweier Körper miteinander vergleichen.

Die in Versuch 2 beschriebene Vorgehensweise würde auch an anderen Orten als auf der Erde zum selben Ergebnis führen, auch wenn dort die Körper eine größere oder kleinere Gewichtskraft erfahren. ↗ 2 Die Masse ist im Gegensatz zur Gewichtskraft also eine ortsunabhängige Größe.

Es ist sinnvoll, für die Masse von Körpern ein gemeinsames Vergleichsmaß zu verwenden. Europäische Wissenschaftler einigten sich erstmalig 1889 in Paris auf ein solches gemeinsames Vergleichsmaß. Sie ordneten einem Zylinder aus einer Platin-Iridium-Legierung mit ganz bestimmten geometrischen Abmessungen die Masse von 1,0 kg zu. ↗ 3

3 *Vergleichskörper für die Masse*

Einheit der Masse: $[m]$ = **1 kg (1 Kilogramm)**

Durch Kopie, Teilung und Vervielfachung dieses Vergleichsmaßes lassen sich entsprechende Teile oder Vielfache dieser Masseneinheit herstellen. ↗ 4 Mit solchen Wägesätzen kann mithilfe von Waagen die Masse von beliebigen Körpern gemessen werden. ↗ 5

$$1\ g = 0{,}001\ kg = 1 \cdot 10^{-3}\ kg$$
$$1\ mg = 0{,}001\ g\ = 1 \cdot 10^{-3}\ g$$
$$1\ t = 1000\ kg\ = 1 \cdot 10^{3}\ kg$$

4 *Vielfache und Teile der Einheit 1 kg*

- **Die Körpereigenschaften Schwere und Trägheit werden durch die physikalische Basisgröße Masse beschrieben.**

- **Die Masse ist eine ortsunabhängige Größe.**

- **Die Masse von Körpern wird mit Waagen in der Einheit Kilogramm gemessen.**

5 *Balkenwaage mit Wägesatz*

↗ NEWTON AKTIV Seite 35 Aufgabe 3, 6, 7

Bewegung in der ISS

Die Internationale Raumstation ISS kreist in rund 400 km Höhe um die Erde. Auf der ISS herrscht nur eine sehr geringe Gravitation, in ihr ist daher vieles anders. Beispielsweise bewegen sich die Astronauten von einem Ort zum anderen, indem sie sich von einem Gegenstand, der fest mit der Wand der Station verbunden ist, abstoßen. Auch bewegliche Gegenstände, die schwer sind, müssen nicht mühevoll hochgehoben werden, sie schweben in der Station und können schwebend, mit relativ kleinem Kraftaufwand transportiert werden, indem sie einmal in die Bewegungsrichtung angestoßen werden. ↗ 1

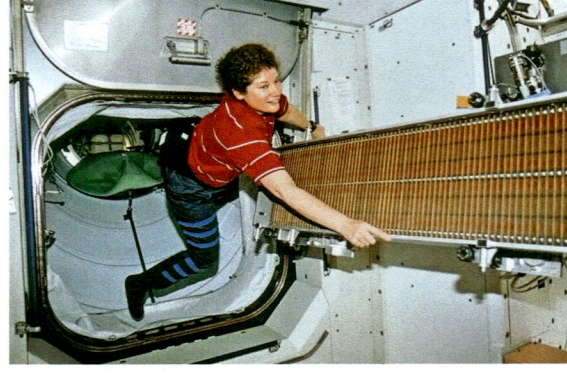

1 *Astronautin Susan J. Helms transportiert ein Laufband aus dem Space Shuttle in die ISS.*

↗ **NEWTON AKTIV**   Seite 35   Aufgabe 3

Sicherheitseinrichtungen in Fahrzeugen

Die vier wichtigsten Sicherheitssysteme in einem Auto sind Sicherheitsgurte, Gepäcknetze, Nackenstütze und Airbags. Sie dienen dazu, die negativen Folgen der Trägheit im Fall eines Unfalls zu verringern.

Durch den **Sicherheitsgurt** sind die angeschnallten Insassen mit dem Auto verbunden. Sie werden daher im Fall des Auftreffens auf ein Hindernis mit dem Auto zusammen abgebremst. Ohne Sicherheitsgurt würde der Autofahrer mit derselben Geschwindigkeit wie zuvor gegen das Lenkrad prallen. Schon bei einer Geschwindigkeit von 15 $\frac{km}{h}$ könnte sich ein Autofahrer nicht mehr abstützen. Dazu müsste der Autofahrer eine so große Kraft aufwenden, wie sie zum Heben eines Körpers mit der Masse 300 kg erforderlich wäre – was selbst den stärksten Gewichthebern nicht möglich ist.

Die gleiche Funktion haben **Gepäcknetze** zur Sicherung des Gepäcks im Fahrzeug. Sie verhindern, dass sich die Gepäckstücke beim Bremsen weiterbewegen und auf die Autoinsassen fallen.

Die **Nackenstütze** verhindert schwerwiegende Verletzungen der Halsmuskulatur und der Wirbelsäule bei einem Heckaufprall. Bei einem solchen Unfall wird der Körper mit dem Auto beschleunigt. Der Kopf würde infolge der Trägheit zurückbleiben, wenn er nicht durch die Nackenstütze dazu gezwungen würde, sich ebenfalls nach vorne zu bewegen.

Airbags sorgen dafür, dass man nicht direkt auf harte Gegenstände wie das Lenkrad oder das Armaturenbrett prallt. ↗ 2

2 *Schutz durch Gurt und Airbag*

↗ **NEWTON AKTIV**   Seite 35   Aufgabe 2, 4, 5

Experimentieren

1 Welcher Faden reißt? ↗ S. 30/31
Material: ca. 1,5 m lange Schnur, ca. 0,5 kg schwerer Körper, stabiler Deckenhaken

- Befestige den Faden so am Körper, dass oben und unten ein gleich langes Stück des Fadens überhängt. Hänge den Gegenstand mit einem der beiden Fadenstücke an den Deckenhaken.
- Ziehe einmal langsam mit zunehmender Kraft am unteren Fadenstück, bis eines der Fadenstücke reißt.
- Knote den Körper erneut an einen neuen Faden. Ziehe nun ruckartig am unteren Fadenstück. *Achtung:* Pass auf, dass dir der Gegenstand nicht auf die Füße fällt.

a ☐ Notiere deine Beobachtungen.
b ☑ Erkläre die Beobachtungen mit der Trägheit des Körpers.

In Worte fassen

2 ☑ Vollbremsung ohne Sicherheitsgurt ↗ S. 34
Sortiere die folgenden Textpuzzlesteine so, dass mit dem Text die negativen Folgen der Trägheit beim Nichtanschnallen bei einer Vollbremsung beschrieben werden.

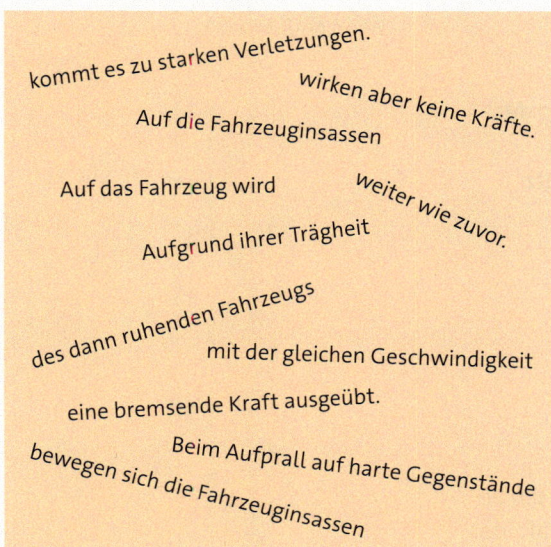

kommt es zu starken Verletzungen.
wirken aber keine Kräfte.
Auf die Fahrzeuginsassen
Auf das Fahrzeug wird
weiter wie zuvor.
Aufgrund ihrer Trägheit
des dann ruhenden Fahrzeugs
mit der gleichen Geschwindigkeit
eine bremsende Kraft ausgeübt.
Beim Aufprall auf harte Gegenstände
bewegen sich die Fahrzeuginsassen

3 In der ISS ↗ S. 32–34
Lies in der Leseecke den Text zur ISS. Wie dort in Bild 1 zu sehen ist, transportiert die Astronautin mühelos ein schweres Laufband in der ISS.
☑ Begründe, warum Astronauten beim Transport von schweren Gegenständen in der Mikrogravitation darauf achten müssen, dass diese nicht gegen die Wände stoßen.

Bewerten

4 Gefahr in Verzug ↗ S. 34
Jemand behauptet, dass er sich bei Fahrten im Ort nie anschnallen würde, weil man da ja so langsam fährt, dass man sich im Notfall am Lenkrad abstützen könnte.
☑ Bewerte diese Aussage mit den Informationen aus dem Text in der Leseecke.

5 Festhalten bitte! ↗ S. 30/31, 34
In öffentlichen Transportmitteln findet man immer wieder das nebenstehende Piktogramm.

a ☑ Erkläre den Zusammenhang zwischen dem Piktogramm und dem Trägheitssatz.
b ■ Bewerte eine Gurtpflicht in Nahverkehrsbussen. Stelle Pro und Kontra gegenüber.

Nachdenken & Kombinieren

6 Abschleppen ↗ S. 32/33
☑ Will man ein Auto mit einem Seil abschleppen, muss man darauf achten, nicht ruckartig anzufahren. Begründe dies.

Einfach lernen

7 Masse und Trägheit ↗ S. 30–33
a Was versteht man unter Trägheit?
b Wie lautet der Trägheitssatz?
c Was versteht man unter Masse?
d Welche Einheit hat die Masse?

Mit einem Expander können Sportler trainieren. Mit einem solchen Gerät kann aber auch festgestellt werden, wer von zwei Personen der stärkere ist. Einen genauen Wert für die Kraft kann man jedoch nicht messen.
Wie können Kräfte gemessen werden?

2.5 Kraftmessung

Versuch: Einfache Kraftmessung

Stelle mehrere Knetklumpen her, die jeweils die gleiche Masse besitzen. Hänge eine Schraubenfeder an ein Stativ und positioniere einen Papierstreifen neben ihrem Befestigungspunkt. Markiere die Länge der Schraubenfeder auf dem Papierstreifen. Hänge nach und nach die Knetklumpen an die Schraubenfeder, sodass ein immer größerer Knetklumpen entsteht. Markiere jeweils die sich neu einstellende Federlänge auf dem Papierstreifen. ↗1 Entlaste die Feder anschließend wieder schrittweise.

Wir sehen:
Beim Anhängen von zwei, drei, …, *n* Knetklumpen dehnt sich die Feder zwei-, drei-, …, *n*-mal so weit.
Beim schrittweisen Entlasten stellt sich jeweils wieder die darüber markierte Ausdehnung ein.

Ergebnis:

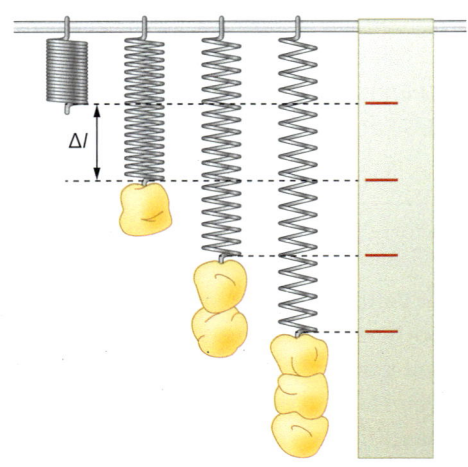

1 *Einfache Kraftmessung*

Wird eine Schraubenfeder gedehnt, dann ist der Betrag der einwirkenden Kraft *F* in einem gewissen Bereich direkt proportional zur Längenänderung Δl. Dies ist das **Gesetz von Hooke:**

$F \sim \Delta l$ oder $F = D \cdot \Delta l$

Der Proportionalitätsfaktor *D* wird als **Federkonstante** bezeichnet.

Federkonstante: $D = \frac{F}{\Delta l}$ Einheit: $[D] = 1\,\frac{N}{m}$

Mit der Versuchsanordnung kann die Gewichtskraft, die ein beliebiger Körper erfährt, als Vielfaches der Gewichtskraft der verwendeten Knetklumpen angegeben werden. Im Prinzip können damit auch die Beträge anderer Kräfte wie Zugkräfte oder magnetische Kräfte gemessen werden. Der Kraftmesser ist aufgrund der Anordnung von Spiralfeder und Skala sowie wegen der Vergleichskörper aus Knete noch sehr unhandlich.

Einheit der Kraft

Aus praktischen Gründen dient der Vergleichskörper, dem bereits die Masse von einem Kilogramm zugeordnet wurde, ebenfalls zur Festlegung der Einheit der Kraft. ↗ 2
Kräfte gibt man in der Einheit Newton an.

Einheit der Kraft: $[F]$ = 1 N (1 Newton)

1 N ist der 9,81-te Teil der Gewichtskraft des Vergleichskörpers an einem Ort auf der Erde bei 45° nördlicher Breite. Da die Gewichtskraft ortsabhängig ist, muss neben dem Körper auch der Ort genau festgelegt werden. Ein solcher Normort ist zum Beispiel Zürich.

Eine Tafel Schokolade mit der Masse 100 g erfährt somit eine Gewichtskraft von F_G = 0,981 N, also etwa 1,0 N.

Für die Angabe des Betrags einer Kraft gibt es grundsätzlich zwei mögliche Symbolschreibweisen: $|\vec{F}|$ oder F. Letztere ist die einfachere und wird daher üblicherweise verwendet.

Federkraftmesser

Mit geeigneten Vielfachen und Teilen des Vergleichskörpers lassen sich mithilfe von Schraubenfedern handliche Federkraftmesser herstellen, mit denen Kräfte in der Einheit Newton gemessen werden können. ↗ 3 Dazu muss man jeder Längenänderung der Schraubenfeder die entsprechende Kraft in Newton zuordnen und eine Skala erstellen. Diesen Vorgang nennt man **Kalibrieren.** Durch geeignete Wahl der Schraubenfederhärte lassen sich Federkraftmesser für verschiedene Messbereiche herstellen. Mit Kraftmessern können Kräfte unabhängig von ihrer Art und Richtung gemessen werden. ↗ 4 Kraftmesser besitzen in der Regel ein Rädchen oder eine Hülse, mit denen vor jeder Messung der Nullpunkt für die jeweilige Gebrauchslage eingestellt werden kann. Dies ist nötig, weil sich die unbelastete Feder unterschiedlich weit ausdehnt, je nachdem wie der Kraftmesser gehalten wird.

- **Kräfte werden mit Kraftmessern in der Einheit Newton gemessen.**

- **1 N entspricht in etwa der Gewichtskraft einer 100-g-Tafel Schokolade.**

2 *Vergleichskörper mit der Masse m = 1,00 kg und der Gewichtskraft F_G = 9,81 N*

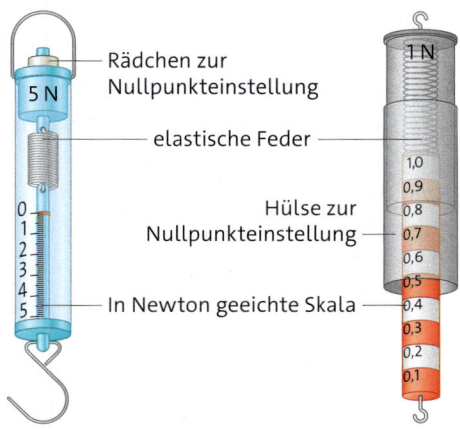

Rädchen zur Nullpunkteinstellung
elastische Feder
Hülse zur Nullpunkteinstellung
In Newton geeichte Skala

3 *Federkraftmesser für einen Messbereich von 0 bis 5 N (links) und von 0 bis 1 N (rechts)*

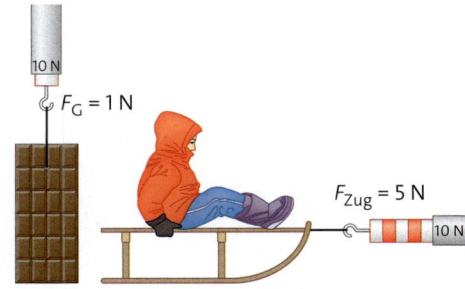

F_G = 1 N
F_{Zug} = 5 N

4 *Messung verschiedener Kräfte*

Ausrüstungen von Astronauten haben eine Masse von etwa 150 kg. Auf der Erde kann das keiner anheben.
Auf dem Mond kann ein Astronaut samt Ausrüstung sogar springen.
Was ist dort anders?

2.6 Ortsfaktor

Versuch: Masse und Gewichtskraft

Ermittle mithilfe einer Waage und eines Kraftmessers Masse und Gewichtskraft von verschiedenen Körpern deiner Umgebung. Notiere die Messwerte für die Gewichtskraft F_G in der Einheit Newton in Abhängigkeit von der Masse m in der Einheit Kilogramm in einer Tabelle und betrachte für jeden Gegenstand die Zahlenwerte.

Körper	Mäppchen	Block	Stift
m in kg	0,400	0,195	0,045
F_G in N	4,0	1,9	0,44
$\frac{F_G}{m}$ in $\frac{N}{kg}$	10	9,7	9,8

1 Messreihe für verschiedene Körper

Wir sehen:
Der Zahlenwert für die Gewichtskraft ist immer fast 10-mal größer als der zugehörige Zahlenwert für die Masse.
Ermittelt man das genaue Vielfache des Zahlenwerts durch Bildung des Quotienten aus Gewichtskraft und Masse, ergibt sich ein Mittelwert von etwa 9,8 $\frac{N}{kg}$. ↗ 1

Erklärung:
Der Quotient aus Gewichtskraft und Masse ist für einen bestimmten Ort eine Konstante. Liegt dieser Ort auf der Erde bei 45° nördlicher Breite, beträgt dort der Wert für die Konstante genau 9,81 $\frac{N}{kg}$.

Ergebnis:
Der Wert für den Quotienten aus Gewichtskraft und Masse ist charakteristisch für einen bestimmten Ort und wird daher **Ortsfaktor** genannt. Sein Größensymbol ist der Buchstabe **g**.

Der **Ortsfaktor g** gibt an, welche Gewichtskraft ein Körper mit der Masse 1 kg an einem bestimmten Ort erfährt.

$g = \frac{F_G}{m}$ Einheit: $[g] = 1\,\frac{N}{kg}$

Ist der Ortsfaktor bekannt, lässt sich bei bekannter Masse die zugehörige Gewichtskraft berechnen und umgekehrt.

Aus $g = \frac{F_G}{m}$ folgt durch Umformen: $F_G = m \cdot g$.

Verschiedene Ortsfaktoren

Da die Gewichtskraft vom Ort abhängt, die Masse aber nicht, ist der Ortsfaktor ebenfalls ortsabhängig. ↗ 2 Auf der Erde rechnen wir üblicherweise mit dem Wert $g = 9{,}81 \frac{N}{kg}$. Auf dem Mond erfährt ein Körper nur etwa ein Sechstel der Gewichtskraft wie auf der Erde. Der Ortsfaktor beträgt auf dem Mond nur $1{,}62 \frac{N}{kg}$. ↗ 3

Hat ein Astronaut zusammen mit seiner Ausrüstung eine Masse von 200 kg, erfährt er auf dem Mond nur eine Gewichtskraft von 324 N. ↗ 4 Dies entspricht der Gewichtskraft, die auf eine Masse von etwa 33 kg auf der Erde wirkt. Deshalb können Astronauten trotz schwerer Ausrüstung auf dem Mond so hoch springen.

Auch auf der Erde ist der Ortsfaktor nicht überall gleich. Die Gewichtskraft, die auf einen Körper wirkt, wird mit zunehmendem Abstand zum Erdmittelpunkt kleiner. Aus diesem Grund ist der Ortsfaktor beispielsweise auf der 2962 m hohen Zugspitze etwas kleiner als in Neuendorf, dem tiefsten Punkt Deutschlands bei −3,54 m.

- **Der Ortsfaktor ist eine Konstante, die den Zusammenhang zwischen der Masse und der Gewichtskraft eines Körpers für einen bestimmten Ort beschreibt.**

- **Mithilfe des Ortsfaktors kann man bei bekannter Masse die zugehörige Gewichtskraft berechnen und umgekehrt.**

Ort	g in $\frac{N}{kg}$
Erde, Normort	9,81
Erde, Nordpol	9,83
Erde, Berlin	9,813
Erde, München	9,807
Erde, Äquator	9,78
Erdmond	1,62
Merkur	3,70
Venus	8,87
Mars	3,71
Jupiter	24,79
Saturn	10,44
Uranus	8,87
Neptun	11,15
Sonne	274,0

2 Verschiedene Ortsfaktoren (Quelle: NASA)

Berechne die Gewichtskraft, die auf einen Astronauten auf dem Mond wirkt, wenn dieser zusammen mit seiner Ausrüstung eine Masse von 200 kg besitzt.

Geg.: $m = 200\ kg,\ g = 1{,}62 \frac{N}{kg}$

Ges.: F_G

$F_G = m \cdot g$

$F_G = 200\ kg \cdot 1{,}62 \frac{N}{kg}$

$F_G = 324\ N$

Auf den Astronauten wirkt eine Gewichtskraft von 324 N.

4 Beispielaufgabe

3 Der Ortsfaktor ist auf dem Mond kleiner als auf der Erde.

Experimentieren

1 Messen mit einem Federkraftmesser ↗ S. 36/37
Material: 3 Federkraftmesser (Messbereiche:
bis 10 N, 5 N, 2 N), Knetklumpen, Behälter mit
Wasser, Magnet, mit Helium gefüllter Ballon

- Miss die folgenden Kräfte und wähle für jede
Messung den am besten geeigneten Kraftmesser
aus. Beginne in jedem Fall immer mit dem 10-N-
Kraftmesser. Notiere deine Ergebnisse.

a Zugkraft, die beim Ziehen des Knetklumpens
über den Tisch aufzuwenden ist, F_{Zug}
b Gewichtskraft des Knetklumpens, F_G
c Haltekraft, nachdem der Knetklumpen vollständig in das Wasser eingetaucht wurde, F_{Halte}
d Haltekraft für den Ballon, $F_{Halte, Ballon}$
e Maximale magnetische Anziehungskraft, F_{Magnet}

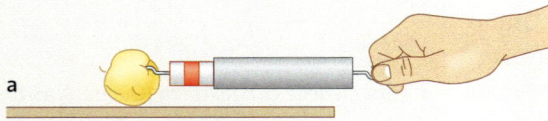

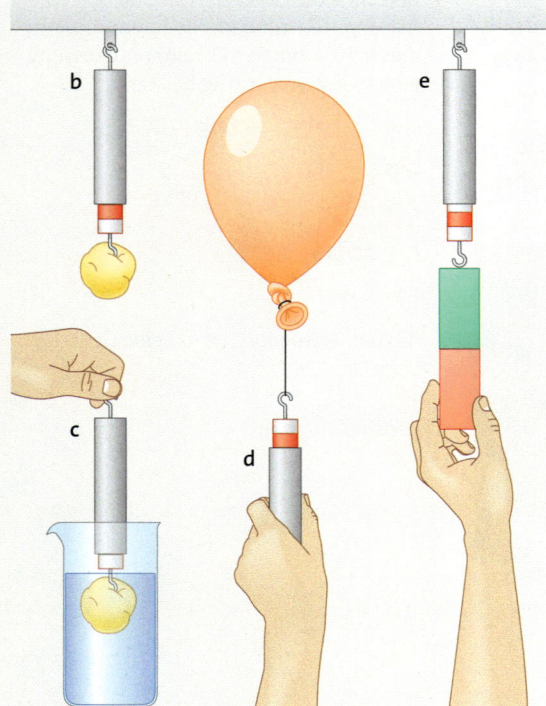

Nachdenken & Kombinieren

2 Einheiten zuordnen ↗ S. 36–39
☑ Ordne die folgenden Einheiten den Größen
Gewichtskraft, Masse und Ortsfaktor zu:
t, N, kg, kN, g, $\frac{N}{kg}$, mg.

3 Gleichung umstellen ↗ S. 38/39
☑ Gib an, welche der nachfolgenden Gleichun-
gen den Zusammenhang zwischen Masse und
Gewichtskraft korrekt beschreiben:

a $F_G = \frac{m}{g}$ b $F_G = m \cdot g$ c $F_G = g \cdot m$

d $g = \frac{F_G}{m}$ e $m = \frac{g}{F_G}$ f $g = \frac{m}{F_G}$

g $m = \frac{F_G}{g}$ h $F_G = \frac{g}{m}$

4 Auf der Erde ↗ S. 38/39
a ☐ Berechne die Gewichtskraft, die ein Körper mit
der Masse 80 kg auf der Erde erfährt.
b ☑ Berechne die Masse, die ein Körper besitzt,
wenn er auf der Erde eine Gewichtskraft von
50 N erfährt.

5 Auf dem Mond ↗ S. 38/39
Eine Faustregel besagt, dass die Gewichtskraft
eines Körpers auf der Mondoberfläche etwa
einem Sechstel des Werts auf der Erdoberfläche
entspricht.
a ☐ Gib an, welche Masse und welche Gewichtskraft der Urkilogrammkörper auf dem Mond
hätte.
b ☑ Gib den sich aus der Faustregel abzuleitenden
Ortsfaktor für die Mondoberfläche als Dezimal-
zahl an.
c ☑ Berechne die Gewichtskraft eines
150 kg schweren Astronauten auf dem Mond.

6 Veränderungen ↗ S. 38/39
Ein Astronaut, der auf der Erde eine Masse von
150 kg besitzt, stellt nach dem Flug zum Mond
fest, dass er dort eine Gewichtskraft von 237 N
erfährt.

a ☑ Berechne mithilfe der angegebenen Gewichtskraft die Masse des Astronauten auf dem Mond.

b ■ Gib einen plausiblen Grund dafür an, dass die in Aufgabenteil **a** berechnete Masse des Astronauten auf dem Mond nach der Reise kleiner ist als auf der Erde.

7 Mondgestein ↗ S. 38/39

Ein Astronaut hat auf dem Mond für einen Stein eine Gewichtskraft von 38,4 N gemessen.

a ☑ Berechne die Masse, die der Stein auf der Erde besitzt.

b ■ Berechne die Gewichtskraft des Steins auf der Erde.

In Worte fassen

8 Aussagen bewerten ↗ S. 38/39

☑ Entscheide, welche der folgenden Aussagen richtig ist. Korrigiere die falschen Aussagen und begründe dies mit einem Beispiel.

a Die Gewichtskraft, die ein Körper erfährt, ist unabhängig vom Ort.

b Die Masse, die ein Körper besitzt, ist unabhängig vom Ort.

c Der Ortsfaktor ist eine Naturkonstante und überall im Universum gleich groß.

d Der Ortsfaktor ist an einem Ort für unterschiedliche Körper verschieden.

e Der Ortsfaktor ist an allen Orten auf der Erde gleich.

9 Masse ist nicht gleich Gewichtskraft ↗ S. 38/39

Erkläre den Unterschied zwischen Masse und Gewichtskraft so, dass …

a ☐ es ein Mitschüler versteht.

b ☑ es deine Eltern verstehen.

10 Gewichtskräfte und Ortsfaktoren ↗ S. 38/39

Die Gewichtskraft einer Tafel Schokolade (100 g) beträgt auf der 2962 m hohen Zugspitze 0,979 N und am tiefsten Punkt Deutschlands in Neuendorf (−3,54 m) 0,981 N.

a ☑ Erkläre diesen Unterschied.

b ■ Erkläre den Unterschied zwischen den Ortsfaktoren für den Nordpol und den Äquator.

11 Kofferwaage ↗ S. 38/39

Im Internet findet man zur Beschreibung einer Kofferwaage folgende Information: „Eine Kofferwaage ist ein handliches Instrument zur Gewichtsmessung von Gegenständen."

a ☐ Benenne die Größe, die auf dem Display einer Kofferwaage angezeigt wird.

b ☐ Gib an, welche physikalische Größe mit einer Kofferwaage tatsächlich gemessen wird.

c ■ Erkläre den Zusammenhang zwischen den Größen aus den Aufgabenteilen **a** und **b**.

Einfach lernen

12 Kraftmessung ↗ S. 36/37

a Was ist die Einheit der physikalischen Größe Kraft?

b Welcher Körper besitzt etwa eine Gewichtskraft von 1 N?

c Wie ist ein Federkraftmesser aufgebaut?

d Worauf muss man beim Gebrauch eines Federkraftmessers achten?

13 Masse und Gewichtskraft ↗ S. 38/39

a Wie lautet die Definitionsgleichung für den Ortsfaktor?

b Wie groß ist der Ortsfaktor in Mitteleuropa?

c Welcher Zusammenhang besteht zwischen der Masse eines Himmelskörpers und dem dortigen Ortsfaktor?

Beim Bungee-Jumping wird die springende Person aufgrund ihrer Gewichtskraft beschleunigt. Sobald sich das Seil spannt, wird es zusätzlich durch die Gewichtskraft gedehnt. Dadurch wird die Person abgebremst.
Wie muss ein Seil beschaffen sein, damit man es zum Bungee-Jumping verwenden kann?

2.7 Bungee-Jumping und das Gesetz von Hooke

Versuch 1: Dehnung eines Haushaltsgummibands

Befestige ein Haushaltsgummiband an einem Stativ. Straffe es und markiere seine Länge l_0. Dehne das Band mit einem Kraftmesser mit einer Kraft von 0,5 N. Miss mit einem Maßband, wie weit sich das Band dabei verlängert. Die Zunahme der Länge des Gummibands heißt **Längenänderung** Δl. ↗ 1 Notiere den Betrag der einwirkenden Gewichtskraft F und die Längenänderung Δl in einer Tabelle.

Ziehe nun mit einer Kraft von 1,0 N, 1,5 N, ..., 3,0 N am Band. Notiere jeweils den Betrag der Kraft F und die zugehörige Längenänderung Δl. Entferne den Kraftmesser und vergleiche die Länge des Gummibands nach Versuchsende mit der Anfangslänge l_0.

Wir sehen:

Das Gummiband verformt sich mit zunehmender Krafteinwirkung immer mehr. Ein mathematischer Zusammenhang zwischen den Größen Kraft F und Längenänderung Δl ist nicht zu erkennen. ↗ 2

Nach Versuchsende ist das Gummiband länger, als es zu Versuchsbeginn war.

Ergebnis:

Je größer die Krafteinwirkung F auf ein Haushaltsgummiband ist, desto größer ist seine Längenänderung Δl. Nach der Krafteinwirkung geht das Band nicht mehr in seine ursprüngliche Form zurück. Wird ein Gegenstand durch eine Krafteinwirkung dauerhaft verformt, spricht man von einer **plastischen Verformung.**

Ein Haushaltsgummiband ist aufgrund seiner **plastischen Verformung** nicht zum Bungee-Jumping geeignet.

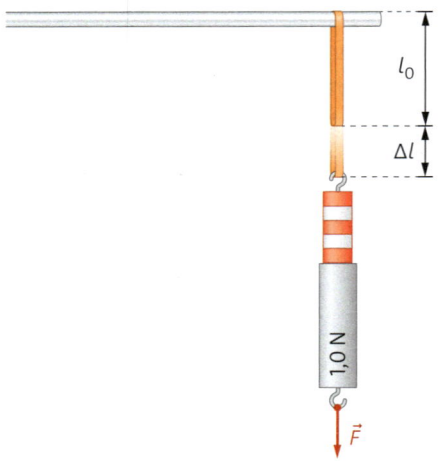

1 *Dehnung eines Gummibands*

F in N	0	0,5	1,0	1,5
Δl in m	0	0,002	0,017	0,055

F in N	2,0	2,5	3,0
Δl in m	0,095	0,190	0,220

2 *Messwerte*

Versuch 2: Dehnung eines Elastik-Gummibands

Wiederhole Versuch 1, verwende aber statt des Haushaltsgummibands ein Elastik-Gummiband.

Wir sehen:

Das Elastik-Gummiband verformt sich bei zunehmender Krafteinwirkung immer mehr. Eine 2-, 3-, 4-, ...-fache Krafteinwirkung F bewirkt annähernd eine 2-, 3-, 4-, ...-fache Längenänderung Δl. Am Ende geht das Elastik-Gummiband wieder in seine ursprüngliche Form zurück. Die grafische Auswertung zeigt, dass die Bildpunkte der Messwerte auf einer Ursprungsstrecke liegen. ↗ 3 Die rechnerische Auswertung zeigt, dass alle Wertepaare quotientengleich sind. ↗ 4 Abweichungen können mit Messunsicherheiten erklärt werden.

Ergebnis:

Eine Verformung, bei der der Körper nach Krafteinwirkung in seine urprüngliche Form zurückkehrt, nennt man **elastische Verformung.**

> **Gesetz von Hooke** (nach Robert Hooke, 1635–1703)
> Bei einer elastischen Verformung ist die Längenänderung Δl direkt proportional zur Kraft F: $\Delta l \sim F$ oder $\frac{\Delta l}{F}$ = konstant.

Versuch 3: Elastizitätsbereich des Elastik-Gummibands

Lass eine sehr große Kraft (z. B. 100 N) auf das Elastik-Gummiband aus Versuch 2 einwirken.
Achtung: Das Gummi kann reißen.

Wir sehen:

Das Gummiband wird so stark gedehnt, dass es nicht mehr seine ursprüngliche Form annimmt.

Ergebnis:

Ein Elastik-Gummiband verformt sich nur innerhalb seines Elastizitätsbereichs elastisch. Nur innerhalb dieses Bereichs gilt das hookesche Gesetz. Eine zu große Kraft verformt das Band dauerhaft und zerstört seine ursprüngliche Form.

Beim Bungee-Jumping wird ein Seil aus ca. 1000–1300 Gummifäden verwendet. Diese werden mit einem elastischen Gewebeband verstärkt, damit das Seil nicht reißen kann. ↗ 6

- Wirkt auf einen Körper eine Kraft ein, so wird er entweder plastisch (dauerhaft) oder elastisch (kurzfristig) verformt.

- Bei der Dehnung eines elastischen Körpers gilt innerhalb seines Elastizitätsbereichs das hookesche Gesetz: $\Delta l \sim F$.

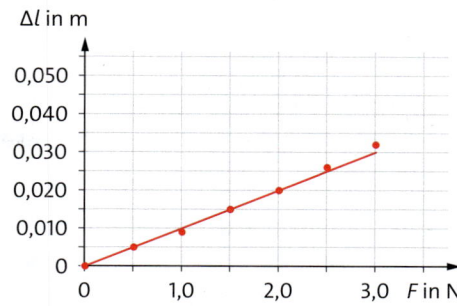

3 *Grafische Auswertung*

F in N	0	0,5	1,0	1,5
Δl in m	0	0,005	0,009	0,015
$\frac{\Delta l}{F}$ in $\frac{m}{N}$	–	0,01	0,009	0,010

F in N	2,0	2,5	3,0
Δl in m	0,020	0,026	0,032
$\frac{\Delta l}{F}$ in $\frac{m}{N}$	0,010	0,010	0,011

4 *Messwerte und rechnerische Auswertung*

Der Quotient $\frac{\Delta l}{F}$ gibt die Längenänderung Δl an, die bei einer Krafteinwirkung von $F = 1$ N erfolgt.

Beispiel: $\frac{\Delta l}{F} = 0,010 \frac{m}{N}$

Bei einer Krafteinwirkung von 1 N wird der Körper um 0,010 m gedehnt.

5 *Bedeutung des Quotienten* $\frac{\Delta l}{F}$

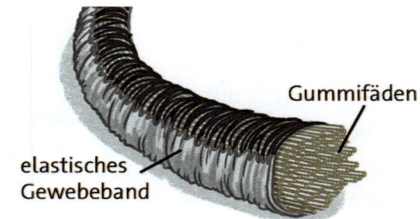

6 *Aufbau eines Bungeeseils*

Experimentieren

1 Selbst gebaute Schraubenfeder ↗ S. 42/43
Material: Basteldraht, Federkraftmesser, Stative, Bleistift

- Baue dir selbst eine Schraubenfeder. Nimm dazu einen Basteldraht mittlerer Dicke und wickle ihn mehrmals um einen Bleistift. Streife den gewickelten Draht vorsichtig vom Stift. Forme aus den beiden Drahtenden je eine Schlaufe.
- Untersuche den Zusammenhang zwischen Krafteinwirkung F und Längenänderung Δl bei der selbst gebauten Feder.

a ☐ Übertrage die Tabelle in dein Heft und trage deine Messwerte darin ein.

F in N	0	0,5	1,0	1,5	2,0	…
Δl in cm	?	?	?	?	?	…

b ■ Werte deine Messergebnisse grafisch und rechnerisch aus. Deute deine Ergebnisse.

2 Zwei Schraubenfedern ↗ S. 42/43
Material: 2 baugleiche Schraubenfedern, Federkraftmesser, Bleistift, Stative

- Befestige eine Feder am Stativ. Bestimme den Quotienten $\frac{\Delta l}{F}$ der Feder. Überlege dir, wie viele Wertpaare du dazu messen musst. Trage die Messwerte in eine Tabelle ein.
- Hänge eine weitere Feder ans Stativ. Verbinde die beiden Federenden mit einem Bleistift durch die Schlaufen. Bestimme den Quotienten $\frac{\Delta l}{F}$ erneut.

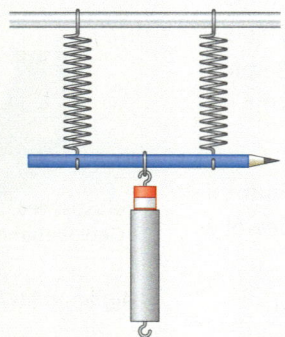

◩ Vergleiche die Längenänderungen in den beiden Versuchen und formuliere das Versuchsergebnis.

Recherchieren

3 Federung von Fahrzeugen ↗ S. 42/43
Informiere dich im Internet über die Federung in Fahrzeugen.

a ☐ Beschreibe den Aufbau der Fahrzeugfederung
b ☐ Beschreibe, welche Aufgabe die Federn haben.

In Worte fassen

4 Diagramme lesen und verstehen ↗ S. 42/43
Die grafische Auswertung einer Versuchsreihe ergab folgendes Diagramm:

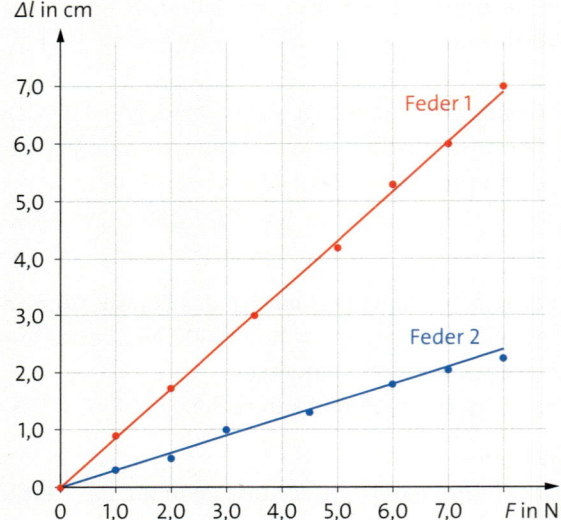

a ☐ Beschreibe, was beim Versuch untersucht wurde.
b ◩ Formuliere das Versuchsergebnis.
c ◩ Entnimm dem Graphen, wie viel Kraft benötigt wird, um Feder 1 um 1,5 cm zu dehnen. Feder 2 soll dieselbe Dehnung erfahren. Lies die hierfür benötigte Kraft im Diagramm ab.
d ◩ Eine Kraft von 4,5 N wirkt jeweils auf die beiden Federn ein. Entnimm dem Diagramm die Längenänderungen der Federn.
e ◩ Die Federn sollen beide mit einer Kraft von 15 N belastet werden. Beschreibe, was dabei vermutlich passieren wird.

5 Messergebnisse interpretieren ↗ S. 42/43

Der Zusammenhang zwischen der Krafteinwirkung F und der Längenänderung Δl einer Schraubenfeder wurde experimentell untersucht. Die rechnerischen Auswertung lieferte folgendes Messergebnis:

$\frac{\Delta l}{F} = 1{,}8\,\frac{cm}{N}$.

a ◪ Deute dieses Ergebnis.

b ◪ Zeichne den Graphen, der zu dieser Versuchsreihe gehört, in ein Koordinatensystem.

6 Elastizitätsbereich einer Schraubenfeder ↗ S. 42/43

□ Auf diese Schraubenfeder wurde eine Kraft ausgeübt. Erkläre unter Verwendung der Fachsprache, was mit der Schraubenfeder passiert ist.

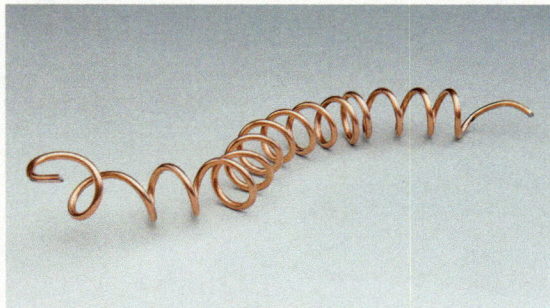

Lösungen finden

7 Versuchsreihe auswerten ↗ S. 42/43

In Kapitel 2.7 wurde die Dehnung eines Haushaltsgummibands untersucht.

a □ Werte die erhaltenen Messwerte aus Tabelle 2 rechnerisch aus.

b ◪ Deute dein Ergebnis aus Aufgabenteil **a.**

c ■ Beurteile, ob sich ein Haushaltsgummiband eignet, um daraus einen Kraftmesser zu bauen.

8 Bungee-Jumping ↗ S. 42/43

Für ein Seil beim Bungee-Jumping gilt:

$\frac{\Delta l}{F} = 0{,}0510\,\frac{m}{N}$.

Das Seil hat eine Ausgangslänge von $l_0 = 15$ m.

■ Berechne, welche Dehnung das Seil erfährt, wenn sich eine Person mit einer Masse von 70 kg an das Seil hängt.

Nachdenken & Kombinieren

9 Plastische oder elastische Verformung ↗ S. 42/43

a □ Gib an, ob in den obigen Bildern eine plastische oder elastische Verformung gezeigt wird. Begründe jeweils deine Angabe.

b ◪ Finde weitere Beispiele, bei denen elastische bzw. plastische Verformungen stattfinden. Liste diese in einer passenden Tabelle auf.

Einfach lernen

10 Verformungen ↗ S. 42/43

a Was versteht man unter einer plastischen bzw. einer elastischen Verformung?

b Wie lautet das hookesche Gesetz?

c Was versteht man unter dem Elastizitätsbereich einer Feder?

Ein Flyboard ist ein Wassersportgerät, bei dem der Benutzer bis zu neun Meter über eine Wasseroberfläche angehoben werden kann. Wie funktioniert ein Flyboard?

2.8 Kräfte zwischen zwei Körpern

Versuch 1: Seilziehen auf Skateboards

Setze dich auf ein Skateboard in einem Abstand von etwa drei Metern gegenüber einem Mitschüler, der ebenfalls auf einem Skateboard sitzt. Spannt für jeden der drei folgenden Teilversuche zwischen euch ein Seil passender Länge so, dass eure Arme zunächst ausgestreckt sind. ↗ 1

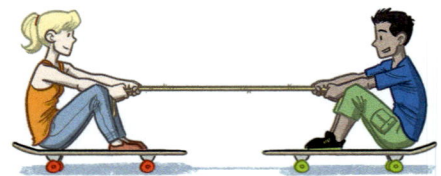

1 *Seilziehen auf Skateboards*

Führt die folgenden Versuche aus:
a Zieht beide gleichzeitig am Seil.
b Immer nur einer von euch beiden zieht am Seil, wobei der andere das Seil festhält.
c Einer von euch beiden zieht am Seil, der andere soll aber keine Kraft ausüben.

Wir sehen:
a Beide Schüler bewegen sich aufeinander zu und treffen sich an einer Stelle.
b Beide Schüler bewegen sich aufeinander zu und treffen sich wieder an derselben Stelle wie zuvor.
c Soll der zweite Schüler keine Kraft ausüben, muss er das Seil loslassen, dann bewegt sich aber auch niemand.

Ergebnis:
Übt ein Körper A auf einen Körper B eine Kraft aus, so übt immer und gleichzeitig Körper B auf Körper A eine **Gegenkraft** aus.

Die Angriffspunkte der Kräfte $\vec{F}_A$ und $\vec{F}_B$ befinden sich dabei im jeweils anderen Körper.

Die Kräfte $\vec{F}_A$ und $\vec{F}_B$ wirken in die entgegengesetzte Richtung.
Die Kräfte liegen auf einer gemeinsamen Wirkungslinie. ↗ 2

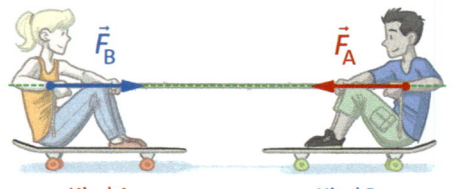

Kind A   Kind B

2 *Kräfte beim Seilziehen auf Skateboards*

Versuch 2: Kraftbetrag beim Seilziehen

Wiederholt die Teilversuche **a** und **b** aus Versuch 1, messt aber mithilfe zweier Kraftmesser zusätzlich die Beträge eurer Kräfte beim Ziehen am Seil.

Wir sehen:
Der Betrag der Kraft, mit der Schüler A am Seil zieht, ist immer genauso groß wie der Betrag der Gegenkraft von Schüler B. ↗ 3

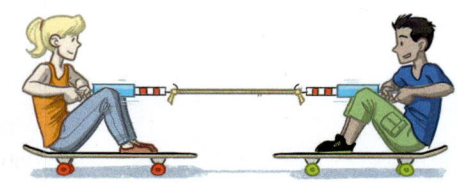

3 *Kraftbeträge*

Ergebnis:
Die Beträge von Kraft und Gegenkraft sind immer gleich.

Die Erkenntnisse fasste der Naturgelehrte Isaac Newton als **Wechselwirkungsprinzip** zusammen. Dieses Prinzip beschreibt die Kräfte, die zwischen zwei Körpern, Körper A und Körper B, auftreten.

> ### Wechselwirkungsprinzip
> Tritt eine Kraft $\vec{F}_A$ auf, dann gibt es zu dieser immer eine Gegenkraft.
> Die Gegenkraft hat denselben Betrag: $F_B = F_A$.
> Sie wirkt in die entgegengesetzte Richtung: $\vec{F}_A = -\vec{F}_B$.
> Sie hat den Angriffspunkt im anderen Körper.

Beim Flyboard ist Körper A das Flyboard mit seinem Benutzer. Körper B ist das mit großer Geschwindigkeit nach unten austretende Wasser.
Die Gewichtskraft des Flyboards und seines Benutzers übt eine nach unten gerichtete Kraft auf das Wasser aus, das sich in der Röhre befindet und dadurch nach unten umgelenkt wird. Die Gegenkraft, die durch das Wasser ausgeübt wird, greift am Flyboard und am Benutzer an und ist nach oben gerichtet. ↗ 4 Das Flyboard und der Benutzer werden dadurch zusätzlich angehoben.
Der Antrieb von Raketen, Düsenjets und Ähnlichem beruht auf diesem Prinzip der Fortbewegung.

- **Tritt eine Kraft auf, dann gibt es immer auch eine Gegenkraft: Einzelkräfte gibt es nicht!**

- **Für Kraft und Gegenkraft gilt das Wechselwirkungsprinzip.**

- **Die Gegenkraft hat denselben Betrag, wirkt jedoch in die entgegengesetzte Richtung. Ihr Angriffspunkt liegt im anderen Körper.**

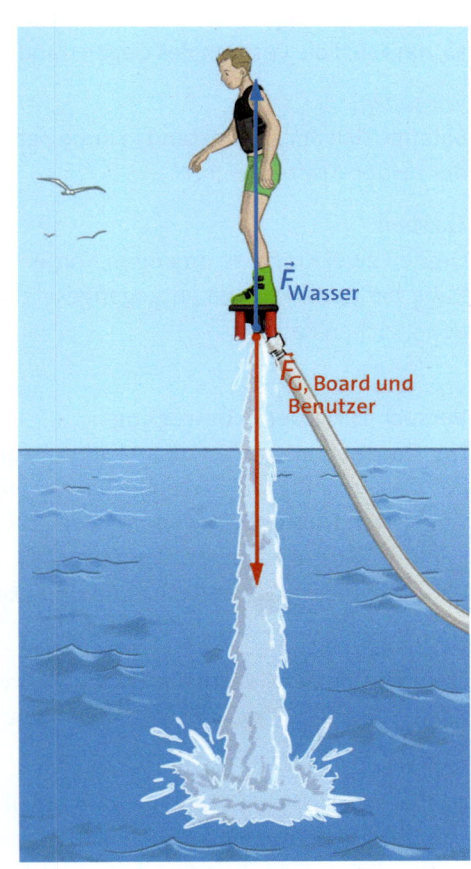

4 *Kräfte beim Flyboard*

Das Fingerhakeln ist eine Kraftsport-art, die in alpenländischen Regionen verbreitet ist. Dabei haken zwei Sportler ihren Mittelfinger in einen Lederriemen, den Haklerring. Nach dem Kommando „Beide Hakler fertig, zieht!" versuchen sie, den Ring von der Mittellinie aus 32 cm zu sich über die Seitenlinie zu ziehen.
Was geschieht, wenn zwei Kräfte an einem beweglichen Körper angreifen?

2.9 Zwei Kräfte an einem Körper

Versuch 1: Fingerhakeln

Stellt die Situation eines Fingerhakelwettbewerbs unmittelbar nach dem Kommando nach und messt die dabei auftretenden Kräfte. Befestigt dazu Kraftmesser an zwei Seiten eines geeigneten Gegenstands für den Haklerring. Zieht über die Kraftmesser vorsichtig am Gegenstand mit stetig zunehmenden Zugkräften so, dass sich die Position des Gegenstands nicht verändert.

Wir sehen:
Solange sich der Gegenstand in Ruhe befindet, sind die Beträge der beiden Kräfte gleich. ↗1

1 *Fingerhakeln mit Kraftmessung*

Ergebnis:
Greifen zwei Kräfte so an einem Körper an, dass dieser sich in Ruhe befindet, sind sie entgegengesetzt gerichtet und haben den gleichen Betrag.

Versuch 2: Körper in Bewegung

Der Gegenstand aus Versuch 1 soll sich nun mit gleichbleibender Geschwindigkeit bewegen. Dies erreicht ihr so: Baut den Gegenstand unter Verwendung zweier Kraftmesser zwischen ein Fahrzeug und einen Anhänger. ↗2 Das Fahrzeug fährt dann mit gleichbleibender Geschwindigkeit los.

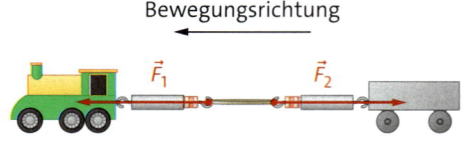

2 *Der Körper bewegt sich geradlinig gleichförmig.*

Wir sehen:
Obwohl sich der Gegenstand mit gleichbleibender Geschwindigkeit bewegt, sind die Beträge der auftretenden Kräfte gleich.

Ergebnis:
Auch wenn sich ein Körper mit gleichbleibender Geschwindigkeit bewegt, können an ihm zwei Kräfte angreifen, die entgegengesetzt gerichtet sind und den gleichen Betrag haben.

Versuch 3: Körper dreht sich

Bringe an zwei diagonal gegenüberliegenden Ecken eines Holzquaders Befestigungsösen für zwei Kraftmesser an. Hake zwei Kraftmesser ein und ziehe an ihnen gleichzeitig in entgegengesetzte Richtung, sodass ihre Wirkungslinien zunächst parallel zu den Seiten des Quaders verlaufen und sein Ort nicht geändert wird.

Wir sehen:

Obwohl die Kräfte, wie in den beiden ersten Versuchen auch, in entgegengesetzte Richtung wirken und jeweils gleiche Beträge haben, dreht sich der Holzquader so lange, bis die Wirkungslinien der beiden Kräfte auf der gleichen Geraden liegen. ↗ 3

Ergebnis:

Wenn zwei Kräfte an einem Körper angreifen, in entgegengesetzte Richtung wirken und den gleichen Betrag haben, dreht sich der Körper so lange, bis die Wirkungslinien der Kräfte auf einer gemeinsamen Geraden liegen.

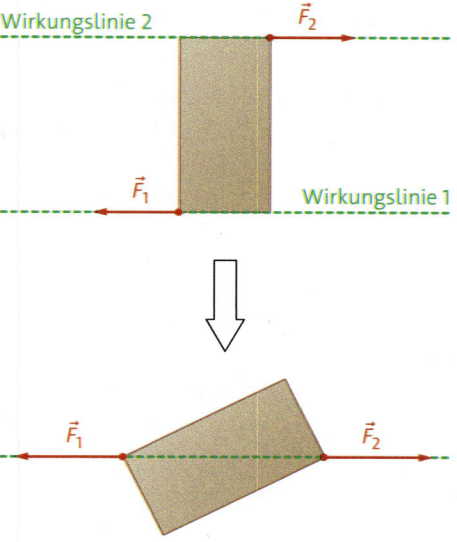

3 Der Körper dreht sich.

Kräftegleichgewicht

Unter folgenden Voraussetzungen befinden sich zwei Kräfte im Gleichgewicht:

1. Ihre Angriffspunkte liegen im selben Körper.
2. Sie wirken in entgegengesetzte Richtung: $\vec{F}_1 = -\vec{F}_2$.
3. Ihre Beträge sind gleich: $F_1 = F_2$.
4. Ihre Wirkungslinien liegen auf einer gemeinsamen Geraden.

- **Befinden sich Kräfte im Gleichgewicht, heben sich ihre Wirkungen gegenseitig auf: Der Körper bleibt in Ruhe oder bewegt sich geradlinig gleichförmig.**

- **Befinden sich Kräfte nicht im Gleichgewicht, bewegt sich der Körper beschleunigt oder er dreht sich.**

Experimentieren

1 Magnet- und Eisenschiffchen ↗ S. 46/48
Material: flache, mit Wasser gefüllte Wanne,
dünnes Styroporstück, Kühlschrankmagnet,
große Eisenschraube, Klebeband

• Schneide aus dem Styroporstück zwei kleinere,
gleich große Stücke aus, sodass diese als Schiffchen für den Magneten und die Schraube dienen
können. Befestige Magnet und Eisenschraube
auf jeweils einem der Schiffchen mit dem Klebeband.
• Lege die Schiffchen so in die Wasserwanne, dass
die magnetische Wirkung noch zu spüren ist.
Lass sie dann gleichzeitig los.

a ☑ Erstelle ein Bild des Versuchs. Trage dabei
auch Kraftpfeile ($\vec{F}_{Magnet}$, $\vec{F}_{Schraube}$) ein.
Deinem Bild sollten alle wichtigen Informatio-
nen über die Kräfte hinsichtlich Betrag (qualitativ), Angriffspunkt und Richtung entnommen
werden können.
b ☑ Notiere deine Beobachtungen.

Nachdenken & Kombinieren

2 Gleich und doch nicht gleich! ↗ S. 46−49
☐ Übertrage folgende Tabelle in dein Heft.
Mache jeweils eine passende Aussage zu Betrag,
Angriffspunkt und Richtung der Kräfte in den
angegebenen drei Fällen und trage sie in die
Tabelle ein.

	Gleiche Kräfte	Wechsel-wirkungs-kräfte	Kräfte-gleich-gewicht
Betrag	?	?	?
Angriffs-punkt	?	?	?
Richtung	?	?	?

3 Kräftegleichgewicht? ↗ S. 48/49
☑ Gib an, in welchem der folgenden Fälle ein
Kräftegleichgewicht vorliegt. Begründe jeweils
deine Auswahl.
a Ein Zug fährt gleichbleibend mit 150 $\frac{km}{h}$.
b Du bremst mit dem Fahrrad vor einer Ampel.
c Marie macht einen Kopfstand.
d Albert zieht am Türgriff einer verschlossenen Tür.

4 Beschleunigte Bewegung? ↗ S. 48/49
In einigen der nachfolgend skizzierten Fälle bewegt sich der Körper beschleunigt.

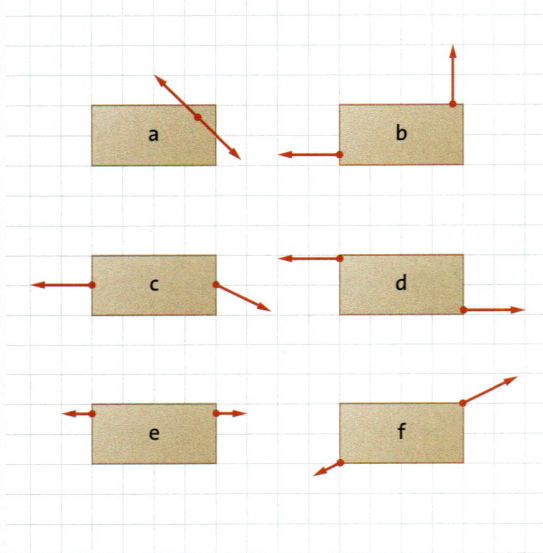

a ☐ Gib an, in welchen Fällen der Körper beschleunigt wird, und beschreibe die Bewegung.
b ☑ Begründe deine Auswahl, indem du angibst,
welche Bedingung für ein Kräftegleichgewicht
jeweils nicht erfüllt ist. Es können auch mehrere
Bedingungen sein, die nicht erfüllt werden.

5 Autoantrieb ↗ S. 46/47
Mia behauptet, dass für den Antrieb eines Autos
nicht so sehr der Motor verantwortlich ist,
sondern vielmehr die Straße.
a ☑ Nimm Stellung zu dieser Aussage.
b ■ Begründe deine Ansicht auch mithilfe einer
Skizze.

6 Störrischer Hund ↗ S. 46–49

Übertrage das Bild zweimal skizzenhaft in dein Heft.

a ◪ Trage in das erste Bild das Kräftepaar für das Kräftegleichgewicht ein.

b ◪ Trage in das zweite Bild das Kräftepaar für das Wechselwirkungsprinzip ein.

7 Kraft- und Gegenkraftpaare ↗ S. 46/47

Die drei Bilder zeigen jeweils Körper, die sich fortbewegen.

a ◪ Überlege dir für jedes Bild, an welchen zwei Körpern die Kräfte angreifen, die zur Fortbewegung führen. Zeichne diese beiden Körper skizzenhaft in dein Heft.

b ▪ Zeichne in deine Bilder Kraft- und Gegenkraftpfeile ein.

c ▪ Gib den Kräften Namen, die deutlich machen, an welchem Körper welche Kraft angreift.

In Worte fassen

8 Startblock ↗ S. 46/47

◪ Erkläre die Bedeutung des Startblocks für den Start eines 100-m-Läufers mithilfe des Wechselwirkungsprinzips.

Bringe hierzu die Teile des Textpuzzles in die richtige Reihenfolge.

> Diese Kraft zeigt in Laufrichtung.
> wie die vom Läufer ausgeübte Kraft.
> eine Kraft auf den Fuß aus.
> Gleichzeitig übt dann der Startblock
> eine Kraft auf den Startblock aus.
> Beim Start übt der Läufer mit seinem Fuß
> Deswegen kann der Läufer loslaufen.
> Diese Kraft hat den gleichen Betrag

9 Raketenstart ↗ S. 486/47

▪ Erkläre den Start einer Rakete mithilfe des Wechselwirkungsprinzips. Orientiere dich hierbei an der Lösung zu Aufgabe 7.

Einfach lernen

10 Wechselwirkungskräfte und Kräftegleichgewicht ↗ S. 46/47

a Was kann über Wechselwirkungskräfte ausgesagt werden?

b Welche Bedingungen gelten für Kräfte, die sich im Gleichgewicht befinden?

c Welche Bewegungen kann ein Körper ausführen, bei dem sich die zwei angreifenden Kräfte im Gleichgewicht befinden?

Kraft

Die Kraft $\vec{F}$ ist die Ursache für jede dauerhafte oder vorübergehende **Verformung** oder **Änderung des Bewegungszustands** eines Körpers.

Der Betrag der Kraft F wird mit Federkraftmessern gemessen und in **Newton** (N) angegeben.
Die Wirkung einer Kraft hängt ab von ihrem Angriffspunkt, ihrer Richtung und ihrem Betrag.

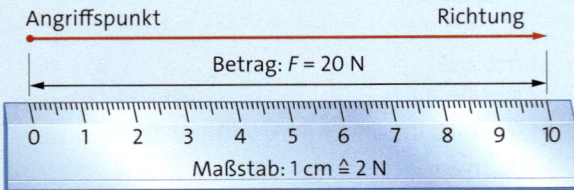

Angriffspunkt — Richtung
Betrag: $F = 20$ N
0 1 2 3 4 5 6 7 8 9 10
Maßstab: 1 cm ≙ 2 N

Wechselwirkungsprinzip

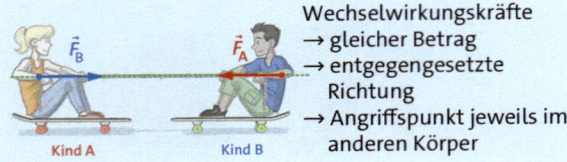

Kind A   Kind B

Wechselwirkungskräfte
→ gleicher Betrag
→ entgegengesetzte Richtung
→ Angriffspunkt jeweils im anderen Körper

Kräftegleichgewicht

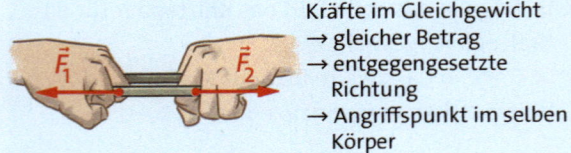

Kräfte im Gleichgewicht
→ gleicher Betrag
→ entgegengesetzte Richtung
→ Angriffspunkt im selben Körper

Masse

Jeder Körper hat die beiden ortsunabhängigen Eigenschaften **Schwere** und **Trägheit.** Diese beiden Eigenschaften werden durch die Größe Masse beschrieben.

Massen werden mit Waagen gemessen und in **Kilogramm** (kg) angegeben.

Schwere

Die Schwere ist die Ursache für die anziehenden **Gravitationskräfte** zwischen allen Körpern. Je größer die Masse eines Körpers ist, desto größer ist die Gravitationskraft. Die Gravitationskraft zwischen einem Himmelskörper und einem Körper nennt man **Gewichtskraft.** Sie ist eine ortsabhängige Größe.

Trägheit

Die Trägheit ist die Ursache dafür, dass sich alle Körper der Änderung ihres Bewegungszustands widersetzen. Je größer die Masse eines Körpers ist, desto träger ist er. Jeder Körper verharrt in Ruhe oder in geradlinig gleichförmiger Bewegung, wenn er nicht durch Kräfte gezwungen wird, seinen Bewegungszustand zu ändern.

1 Kraft

Kräfte kann man nicht sehen.

a ☐ Nenne das physikalische Formelzeichen der Kraft. Gib an, wovon es sich ableitet.

b ☐ Beschreibe, woran man Kräfte erkennt.

c ☑ Begründe, warum man Kräfte mit Pfeilen darstellt.

2 Federkraftmesser

Kräfte kann man mit einem Federkraftmesser messen.

a ☐ Gib an, was man vor einer Messung mit einem Federkraftmesser beachten muss.

b ☑ Beschreibe, wie man Kraftmesser kalibriert.

c ☑ Gib an, worin sich Kraftmesser mit verschiedenen Messbereichen unterscheiden.

d ☑ Die Schraubenfedern in Federkraftmessern folgen dem hookeschen Gesetz.
Erstelle ein Diagramm, in dem das Ausdehnungsverhalten einer solchen Feder im Gültigkeitsbereich des hookeschen Gesetzes grafisch dargestellt ist.

e ■ Erkläre, warum es sinnvoll ist, in einem Federkraftmesser Schraubenfedern zu verwenden, für die das hookesche Gesetz gilt.

3 Abschleppen

Wird ein Auto von einem anderen abgeschleppt, wirken am Abschleppseil sowohl Wechselwirkungskräfte als auch Gleichgewichtskräfte.

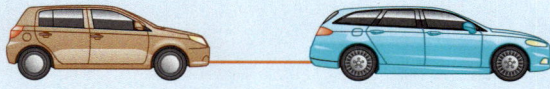

a ☐ Nenne Gemeinsamkeiten und Unterschiede zwischen den Kräftepaaren.

b ☑ Skizziere das Bild zweimal in dein Heft. Zeichne in eine Skizze die Kraftpfeile für die Wechselwirkungskräfte ein und in die andere die Kraftpfeile für die Gleichgewichtskräfte.

4 Baron Münchhausen

Der bekannte Lügenbaron soll folgende Geschichte erzählt haben: „Hier [im Moor] hätte ich unfehlbar umkommen müssen, wenn nicht die Stärke meines Armes mich an meinem eigenen Haarzopfe, samt dem Pferde, welches ich fest zwischen meine Knie schloss, wieder heraufgezogen hätte." (Gottfried August Bürger, 1786)

☑ Begründe physikalisch, warum der Baron hier eine Lügengeschichte erzählte.

5 Gewichtskraft, Masse und Ortsfaktor

Gewichtskraft und Masse sind zwei zentrale Eigenschaften aller Körper.

a ☐ Nenne drei Eigenschaften der Gewichtskraft.

b ☐ Beschreibe, was mit der „Masse" eines Körpers beschrieben wird.

c ☑ „Die Gewichtskraft ist die Folge einer wechselseitigen Anziehung."
Beurteile, ob dieser Satz korrekt ist. Begründe deine Aussage.

d ☑ Berechne die Gewichtskraft eines Astronauten auf dem Mars, wenn dieser in voller Ausrüstung auf der Erde eine Masse von 135 kg hat.

e ■ Begründe, warum sich ein Astronaut auf dem Planeten Jupiter nur mühsam kriechend fortbewegen könnte.

6 Trägheit

Alle Körper sind träge.

a ☐ Belege die Aussage mit einem Vorgang aus dem Alltag.

b ☑ Gib eine Vorgehensweise an, wie man unter Ausnutzung der Trägheit einen losen Hammerkopf wieder befestigen kann.

c ■ „Die Nackenstütze ist eine wichtige Sicherheitseinrichtung für den Fahrzeuginsassen."
Begründe diese Aussage anhand eines passenden Beispiels.

3

Aufbau und Eigenschaften von Körpern und Stoffen

Wasser kann flüssig, fest oder gasförmig sein. Egal welche Zustandsform – es handelt sich immer um Wasser.

In diesem Kapitel lernst du

- *wie man die verschiedenen Zustandsformen mithilfe eines Modells beschreiben kann.*

- *was man unter Reibung versteht und welche Bedeutung sie im Alltag hat.*

- *zwei zentrale Eigenschaften von Körpern kennen: Volumen und Dichte.*

Aus Eis lassen sich Skulpturen formen, mit Wasser und Wasserdampf geht das nicht.
Was sind die physikalischen Unterschiede zwischen Eis, Wasser und Wasserdampf und wie sind diese zu erklären?

3.1 Aufbau von Körpern und Stoffen

Sehr viele Stoffe können wie Wasser in den drei Zustandsformen fest, flüssig und gasförmig vorkommen. Diese Zustandsformen nennt man **Aggregatzustände.** Durch Erwärmen und Abkühlen können die Aggregatzustände ineinander umgewandelt werden. ↗ 1

Versuch 1: Physikalische Eigenschaften

a Wir zerstoßen einen Eiswürfel und füllen ihn in eine 10-ml-Spritze. In eine zweite Spritze saugen wir Wasser und etwas Luft. In eine dritte Spritze saugen wir nur Luft. ↗ 2

b Wir befüllen jeweils eine Spritze vollständig mit Eis, Wasser und Luft und verschließen sie mit einem Stopfen. Wir üben jeweils Kräfte auf die Stempel der verschlossenen Spritzen aus.

Wir sehen:

a Der Eiswürfel muss zerstoßen werden, bevor er in die Spritze gefüllt werden kann. Das Wasser ist leicht einzusaugen.
Es nimmt nicht den ganzen Raum ein, sondern nur den unteren Teil der Spritze.
Die Luft ist ebenfalls leicht einzusaugen, befindet sich aber überall in der Spritze.

b Nur bei der mit Luft gefüllten Spritze kann das Volumen deutlich vergrößert bzw. verkleinert werden.

Ergebnisse:

a Die **Form** von Festkörpern lässt sich nur mit Kraftaufwand ändern. Weitere Untersuchungen zeigen, dass sich Flüssigkeiten jeder Gefäßform anpassen und Gase den zur Verfügung stehenden Raum einnehmen.

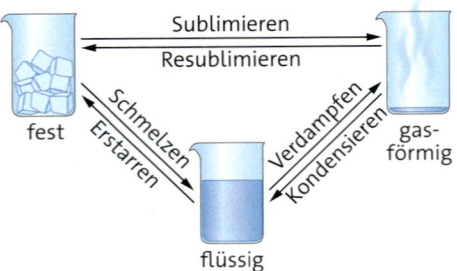

1 *Aggregatzustände und deren Änderungen*

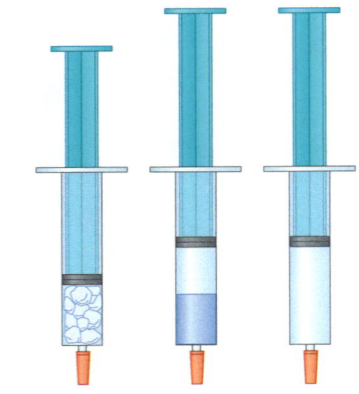

2 *Spritzen mit Eis, Wasser und Luft*

b Das **Volumen** von Festkörpern und Flüssigkeiten ist durch Kraftaufwand nahezu nicht änderbar. Gase können leicht ausgedehnt oder verdichtet werden.

Um diese physikalischen Eigenschaften der Stoffe in den verschiedenen Aggregatzuständen besser verstehen zu können, betrachten wir ein Milch-Wasser-Gemisch unter dem Mikroskop.

Versuch 2: Unter dem Mikroskop

Wir geben in 5 ml Wasser einen Tropfen Milch. Von diesem Gemisch nehmen wir einen Tropfen und betrachten ihn unter einem Mikroskop mit 500-facher Vergrößerung.

Wir sehen:
Es ist eine ständig zitternde Bewegung kleiner Bläschen zu sehen. ↗ 3

Erklärung:
Bei den Bläschen handelt es sich um Fetttröpfchen, die im Milch-Wasser-Gemisch fein verteilt sind.
Für die Erklärung ihrer Bewegung nutzen wir das im Laufe der Physikgeschichte entwickelte **Teilchenmodell:**
Wir stellen uns vor, alle Stoffe bestehen aus kleinsten Bausteinen, die untereinander gleich sind. Wir nennen sie **Teilchen.** Die Teilchen sind so klein, dass sie selbst unter einem Mikroskop nicht sichtbar sind. Wir stellen sie uns als harte Kugeln vor. Die Teilchen befinden sich in ständiger Bewegung, die umso heftiger ist, je höher die Temperatur der Flüssigkeit ist.

Mit dieser Modellvorstellung kann die zitternde Bewegung der Fetttröpfchen so erklärt werden: Wasser besteht aus Wasserteilchen, die sich ständig bewegen. Die Fetttröpfchen im Wasser werden andauernd von diesen Wasserteilchen gestoßen. ↗ 4 Dies führt zu der beobachteten Zitterbewegung der Fetttröpfchen. Nach ihrem Entdecker Robert Brown (1773–1858) nennt man sie **brownsche Bewegung.**

Wissenschaftler nutzen oft Modelle, um Beobachtungen zu erklären. Was beim Umgang mit Modellen zu beachten ist, findest du auf der folgenden Methoden-Seite. ↗ **METHODE** Arbeiten mit Modellen, S. 61

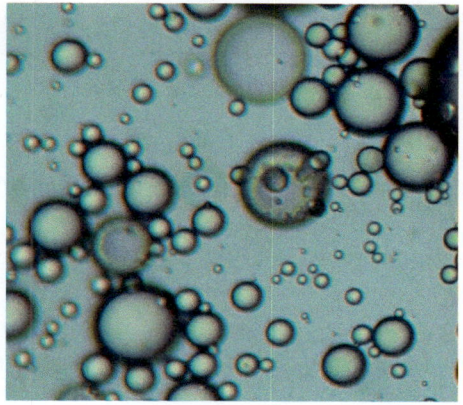

3 *Milch-Wasser-Gemisch unter dem Mikroskop*

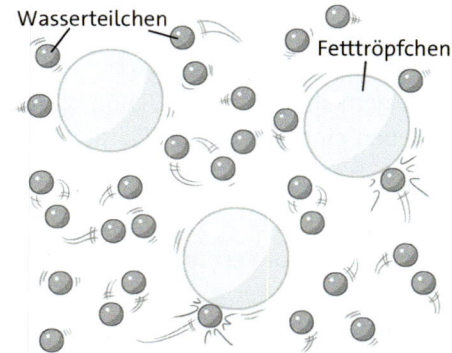

4 *Brownsche Teilchenbewegung*

- **Es gibt die Aggregatzustände fest, flüssig und gasförmig.**

- **Alle Stoffe sind aus kleinsten Bausteinen aufgebaut, die unter sich gleich sind. Diese Bausteine nennen wir Teilchen.**

- **Die Teilchen sind ständig in Bewegung.**

↗ NEWTON AKTIV   Seite 62/63   Aufgabe 10

Beim Airhockey kann der Puck auf einem Luftkissen nahezu reibungsfrei über die Oberfläche gleiten. Dieser wird von zwei Spielern durch Schläger auf dem Tisch hin- und herbewegt. Was können wir beim Airhockey über Teilchen lernen?

3.2 Aggregatzustände im Teilchenmodell

Mit Magnetpucks auf einem Luftkissentisch lassen sich die physikalischen Eigenschaften eines Stoffs in seinen verschiedenen Aggregatzuständen im Teilchenmodell veranschaulichen. ↗1 Die Pucks zeigen dabei das Verhalten der Teilchen. Über die Stärke der Luftzufuhr kann die Geschwindigkeit der Pucks beeinflusst werden und entspricht der Temperatur.

Versuch 1: Festkörper
Wir setzen zwölf Magnetpucks auf einen Luftkissentisch und verringern ihren zur Verfügung stehenden Platz durch Verschieben einer Randleiste. Zusätzlich verändern wir die Luftzufuhr.

Wir sehen:
Nachdem der zur Verfügung stehende Platz einen bestimmten Wert unterschreitet, ordnen sich die Magnetpucks in einer gitterartigen Struktur an. Dort führen sie immer noch kleine Bewegungen um einen bestimmten Punkt aus. Die Bewegungen sind umso heftiger, je mehr Luft durchströmt.

Erklärung:
Die Magnetpucks werden durch abstoßende und anziehende Kräfte dazu gebracht, bestimmte Positionen einzunehmen. Die durchströmende Luft führt dazu, dass sich die Pucks bewegen.

In der Modellvorstellung:
In einem Festkörper sind die Abstände zwischen den Teilchen sehr klein. Deswegen wirken zwischen den Teilchen sehr große anziehende und abstoßende Kräfte.
Die Teilchen sind in einer **gitterartigen Struktur** angeordnet. Sie führen an den Gitterplätzen **Schwingungen** aus, die umso heftiger sind, je höher die Temperatur des Körpers ist. ↗2

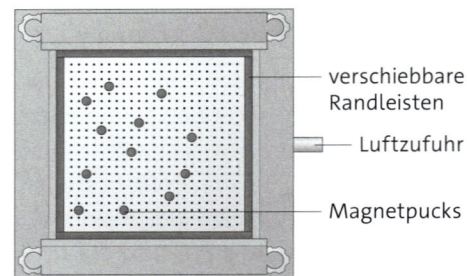

1 *Luftkissentisch mit Magnetpucks*

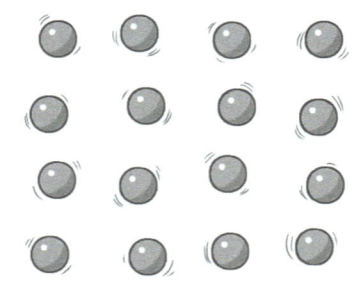

2 *Teilchen in einem Festkörper in der Modellvorstellung*

Versuch 2: Flüssigkeit

Wir vergrößern den Platz, den die Magnetpucks zur Verfügung haben, wieder durch Verschieben einer Randleiste. Zusätzlich verstärken wir die Luftzufuhr.

Wir sehen:

Nachdem der zur Verfügung stehende Platz einen bestimmten Wert überschritten hat, können die Magnetpucks ihre Plätze tauschen. Sie bewegen sich umso schneller, je mehr Luft durchströmt.

In der Modellvorstellung:

In Flüssigkeiten sind die Abstände zwischen den Teilchen in der Regel größer als bei Festkörpern. Deswegen sind die zwischen den Teilchen wirkenden Kräfte kleiner.

Die Teilchen bewegen sich im Flüssigkeitsverband und wechseln dabei ständig ihren Ort. ↗3 Sie bewegen sich umso schneller, je höher die Temperatur des Körpers ist.

3 *Teilchen in einer Flüssigkeit in einem Behälter in der Modellvorstellung*

Versuch 3: Gas

Wir vergrößern den Platz, den die Magnetpucks zur Verfügung haben nochmals, reduzieren die Anzahl der Pucks und verstärken die Luftzufuhr.

Wir sehen:

Die Magnetpucks bewegen sich über die ganze Platte. Ihre Bewegungsrichtung wird nur dann verändert, wenn sie sich untereinander nähern oder in die Nähe der Gefäßwände kommen.

In der Modellvorstellung:

In Gasen sind die Abstände zwischen den Teilchen sehr groß. Die Teilchen bewegen sich im ganzen Raum frei und ungeordnet. ↗4 Zwischen den Teilchen wirken keine Kräfte mehr, außer wenn sie zusammenstoßen oder gegen die Gefäßwände prallen.

Die Teilchen bewegen sich umso schneller, je höher die Temperatur des Körpers ist.

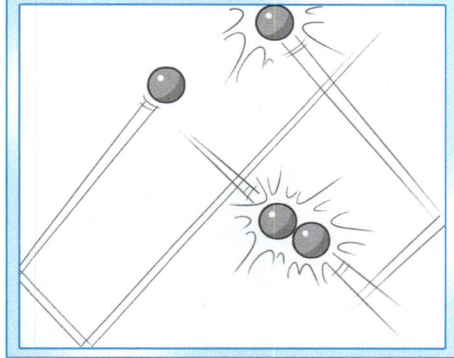

4 *Teilchen eines Gases in einem Behälter in der Modellvorstellung*

Im Teilchenmodell stellen wir uns die Aggregatzustände wie folgt vor:

- **In einem Festkörper befinden sich die Teilchen an festen Gitterplätzen, um die sie schwingen.**

- **In einer Flüssigkeit sind die Teilchen nicht an feste Orte gebunden.**

- **In Gasen bewegen sich die Teilchen frei und ungeordnet.**

- **Die Teilchen bewegen sich umso schneller, je höher die Temperatur des Körpers ist.**

↗ NEWTON AKTIV   Seite 62/63   Aufgabe 1–9, 11

Anfänge des Teilchenmodells

Die Vorstellung davon, dass alle Körper aus kleinsten Teilchen bestehen, hat sich vor über 2000 Jahren der griechische Gelehrte Demokrit ausgedacht. ↗1 Er war der Ansicht, dass sich Materie nicht beliebig weit zerteilen lasse, sondern aus kleinsten, nicht weiter teilbaren Teilchen bestehen müsse. Er nannte diese Teilchen **Atome** (griech. atomos: unteilbar). Demokrits Vorstellungen sind für eine lange Zeit nicht ernsthaft beachtet worden. Für viele Forscher war es undenkbar, dass der Raum zwischen den Teilchen vollkommen frei von Materie ist. Erst gegen Ende des 18. Jahrhunderts wurde Demokrits Idee von dem englischen Chemiker und Physiker John Dalton wieder aufgegriffen und durch seine Experimente weiterentwickelt. ↗2 Seit Dalton trugen noch weitere Forscher zur ständigen Anpassung dieser Modellvorstellung bis heute bei.

Teilchensimulator

Die wissenschaftliche Arbeit hat über lange Zeit aus dem Wechselspiel von Experiment und Theorie bestanden. Die Entwicklung sehr leistungsstarker Computer macht es möglich, neue wissenschaftliche Erkenntnisse auch durch Simulationen zu gewinnen. Das ist besonders wichtig für Phänomene, die nicht im Experiment beobachtet werden können, weil sie beispielsweise zu klein oder zu groß sind.

Mithilfe der Simulation von Teilchen können unter anderem neue medizinische Verfahren oder Wirkstoffe entwickelt werden. Kennt man die Oberfläche, die Form und die Eigenschaften von Viren, kann man chemische Wirkstoffe kreieren, die wie ein Puzzleteil exakt an die Oberfläche des Virus passen. ↗4

Auch neue Technologien oder Materialien können mithilfe von Simulationen von Teilchen entwickelt werden.

1 Demokrit

2 John Dalton

↗ **NEWTON AKTIV** Seite 63 Aufgabe 9

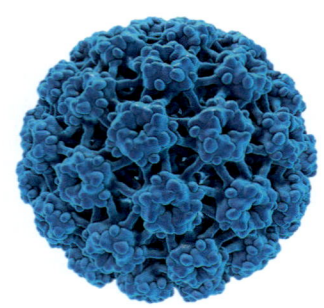

4 Simulation eines Papillomvirus

↗ **NEWTON AKTIV** Seite 63 Aufgabe 7

Nanotechnologie

Heute weiß man, dass ein Atom einen Durchmesser von etwa 0,1 Nanometern hat. Es ist möglich, diese kleinsten Teilchen mit speziellen Mikroskopen „sichtbar" zu machen und sogar einzeln an ganz bestimmte Stellen zu positionieren. ↗3 Seit den 1970er Jahren hat sich mit der Nanotechnologie ein wirtschaftlich sehr bedeutsamer eigenständiger Forschungsbereich entwickelt.

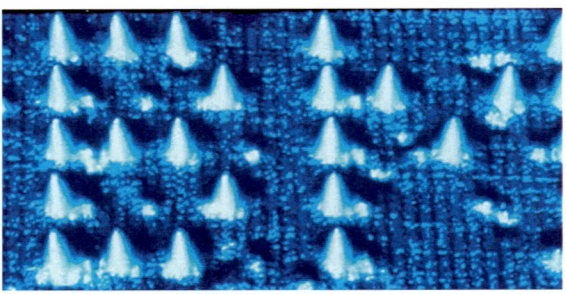

3 Buchstaben, bestehend aus einzelnen Atomen

↗ **NEWTON AKTIV** Seite 63 Aufgabe 8

Arbeiten mit Modellen

Vorgänge in der Natur, die sehr klein, sehr weit weg oder sehr groß sind, können wir mit unseren Sinnesorganen nicht direkt wahrnehmen. Zur Erklärung dieser Vorgänge oder zur besseren Vorstellbarkeit müssen wir uns eine **Modellwelt** schaffen. Diese Modellwelt machen wir uns noch besser vorstellbar, indem wir Bilder oder Filme von dieser Modellwelt erstellen.

Die folgenden **Eigenschaften von Modellen** sind bei der Arbeit mit ihnen zu beachten:

1 Modelle sind starke Vereinfachungen

Entwickeln wir ein Modell, müssen wir uns im Klaren darüber sein, dass dieses immer nur sehr wenige Aspekte der Wirklichkeit zeigt.

Ein Globus ist beispielsweise ein Modell für die Erde. In dieser Modellvorstellung wird die Erde als Kugel angenähert. Auf dem Globus ist außerdem eine bestimmte Landmassenverteilung dargestellt und es ist eingezeichnet, wo zum Beispiel Berge, Täler, Flüsse und Städte sind.

Es gibt jedoch auch Unterschiede: Ein Globus ist viel kleiner als die Erde und er besteht aus Plastik.

2 Modelle haben Grenzen

Wenn man in der Wissenschaft ein Modell nutzt, muss man sich immer im Klaren darüber sein, dass jedes Modell Grenzen hat und dass bestimmte Vorgänge mit dem Modell nicht erklärt werden können.

Mit dem Globus kann beispielsweise die Entstehung von Erdbeben nicht erklärt werden. Dafür müsste ein anderes Modell entwickelt werden.

Auch Modellvorstellungen zu physikalischen Phänomenen haben Grenzen. Mit dem Teilchenmodell kannst du zum Beispiel die verschiedenen Aggregatszustände eines Stoffs erklären. Mit ihm kann aber nicht erklärt werden, warum verschiedene Stoffe wie Wasser oder Benzin unterschiedliche Eigenschaften besitzen.

3 Modelle sind anders

Bei der Nutzung von Modellen dürfen wir nicht alle Eigenschaften der Objekte unserer Erfahrungswelt auf die Modellwelt übertragen.

Objekte unserer Erfahrungswelt sind beispielsweise Steine, Wasser oder Luft. Diese Objekte haben eine bestimmte Farbe, eine Form, eine Temperatur oder einen Geruch.

Die Objekte im Teilchenmodell sind die Teilchen. Man kann sie als Kreise zeichnen oder sich als kleine Kugeln vorstellen. Diese Teilchen müssen sich aufgrund bestimmter Beobachtungen, die wir in der Erfahrungswelt machen können, in ständiger Bewegung befinden und sehr klein sein. Aber sie haben keine Farbe, keine Temperatur und keinen Geruch. Wenn wir uns die Teilchen vorstellen oder sie darstellen, geben wir ihnen meist eine bestimmte Farbe und eine bestimmte Form. Das ist aber ausgedacht!

Experimentieren

1 Mischungen

Material: 2 100-ml-Messzylinder, 50 ml Wasser, 50 ml Spiritus, 50 ml Reis, 50 ml Trockenerbsen

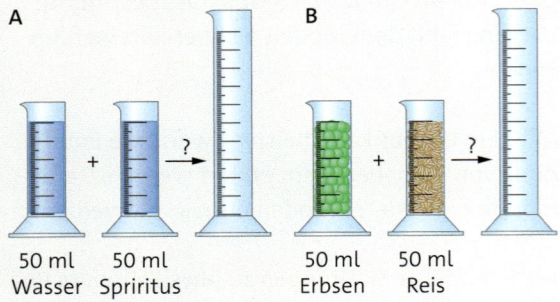

A

B

50 ml Wasser 50 ml Spriritus   50 ml Erbsen 50 ml Reis

• Gib die beiden zuvor genau abgemessenen Flüssigkeitsmengen in den ersten Messzylinder und überprüfe das sich ergebende Gesamtvolumen.

• Gib die Erbsen in den zweiten Messzylinder und anschließend den Reis. Sorge durch Schütteln für eine möglichst gleichmäßige Verteilung.

a ☑ Protokolliere die beiden Mischungsvorgänge, indem du angibst, was du jeweils gemacht hast und was du jeweils bezüglich des Gesamtvolumens aussagen kannst.

b ■ Erkläre im Teilchenmodell das geringere Gesamtvolumen der Wasser-Spiritus-Mischung. Fertige dazu eine passende Zeichnung an.

In Worte fassen

2 Wasser im Teilchenmodell ↗ S. 58/59

a ☑ „Eis, Wasser und Wasserdampf bestehen aus den gleichen Teilchen, die einfach nur unterschiedlich verteilt sind." Beurteile diese Aussage und erkläre sie.

b ☑ Nenne Eigenschaften von Wasser, die sich mit dem Teilchenmodell erklären lassen und welche nicht.

3 Aggregatzustände als Comic ↗ S. 58/59

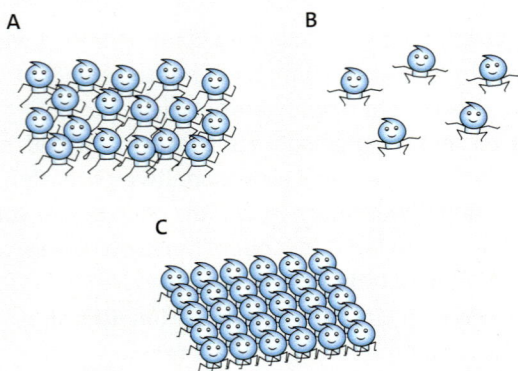

A

B

C

a ☐ Ordne die Bilder den Aggregatzuständen fest, flüssig und gasförmig zu. Begründe deine Auswahl jeweils mit mindestens zwei Argumenten.

b ☑ Nenne jeweils mindestens zwei Nachteile der jeweiligen Darstellung, da sie die Wirklichkeit nicht richtig wiedergibt.

c ■ Erstelle ein verbessertes Bild für jeden Aggregatzustand.

4 Theater ↗ S. 58/59

Die drei Aggregatzustände sowie ihre Übergänge können auch durch Menschen in einem Theaterstück wortlos gespielt werden.

Dafür werden etwa zehn Personen benötigt und eine abgegrenzte Bodenfläche, die etwa dreimal so groß ist wie der Platzbedarf für die Personen. Die Personen stellen die Teilchen dar und die Bodenfläche den Behälter, indem sie sich befinden.

a ☑ Schreibe die Regieanweisungen für die Darstellung der drei Aggregatzustände. Gib jeweils klare Anweisungen zu den Abständen, der Bewegung sowie der Interaktion zwischen den Personen.

b ☑ Nenne mindestens drei Dinge des gespielten Teilchenmodells, die sicher nicht bei den „echten" Teilchen vorkommen.

5 Ein Alltagsvorgang ↗ S. 58/59

Die nachfolgenden Abbildungen stellen einen Vorgang aus dem Alltag im Teilchenmodell dar.

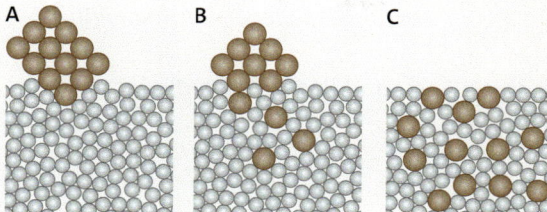

A   B   C

a ☐ Gib an, welcher Vorgang dargestellt ist.
b ◢ Mache Aussagen zum Aggregatzustand der beteiligten Stoffe und begründe sie jeweils.
c ■ Beschreibe den gezeigten Vorgang auf der Teilchenebene in Worten. Benutze folgendes Wortgeländer:

> Teilchen • Flüssigkeit • Bewegung • herauslösen • gitterartige Struktur • Festkörper • verteilen

---

Nachdenken & Kombinieren

6 Parfüm ↗ S. 58/59

Träufelt man in eine Ecke eines Raums wenige Tropfen Parfüm, kann man nach einiger Zeit das Parfüm im ganzen Raum wahrnehmen.

a ◢ Erkläre im Teilchenmodell, warum sich das Parfüm im Raum verteilt.
b ◢ Welchen Einfluss hat die Raumtemperatur auf die Verteilung des Parfüms? Begründe.

Recherchieren

7 Simulationen ↗ S. 60

Informiere dich in der Leseecke über Teilchensimulatoren.

a ◢ Nenne jeweils ein Beispiel für Forschungsbereiche, die zu klein bzw. zu groß für Experimente sind.
b ■ Recherchiere die Anzahl der Teilchen (Atome) in einem Wassertropfen. Begründe mit dieser Zahl, dass die Computersimulationen von Teilchen sehr leistungsfähig sein müssen.

8 Nanotechnologie ↗ S. 60

Informiere dich in der Leseecke über die Nanotechnologie

a ☐ Begründe die Bezeichnung „Nanotechnologie".
b ☐ Recherchiere nach Anwendungsbeispielen der Nanotechnologie und nenne fünf.
c ◢ Die Nanotechnologie birgt auch Risiken. Forsche danach und beschreibe sie.

9 Physikgeschichte ↗ S. 60

Informiere dich in der Leseecke über die Anfänge des Teilchenmodells.

◢ Informiere dich in weiteren Quellen darüber, welche konkreten Vorstellungen Demokrit bzw. Dalton von den Atomen hatten. Liste diese in einer Tabelle auf.

Vorstellung von ...	Demokrit	Dalton
Eigenschaften der Atome	?	?
Aussehen der Atome	?	?
Anzahl verschiedener Atomsorten	?	?
...	...	...

Einfach lernen

10 Aggregatzustände ↗ S. 56/57

a Was sind die Aggregatzustände?
b Was sind die Übergänge zwischen den Aggregatzuständen?

11 Teilchenmodell ↗ S. 58/59

a Was sind Teilchen?
b Welcher Zusammenhang besteht zwischen der Teilchenbewegung und der Temperatur eines Körpers?
c Was kann über die Kräfte zwischen den Teilchen ausgesagt werden?
d Was kann über die Abstände zwischen den Teilchen ausgesagt werden?
e Wie sind die Teilchen angeordnet?
f Welche Eigenschaften haben Teilchen nicht?

Ein Junge gleitet einen Sandberg hinab.
Ist Sand-Boarding überhaupt möglich?

3.3 Sand-Boarding und Reibung

Versuch 1: Reibung

Lass einen Holzquader auf der Metalloberfläche einer Rampe hinunterrutschen. ↗1 Klebe anschließend Sandpapier (Schleifpapier) auf die Rampe. Versuche erneut, den Quader hinunterrutschen zu lassen.

Wir sehen:
Auf der Metalloberfläche ist der Holzquader gut herabgeglitten. Das Sandpapier hat das Rutschen nahezu verhindert.

Erklärung:
Die Kraft, die den Holzquader beim Rutschen abbremst, heißt **Reibungskraft** F_R. Das Phänomen wird Reibung genannt. Reibung tritt immer dann auf, wenn sich zwei Körper relativ zueinander bewegen. Dabei werden zwei Körperoberflächen aneinandergepresst und eine **Antriebskraft** F_A greift parallel zur Berührungsfläche an einem der Körper an. Die Kraft, die die eine Körperoberfläche gegen die andere drückt, nennen wir **Anpresskraft** F_{An}.

Damit der Holzquader mit konstanter Geschwindigkeit bewegt wird, ist eine Antriebskraft nötig. Diese Antriebskraft hat den gleichen Betrag wie die Reibungskraft, wirkt jedoch in entgegengesetzter Richtung zu ihr.
Es gilt: $F_A = F_R$ und $\vec{F}_A = -\vec{F}_R$

Den Betrag der Reibungskraft ermittelt man, indem man den Betrag der Antriebskraft misst. Er nimmt mit steigender Anpresskraft zu.

Beim Rutschen des Holzquaders über das Sandpapier ist die Reibungskraft größer als beim Rutschen über die glatte Metallfläche.

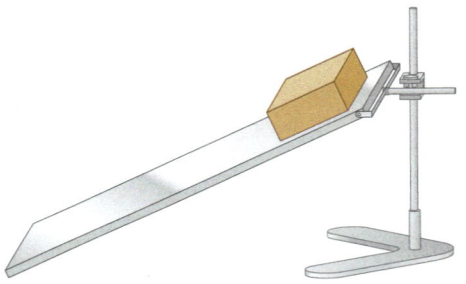

1 *Rampe mit Holzquader*

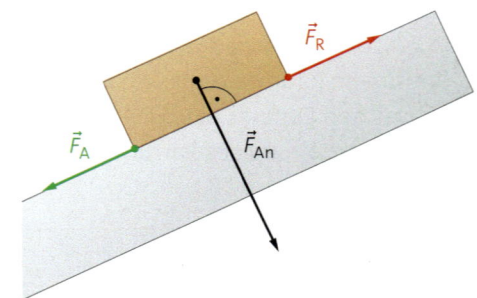

2 *Reibungs- und Antriebskraft*

Versuch 2: Reibungsarten

Bestimme mit einem Kraftmesser, wie groß die Antriebskräfte sind, die bei den folgenden Teilversuchen benötigt werden:

a Setze den Holzquader langsam in Bewegung. ↗ 3a

b Lass den Holzquader mit konstanter Geschwindigkeit über die Tischoberfläche gleiten. ↗ 3b

c Lege runde Stativ- oder Holzstäbe unter den Holzquader und rolle ihn mit konstanter Geschwindigkeit über die Stäbe. ↗ 3c

Wir sehen:

Unmittelbar bevor der Holzquader sich in Bewegung setzt, wird die größte Antriebskraft benötigt. Beim Gleiten mit konstanter Geschwindigkeit ist eine geringere Antriebskraft erforderlich. Rollt der Holzquader über die Stäbe, ist die benötigte Antriebskraft am geringsten.

Ergebnis:

Wir unterscheiden drei Arten von Reibungskräften: **Haftreibungskraft** $F_{R,\text{Haft}}$ tritt auf, wenn eine Antriebskraft an einem Körper angreift, der aber in diesem Moment noch in Ruhe ist. Gleitet ein Körper dann über eine Oberfläche, so tritt **Gleitreibungskraft** $F_{R,\text{Gleit}}$ auf. Von **Rollreibungskraft** $F_{R,\text{Roll}}$ spricht man, wenn der Körper über Rollen bewegt wird.

Es gilt: $F_{R,\text{Haft}} > F_{R,\text{Gleit}} > F_{R,\text{Roll}}$.

Erklärung:

Im Modell können wir uns die Reibung so erklären: Die Berührungsflächen von Körpern sind nie vollkommen glatt. Beim Bewegen des Holzquaders über die Tischoberfläche verhaken sich die Oberflächenunebenheiten ineinander. Zudem wirken an den Kontaktstellen anziehende Kräfte zwischen den beiden Körpern. Diese Adhäsionskräfte wirken zwischen den Teilchen der beiden Körper, wenn sich diese nahekommen. ↗ 4

Mithilfe eines Rastertunnelmikroskops können Oberflächen stark vergrößert betrachtet werden. In Bild 5 wurden so die Unebenheiten einer Glasplatte sichtbar gemacht. ↗ 5

Sand-Boarding ist möglich. Anders als beim Sandpapier klebt der Sand auf dem Sandberg nicht fest. Er lässt sich verschieben, was das Gleiten des Boards ermöglicht. Um die auftretenden Gleitreibungskräfte zu verringern, werden die Unebenheiten auf Sandpisten oft durch Bewässern verringert.

- **Die Reibungskraft ist eine bremsende Kraft.**

- **Wir unterscheiden Haft-, Gleit- und Rollreibungskraft.**

- **Der Betrag der Reibungskraft nimmt mit steigender Anpresskraft zu.**

a In Bewegung setzen:

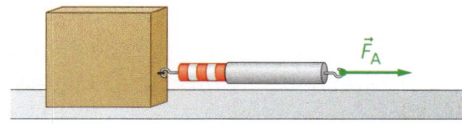

b Gleiten:

c Rollen:

3 Reibungsarten

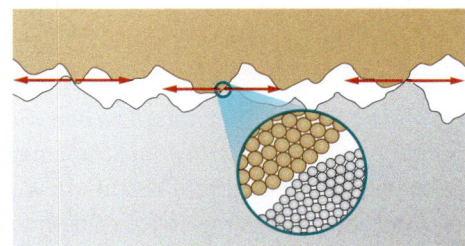

4 Entstehung von Reibungskräften in der Modellvorstellung

5 Oberfläche einer Glasplatte stark vergrößert

Pyramidenbau

Pyramiden waren die typischen Königsgräber im alten Ägypten. Sie wurden aus gigantischen Steinblöcken gebaut, die bis zu 80 Tonnen wogen. Die Arbeiter zogen die schweren Steine auf Holzschlitten über Holzrollen zur Baustelle. ↗1 Die Holzbahnen wurden ständig mit Nilschlamm bestrichen.

Die Steine wurden dann mit Meißeln aus Kupfer bearbeitet und in Form gebracht. Kupfer ist relativ weich, sodass die Meißel schnell stumpf wurden und ständig nachgeschliffen werden mussten. Auch die Sägeblätter aus Kupfer litten unter schnellem Abrieb. Zum Bohren verwendeten die Ägypter harte Feuersteine.

War die Pyramide aufgebaut, wurde sie mit Sand und hartem Geröll aus dem Nil glatt geschmirgelt.

1 *Pyramidenbau im alten Ägypten*

↗ **NEWTON AKTIV**   Seite 67   Aufgabe 2

Reifenprofile – Fragen an einen Experten

Autoreifen besitzen auf ihren Laufflächen eine besondere Struktur. Man spricht vom Reifenprofil. ↗2

Warum zählt das Reifenprofil zu den wichtigsten Kriterien für die Sicherheit im Straßenverkehr?
Experte: Das Reifenprofil bestimmt, wie stark die auftretenden Reibungskräfte sind und somit die Bodenhaftung des Fahrzeugs. Die Längsrillen erhöhen die Reibungskraft in Querrichtung, wodurch das Fahren in Kurven und der Fahrbahnwechsel sicherer wird. Die Querrillen erhöhen die Reibungskraft in Längsrichtung und beeinflussen die Bremswirkung des Fahrzeugs. Zudem verhindern sie ein Durchdrehen der Räder beim Anfahren.

2 *Reifenprofil*

↗ **NEWTON AKTIV**   Seite 67   Aufgabe 4

Was versteht man unter Aquaplaning und wie kann es verhindert werden?
Experte: Unter Aquaplaning versteht man das Rutschen der Autoreifen auf einer Wasserschicht. Durch die Rillen im Profil wird das Wasser zwischen Fahrbahn und Reifen abgeleitet. So wird verhindert, dass Flüssigkeitsschichten zwischen Reifen und Straße entstehen und der Wagen ins Rutschen kommt. Das Bremsverhalten auf nasser Straße ist bei abgefahrenem Reifenprofil deshalb deutlich schlechter.

Warum haben die Winterreifen ein anderes Profil als die Sommerreifen?
Experte: Im Winter müssen die Reifen eine größere Reibungskraft aufbringen. Winterreifen müssen deshalb eine rauere Oberfläche sowie mehr und tiefere Rillen haben. Gesetzlich ist eine Profiltiefe von mindestens 1,6 mm vorgeschrieben. Empfohlen werden sogar 4 mm Profiltiefe. Im Sommer wird versucht, die Reibung möglichst gering zu halten. Dennoch sollte mindestens 3 mm Profiltiefe vorhanden sein.

Experimentieren

1 Ski-Teststation ↗ S. 64/65

Material: Holzquader, Kraftmesser, zwei 50 g Massestücke, Aluminiumpapier, Backpapier, Sandpapier, Frischhaltefolie, Luftballon, Wasser, Seife, Sand

• Um einen besonders schnellen Ski herzustellen, muss die auftretende Gleitreibungskraft möglichst gering sein. Finde heraus, welche Faktoren den Betrag der Gleitreibungskraft beeinflussen. Ziehe bei allen Teilversuchen den Holzquader jeweils mithilfe eines Kraftmessers über die Tischoberfläche. Achte beim Ziehen auf eine gleichmäßige Geschwindigkeit.

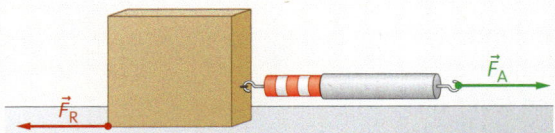

a ☑ Untersuche den Einfluss der Anpresskraft auf die Gleitreibungskraft. Verändere ihren Betrag, indem du erst ein und dann zwei Massestücke auf den Holzquader legst. Formuliere dein Ergebnis in einer Je-desto-Beziehung.

b ☑ Untersuche den Einfluss der Größe der Berührungsflächen auf die Gleitreibungskraft. Lege den Holzquader beim Ziehen nacheinander auf seine verschieden großen Seiten. Formuliere dein Ergebnis.

c ☑ Untersuche den Einfluss der Zuggeschwindigkeit auf die Gleitreibungskraft. Ziehe den Holzquader schnell, mittelschnell und langsam über den Tisch. Formuliere dein Ergebnis.

d ☑ Untersuche den Einfluss der Oberflächenbeschaffenheit auf die Gleitreibungskraft. Umwickle dazu den Holzklotz nacheinander mit Aluminiumpapier, Backpapier, Frischhaltefolie, Sandpapier und dem Luftballon. Verändere die Tischoberfläche nacheinander mit Wasser, Seife und Sand. Formuliere deine Ergebnisse.

e ■ Beschreibe, wie ein Ski beschaffen sein sollte, um möglichst reibungsarm zu sein.

In Worte fassen

2 Pyramidenbau ↗ S. 66

Lies in der Leseecke den Text zum Pyramidenbau.

a ☐ Nenne Aktivitäten beim Pyramidenbau, bei denen Reibungskräfte auftreten. Ordne zu, ob es sich um erwünschte oder unerwünschte Reibungskräfte handelt.

b ☐ Beschreibe die Maßnahmen, mit denen die Ägypter die unerwünschten Reibungskräfte verringert haben.

3 Glatteis physikalisch austricksen

■ Das Anfahren eines Autos bei Glatteis klappt besser, wenn man schwere Sandsäcke in den Kofferraum legt oder Sand vor die Reifen streut. Erkläre diese Tricks physikalisch.

4 Reifenprofile ↗ S. 66

Lies in der Leseecke das Interview zu Reifenprofilen.

☑ Erkläre, wieso es gesetzlich vorgeschrieben ist, dass Reifenprofile mindestens 1,6 mm tief sein müssen.

Einfach Lernen

5 Reibung ↗ S. 64/65

a Wann treten Reibungskräfte auf?

b Welche Arten von Reibungskräften gibt es?

c Welche Reibungsart hat den größten Betrag?

d Wie kann man den Betrag der auftretenden Reibungskraft messen?

e Welche Faktoren beeinflussen den Betrag der Reibungskraft?

Fünf Kinder springen gemeinsam in ein Schwimmbecken. Wird es eine Überschwemmung geben?

3.4 Körper nehmen Raum ein

Versuch 1: Wasser verdrängen

Stelle ein Glas in eine Schale. Fülle das Glas bis zum Rand mit Wasser. Achte darauf, dass beim Einfüllen kein Wasser überläuft. Tauche nun eine aus Knete geformte Figur ein und lass sie am Boden des Glases zum Liegen kommen. ↗ 1

Wir sehen:
Während die Figur eintaucht, läuft Wasser über den Glasrand. Ist die Figur vollständig untergetaucht, läuft kein Wasser mehr über.

Ergebnis:
Die Figur hat einen Teil des Wassers im Glas verdrängt. Sie nimmt einen bestimmten Raum im Wasserglas ein. Sie hat ein **Volumen V**. Das ist der Grund, warum der Wasserspiegel des Schwimmbeckens steigt, wenn die Kinder hineinspringen. Wie viel Wasser verdrängt wird, hängt davon ab, wie groß das Gesamtvolumen ihrer Körper ist.

Das Volumen regelmäßiger geometrischer Körper kann man berechnen. ↗ 2 Wie du aus den Formeln zur Volumenberechnung erkennst, ist das Volumen eine **abgeleitete Größe.** Es wird aus der Basisgröße Länge berechnet. Das Volumen von Flüssigkeiten kannst du mit Messzylindern oder -pipetten messen. ↗ 3

Einheit des Volumens:
$[V] = 1\,m^3$ (1 **Kubikmeter**) bei Festkörpern
$[V] = 1\,l$ (1 **Liter**)   bei Flüssigkeiten und Gasen

Eine andere gebräuchliche Einheit ist $1\,cm^3$ (1 Kubikzentimeter). In einen Würfel mit einem Volumen von $1\,m^3$ passen 1 Million $(1 \cdot 10^6)$ kleine 1-cm^3-Würfel. ↗ 4

1 *Die Knetfigur verdrängt Wasser.*

Würfel
$V = a^3$

Quader
$V = a \cdot b \cdot c$

2 *Volumen einiger regelmäßiger Körper*

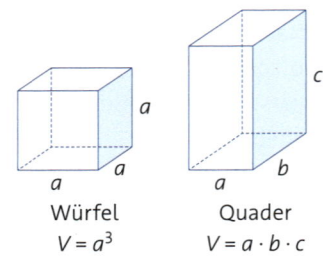

3 *Messzylinder und Messpipette*

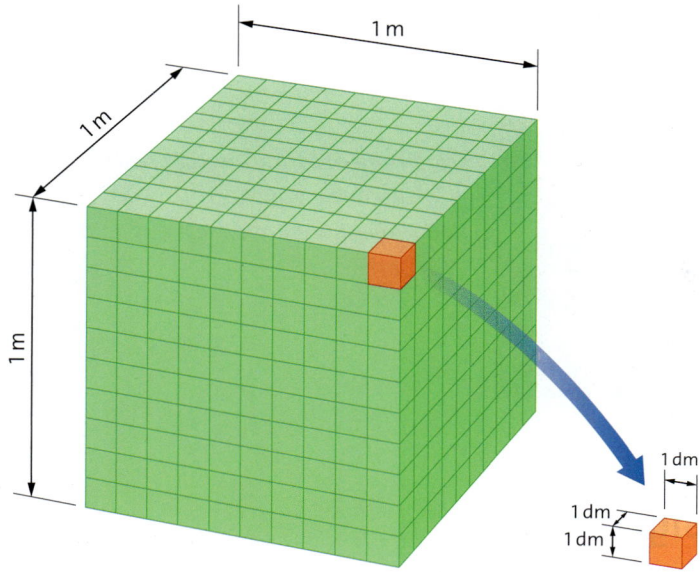

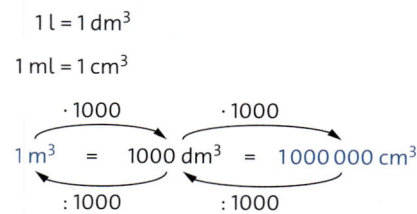

4 *In einen 1-m³-Würfel passen 1000 kleine 1-dm³-Würfel.*

$$1\,l = 1\,dm^3$$
$$1\,ml = 1\,cm^3$$

$$1\,m^3 \overset{\cdot 1000}{\underset{:\,1000}{=}} 1000\,dm^3 \overset{\cdot 1000}{\underset{:\,1000}{=}} 1\,000\,000\,cm^3$$

5 *Umrechnung der Einheiten*

Versuch 2: Volumen unregelmäßiger Körper

Fülle ein Überlaufgefäß bis zu seinem Überlaufstutzen mit Wasser. Stelle unter den Überlaufstutzen einen Messzylinder. Befestige eine Knetfigur an einem Faden und tauche sie in das Überlaufgefäß, bis sie vollständig unter Wasser ist. Fange mit dem Messzylinder das von der Knetfigur verdrängte Wasser auf.

Wir sehen:
In den Messzylinder läuft nur so lange Wasser, bis die Knetfigur ganz eingetaucht ist.

Ergebnis:
Das Volumen des übergelaufenen Wassers ist gleich dem Volumen der Knetfigur. Die Figur hat genauso viel Wasser verdrängt, wie sie selbst Volumen hat.
Dieses Vorgehen zur experimentellen Volumenbestimmung nennt man **Überlaufmethode.**

Natürlich kannst du diese Methode auch für die Volumenbestimmung regelmäßiger Körper anwenden. Die Berechnung des Volumens ist meist jedoch genauer.

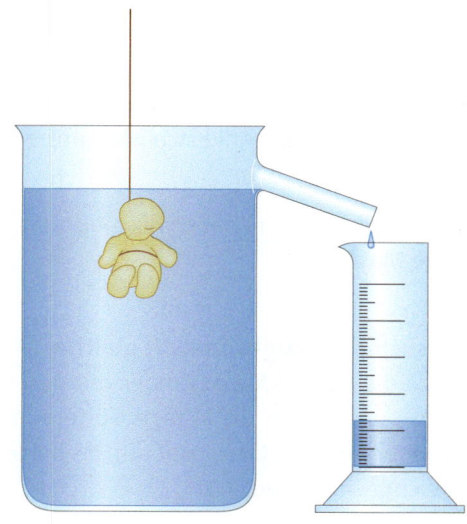

6 *Überlaufmethode*

- **Das Volumen *V* ist eine abgeleitete Größe.**

- **Bei regelmäßigen Körpern wird das Volumen mit Formeln berechnet.**

- **Das Volumen unregelmäßiger Körper lässt sich experimentell bestimmen, zum Beispiel mit der Überlaufmethode.**

Nach einem Tankerunglück bedeckt ein Ölteppich das Meer.
Warum schwimmt das Öl auf dem Wasser?

3.5 Die Dichte – eine Stoffeigenschaft

Versuch 1: Flüssigkeiten mit gleichem Volumen

Fülle in einen Messzylinder 50 ml Wasser und in einen zweiten, identischen Messzylinder 50 ml Öl. Stelle die gefüllten Messzylinder jeweils auf eine Seite einer Tafelwaage. ↗ 1

Wir sehen:

Die Seite der Waage, auf der sich der mit Wasser gefüllte Messzylinder befindet, senkt sich nach unten.

Ergebnis:

Verschiedene Stoffe haben bei gleichem Volumen unterschiedliche Massen.

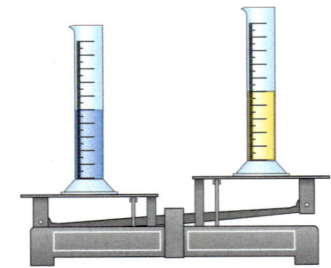

1 *Flüssigkeiten mit gleichem Volumen*

Versuch 2: Flüssigkeiten mit gleicher Masse

Setze die beiden Messzylinder mit den Flüssigkeiten aus Versuch 1 wieder auf die Waage. Fülle nun vorsichtig den Messzylinder mit dem Öl so weit auf, bis beide Seiten der Waage im Gleichgewicht sind. ↗ 2

Wir sehen:

Wenn Wasser und Öl die gleiche Masse haben, ist das Volumen von Öl größer als das von Wasser.

Ergebnis:

Verschiedene Stoffe haben bei gleicher Masse unterschiedliche Volumina.

2 *Flüssigkeiten mit gleicher Masse*

Versuch 3: Stoffe zuordnen

Du bekommst 5 Einwegspritzen, die mit Flüssigkeiten verschiedener Volumina gefüllt sind. ↗ 3 Ein paar der Spritzen sind mit Zuckerwasser (Massenanteil Zucker: 60 %) und die anderen mit Wasser gefüllt. Beide Flüssigkeiten sehen gleich aus. Du sollst

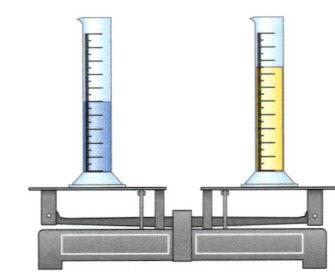

3 *Spritzen mit unbekannten Flüssigkeiten*

herausfinden, in welchen Spritzen sich gleiche Flüssigkeiten befinden. Lies dazu das Volumen der jeweiligen Flüssigkeit an der Spritze ab (1 ml = 1 cm³). Miss anschließend die zugehörige Masse m mit einer Waage. Bestimme auch die Masse einer leeren Einwegspritze und ziehe diese von den gemessenen Massen ab. Trage die Messwerte in eine Tabelle ein.

Wir sehen:

Die Unterscheidung der Flüssigkeiten ist nur bei den Proben 3 und 4 problemlos möglich, da sie das gleiche Volumen haben. Hätten alle Proben das gleiche Volumen oder die gleiche Masse, so wäre eine Einteilung durchführbar.

Wir berechnen für jede Probe die Masse der Flüssigkeit für ein Volumen von $V = 1{,}0$ cm³. Dazu bilden wir den Quotienten aus Masse und Volumen für jedes Messwertepaar. Am Quotienten erkennen wir, dass die Proben 1, 2 und 4 zur einen Flüssigkeit gehören und die Proben 3 und 5 zur zweiten. ↗ 4

Ergebnis:

Ob verschiedene Körper aus dem gleichen Stoff sind, können wir durch Bilden des Quotienten aus Masse m und Volumen V des Stoffs erkennen. Dazu müssen die Stoffe homogen sein, das heißt ganzheitlich aus einem Stoff bestehen.

Für die Flüssigkeit in Probe 1 ergibt sich beispielsweise für den Quotienten $1{,}29\ \frac{\text{g}}{\text{cm}^3}$. Das bedeutet, dass die Flüssigkeit bei einem Volumen von 1,0 cm³ eine Masse von 1,29 g besitzt.

> Der Quotient aus Masse m und Volumen V ist charakteristisch für einen bestimmten Stoff. Er wird **Dichte ϱ** genannt (griechischer Buchstabe ϱ: Rho). Die Dichte ist eine abgeleitete Größe.

$$\text{Dichte} = \frac{\text{Masse}}{\text{Volumen}}$$

$$\varrho = \frac{m}{V}$$

Aus $[\varrho] = \dfrac{[m]}{[V]}$ folgt für die Einheit: $[\varrho] = 1\ \dfrac{\text{g}}{\text{cm}^3}$.

Andere gebräuchliche Einheiten sind $1\ \frac{\text{kg}}{\text{dm}^3}$ und $1\ \frac{\text{t}}{\text{m}^3}$. ↗ 5

Tabelle 6 kannst du entnehmen, dass sich in den Spritzen 1, 2 und 4 Zuckerwasser und in den Spritzen 3 und 5 Wasser befindet. Geringfügige Abweichungen von den Literaturwerten können mit Messunsicherheiten erklärt werden.

- **Die Dichte ist definiert als Quotient aus Masse und Volumen.**

- **Bei gleichem Volumen ist derjenige Stoff schwerer, der eine größere Dichte hat.**

Probe Nr.	1	2	3	4	5
V in cm³	10,0	6,0	5,0	5,0	9,0
m in g	12,9	7,8	5,0	6,5	8,9
$\frac{m}{V}$ in $\frac{\text{g}}{\text{cm}^3}$	1,29	1,3	1,0	1,3	1,0

4 *Messwerte und Dichteberechnung*

$$1\,\frac{\text{g}}{\text{cm}^3} = 1\,\frac{\frac{1}{1000}\ \text{kg}}{\frac{1}{1000}\ \text{dm}^3} = 1\,\frac{\text{kg}}{\text{dm}^3}$$

$$1\,\frac{\text{t}}{\text{m}^3} = 1\,\frac{1000\ \text{kg}}{1000\ \text{dm}^3} = 1\,\frac{\text{kg}}{\text{dm}^3}$$

Merke: $1\,\dfrac{\text{g}}{\text{cm}^3} = 1\,\dfrac{\text{kg}}{\text{dm}^3} = 1\,\dfrac{\text{t}}{\text{m}^3}$

5 *Umrechnung von Einheiten*

Stoff	ϱ in $\frac{\text{g}}{\text{cm}^3}$
Feststoffe	**bei 20 °C**
Aluminium	2,702
Antimon	6,69
Eisen	7,9
Gold	19,32
Kupfer	8,933
Messing (gelb)	8,4
PVC	1,37–1,64
Styropor®	0,012–0,040
Flüssigkeiten	**bei 20 °C**
Wasser	0,998
Olivenöl*	0,91
Benzin*	0,78
Quecksilber	13,5
Zuckerwasser (Massenanteil Zucker 60 %)	1,29
Gase	**bei 0 °C**
Sauerstoff	0,001 43
Stickstoff	0,001 25
Luft*	0,001 29

6 *Dichten verschiedener Stoffe (*durchschnittlicher Wert)*

Dichte im Teilchenmodell

Dass verschiedene Stoffe unterschiedliche Dichten haben, lässt sich mit dem Teilchenmodell erklären. Zum einen ist die Masse der Teilchen bei verschiedenen Stoffen unterschiedlich. Zum anderen unterscheiden sich die mittleren Teilchenabstände. Das ist auch der Grund, weshalb die Dichte ein und desselben Stoffs von seiner Temperatur abhängt. Erhöht sich die Temperatur eines Körpers, so wird der mittlere Abstand zwischen den Teilchen größer. Die Dichte nimmt dabei ab. Die Dichtewerte auf Seite 71 gelten deshalb nur für eine bestimmte Temperatur, und zwar für 20 °C.

↗ **NEWTON AKTIV**   Seite 75   Aufgabe 9

Schwimm-Sink-Verfahren

In Deutschland wird Müll aus verschiedenen Stoffen wie Kunststoff oder Metall getrennt entsorgt. Um die Stoffe optimal zu recyceln, ist es oft nötig, die Materialien noch weiter zu trennen. Zur Trennung von Feststoffen wird das sogenannte Schwimm-Sink-Verfahren angewendet. Voraussetzung ist, dass die Stoffe unterschiedliche Dichten haben. Mit der Methode lassen sich beispielsweise die beiden Kunststoffarten PVC und Styropor® voneinander trennen. In eine Wanne wird eine Flüssigkeit eingefüllt. Die Dichte der Flüssigkeit muss zwischen den Dichtewerten der beiden zu trennenden Materialien liegen. Alle Teile, deren Dichte größer als die der Flüssigkeit ist, sinken nach unten. Die Teile, deren Dichte kleiner ist, steigen an die Wasseroberfläche. Die Materialien werden dann entsprechend ihrer Zugehörigkeit aus dem Becken geholt. ↗ 1

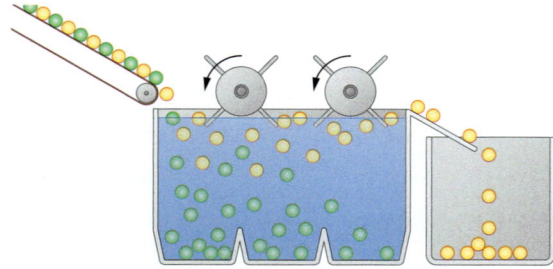

1 *Schwimm-Sink-Verfahren*

↗ **NEWTON AKTIV**   Seite 75   Aufgabe 8

Die Krone des Königs

Laut einer Anekdote beauftragte vor etwa 2000 Jahren König Hieron II. von Syrakus seinen Hofschmied, ihm eine Krone aus reinem Gold anzufertigen. Er gab dem Schmied einen Goldbarren, um daraus die Krone herzustellen. Die fertige Krone gefiel dem König zwar gut, er war jedoch skeptisch, ob sie wirklich aus reinem Gold war. Der Schmied war nämlich dafür bekannt, einen Teil des Golds zu behalten und dafür weniger wertvolle Metalle beizumischen.

Der König beauftragte den Wissenschaftler Archimedes zu überprüfen, ob die Krone tatsächlich aus reinem Gold ist. Archimedes sollte die Krone bei seinen Untersuchungen jedoch nicht beschädigen.

Archimedes war bereits bekannt, dass ein Kilogramm Gold ein geringeres Volumen hat als ein Kilogramm Silber. Um das Verhältnis zwischen Masse und Volumen zu überprüfen, hätte er die Krone allerdings einschmelzen müssen. Das war natürlich nicht möglich.

Die Lösung des Problems fiel ihm letztendlich ein, als er sich zum Baden in die Badewanne setzte. ↗ 2 Mit seiner Idee konnte er dann nachweisen, dass der Hofschmied den König betrogen hatte.

2 *Archimedes in der Badewanne*

↗ **NEWTON AKTIV**   Seite 75   Aufgabe 10

Rechnen mit einer Größengleichung

Aufgabenstellung

Du sollst mit der Größengleichung für die Dichte Folgendes berechnen:

a die Dichte ϱ
b die Masse m
c das Volumen V

Erinnere dich

- Eine Gleichung mit einem Bruch lässt sich in eine Gleichung ohne Bruch umformen:

$$k = \frac{y}{x} \mid \cdot x$$

$$k \cdot x = \frac{y}{x} \cdot x$$

$$k \cdot x = y$$

- Eine Gleichung mit Bruch kann auch so umgeformt werden, dass der Nenner alleine steht:

$$k = \frac{y}{x} \mid \cdot x$$

$$k \cdot x = y \mid : k$$

$$\frac{k \cdot x}{k} = \frac{y}{k}$$

$$x = \frac{y}{k}$$

- $1\,\frac{g}{cm^3} = 1\,\frac{kg}{dm^3} = 1\,\frac{t}{m^3}$

$1\,l = 1\,dm^3$

Schritte

1 Schreibe gegebene und gesuchte Größen heraus.
2 Gib die Größengleichung an.
3 Forme, wenn nötig, die Größengleichung nach der gesuchten Größe um.
4 Setze in die Größengleichung die Zahlenwerte der gegebenen Größen mit ihren Einheiten ein.
5 Passe, wenn nötig, die Einheiten an.
6 Gib das Ergebnis als Gleichung mit Einheiten an. Achte darauf, sinnvoll zu runden.
7 Formuliere einen Antwortsatz.

Beispiele

a Berechne die Dichte eines Goldstücks mit einer Masse von 9,8 g und einem Volumen von 0,50 cm³.

① Geg.: $m = 9{,}8\,g$; $V = 0{,}50\,cm^3$ Ges.: ϱ

② $\varrho = \dfrac{m}{V}$

④ $\varrho = \dfrac{9{,}8\,g}{0{,}50\,cm^3}$

⑥ $\varrho = 20\,\dfrac{g}{cm^3}$

⑦ Die Dichte von Gold beträgt $20\,\frac{g}{cm^3}$.

b Berechne die Masse von 10 l Wasser bei 20 °C.

① Geg.: $\varrho = 0{,}998\,\dfrac{g}{cm^3}$; $V = 10\,l$ Ges.: m

② $\varrho = \dfrac{m}{V} \mid \cdot V$

$\varrho \cdot V = m$

③ $m = \varrho \cdot V$

④ $m = 0{,}998\,\dfrac{g}{cm^3} \cdot 10\,l$

⑤ $m = 0{,}998\,\dfrac{kg}{dm^3} \cdot 10\,dm^3$

⑥ $m = 10\,kg$

⑦ 10 l Wasser haben eine Masse von 10 kg.

c Berechne das Volumen von 260 g Quecksilber.

① Geg.: $m = 260\,g$; $\varrho = 13{,}5\,\dfrac{g}{cm^3}$ Ges.: V

② $\varrho = \dfrac{m}{V} \mid \cdot V$

$\varrho \cdot V = m \mid : \varrho$

③ $V = \dfrac{m}{\varrho}$

④ $V = \dfrac{260\,g}{13{,}5\,\frac{g}{cm^3}}$

⑥ $V = 19{,}3\,cm^3$

⑦ 260 g Quecksilber haben ein Volumen von 19,3 cm³.

Experimentieren

1 Verdrängungsmethode ↗ S. 68/69

Material: 50-ml-Messzylinder, Wasser, mehrere 5-Cent-Münzen

• Ermittle das Volumen einer 5-Cent-Münze.

a ☑ Beschreibe anhand einer aussagekräftigen Zeichnung eine mögliche Vorgehensweise.

b ☐ Begründe, warum es sinnvoll ist, für die Volumenbestimmung mehrere Münzen zu verwenden.

c ☑ Protokolliere sämtliche Messwerte und berechne das Volumen einer 5-Cent-Münze.

2 Dichte von Luft ↗ S. 70/71

Material: Einwegspritze (60 ml) mit Schraubverschluss, Nagel, Waage (Messgenauigkeit: 0,01 g)

• Du erhältst eine Spritze, deren Stempel sich mithilfe eines Nagels bei 50 cm³ fixieren lässt.

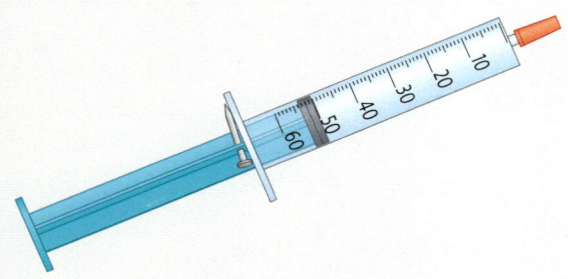

• Fülle die Spritze mit 50 cm³ Luft. Verschließe den Schraubverschluss. Stecke den Nagel in das Loch und miss die Masse von Spritze mit Luft und Nagel.

• Schiebe den Stempel vollständig in die Spritze hinein und verschließe sie dann mit dem Schraubverschluss. Ziehe nun den Stempel so weit aus der Spritze heraus, dass dieser mit dem Nagel fixiert werden kann. Du hast jetzt in dem Raum, der vorher mit Luft gefüllt war, ein Vakuum (einen luftleeren Raum) in der Spritze erzeugt. Bestimme die Masse erneut.

☑ Berechne mit den Messwerten die Dichte der Luft. Vergleiche mit dem Tabellenwert (S. 71).

Lösungen finden

3 Goldiger Schmuck ↗ S. 70/71, 73

Das Volumen einer Perle beträgt 0,86 cm³ und ihre Masse 7,3 g.

a ☐ Ermittle durch Rechnung, aus welchem Material die Perle bestehen könnte.

b ☑ Berechne die Masse der Perle, wenn diese aus reinem Gold bestehen würde.

c ☑ Berechne das Volumen, das die Perle haben würde, wenn sie aus reinem Gold bestehen würde und eine Masse von 7,3 g hätte.

4 Messbecher ↗ S. 70/71, 73

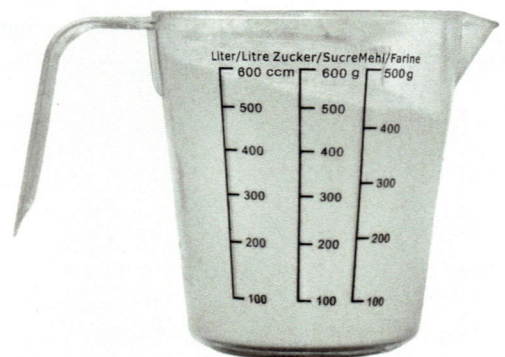

Mit dem gezeigten Messbecher kann man für manche Stoffe nicht nur das Volumen, sondern auch direkt die Masse bestimmen. Dazu sollte der Stoff eine waagerechte Oberfläche bilden. So kann man beispielsweise 500 g Mehl mit dem Becher abfüllen.

a ☐ Berechne anhand der Angaben auf dem Messbecher die Dichte von Mehl.

b ☑ Berechne die maximale Masse an Haferflocken (Dichte: $0{,}40 \, \frac{g}{cm^3}$), die man mit dem Messbecher abfüllen kann.

c ☑ Ermittle durch Rechnung, ob der Inhalt einer handelsüblichen 400-g-Packung Speisestärke (Dichte: $0{,}67 \, \frac{g}{cm^3}$) in den Messbecher passt.

5 Meteoriten

↗ S. 70/71, 73

Der gezeigte Meteorit hat ein Volumen von 4,25 cm³. Seine Masse beträgt 28,43 g.

a ◩ Berechne die Dichte des Meteoriten und gib an, aus welchem Material der Meteorit bestehen könnte.

b ◼ Der größte je gefundene Meteorit ist der „Hoba-Meteorit". Er hat eine mittlere Dichte von 7,9 $\frac{g}{cm^3}$. Seine Masse beträgt etwa 60 t. Berechne sein Volumen.

6 Messreihen auswerten

↗ S. 70/71, 16/17

In einem Experiment wird für Spiritus die Masse m in Abhängigkeit vom Volumen V untersucht. Es ergeben sich folgende Messwerte:

V in cm³	0	25	50	100	125	200
m in g	0	20	39	79	99	160

a ◩ Stelle die Masse m in Abhängigkeit vom Volumen V grafisch dar.

b ☐ Formuliere das Versuchsergebnis, das sich aus dem Diagramm im Aufgabenteil **a** ergibt.

c ◩ Ermittle anhand der Messwerte die Dichte von Spiritus. Werte dazu die Messreihe rechnerisch aus.

d ◼ Die Dichte von Benzin beträgt im Durchschnitt 0,78 $\frac{g}{cm^3}$. Zeichne den zu Benzin gehörenden Graphen in das Diagramm aus Aufgabenteil **a** ein.

In Worte fassen

7 Ölteppich

↗ S. 70/71

◩ Immer wieder laufen bei Tankerunglücken auf hoher See große Mengen Öl aus. Erkläre, wieso dabei ein Ölteppich entsteht.

8 Schwimm-Sink-Verfahren

↗ S. 71, 72

◩ Lies in der Leseecke den Text zum Schwimm-Sink-Verfahren. PVC und Styropor® sollen in einem wassergefüllten Tank getrennt werden. Beschreibe, was bei Zugabe der Materialien in dem Tank geschieht, und begründe dies.

Nachdenken & Kombinieren

9 Dichte im Teilchenmodell

↗ S. 72

a ◩ Erkläre, warum die Dichte eines Stoffs von seiner Temperatur abhängt.

b ◩ Das Bild zeigt die Teilchen eines Stoffs in seinen verschiedenen Aggregatzuständen:

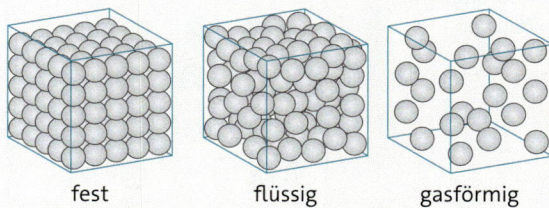

fest   flüssig   gasförmig

Begründe, warum die Dichte eines Stoffs im gasförmigen Zustand viel niedriger ist als im flüssigen oder festen Zustand.

10 Archimedes' Idee

↗ S. 72

Lies in der Leseecke den Text „Die Krone des Königs".

◼ Beschreibe, wie Archimedes überprüfen konnte, ob die Krone aus reinem Gold besteht.

Einfach lernen

11 Volumen und Dichte

↗ S. 68–71

a Was versteht man unter dem Volumen eines Körpers?

b Wie heißt eine Methode zur Volumenbestimmung unregelmäßiger Körper?

c Wie ist die Dichte definiert?

d Welche Einheit hat die Dichte?

Aufbau und Eigenschaften von Körpern und Stoffen

Teilchenmodell

Alle Stoffe bestehen aus kleinsten, unter sich gleichen Bausteinen, den Teilchen.

Wir können uns die Teilchen als kleine Kugeln vorstellen, die sich in ständiger Bewegung befinden. Die Teilchen bewegen sich umso heftiger, je höher die Temperatur des Körpers ist.

Mit dem Teilchenmodell können wir Beobachtungen erklären.

Dichte

Die Dichte ϱ ist eine spezifische Stoffeigenschaft. Sie gibt die Masse eines bestimmten Volumens eines Stoffs an.

$$\varrho = \frac{m}{V} \qquad [\varrho] = 1\,\frac{g}{cm^3}$$

Verschiedene Stoffe haben verschiedene Dichten, weil sie sich in der Masse ihrer Teilchen und im Abstand dieser Teilchen unterscheiden.

Aggregatzustände

Aggregatzustand	fest	flüssig	gasförmig
Anordnung der Teilchen			
Bewegung der Teilchen	Teilchen zittern an festen Gitterplätzen.	Teilchen sind gegeneinander verschiebbar und wechseln die Plätze.	Teilchen bewegen sich frei im ganzen zur Verfügung stehenden Raum.
Abstände zwischen den Teilchen	sehr gering	in der Regel größer als bei Festkörpern	sehr groß
Kräfte zwischen den Teilchen	sehr starke anziehende und abstoßende Kräfte	Anziehende und abstoßende Kräfte sind geringer als beim Festkörper.	keine Kräfte, außer beim Zusammenstoß untereinander oder mit der Gefäßwand

Reibung

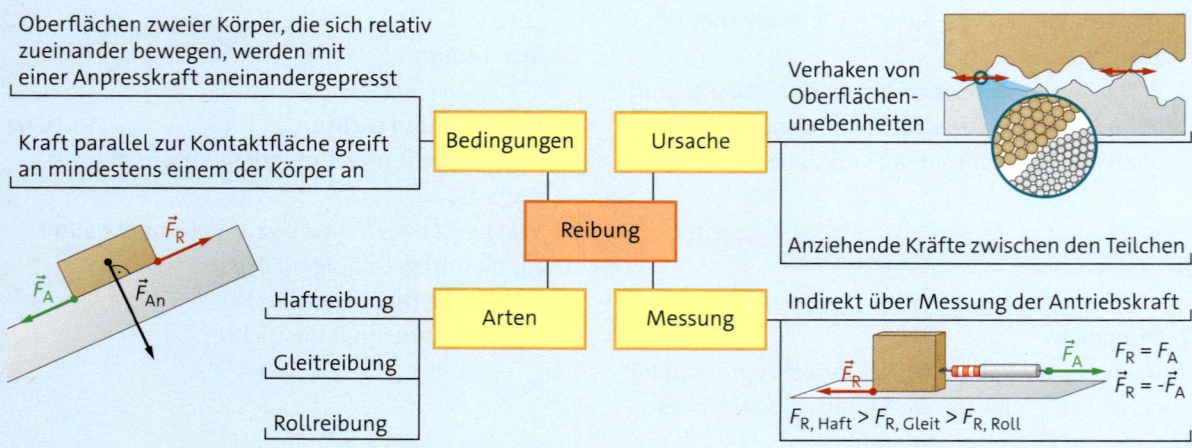

Oberflächen zweier Körper, die sich relativ zueinander bewegen, werden mit einer Anpresskraft aneinandergepresst

Kraft parallel zur Kontaktfläche greift an mindestens einem der Körper an

Bedingungen

Ursache

Reibung

Verhaken von Oberflächenunebenheiten

Anziehende Kräfte zwischen den Teilchen

Haftreibung

Gleitreibung

Rollreibung

Arten

Messung

Indirekt über Messung der Antriebskraft

$F_R = F_A$

$\vec{F}_R = -\vec{F}_A$

$F_{R,\,Haft} > F_{R,\,Gleit} > F_{R,\,Roll}$

1 Aggregatzustände

In einem Tabellenwerk findet man folgende Angaben über Kerzenwachs:

Schmelztemperatur	Siedetemperatur
60 °C	250 °C

a ☐ Nenne die drei Aggregatzustände, in denen Kerzenwachs vorkommen kann, sowie die Übergänge zwischen ihnen.

b ☐ Beschreibe die Teilchenbewegungen im Kerzenwachs bei Raumtemperatur, bei 150 °C und bei 300 °C.

c ☑ Erstelle für jeden Aggregatzustand eine Zeichnung, die jeweils die Vorstellung vom Aufbau des Kerzenwachses im Teilchenmodell wiedergibt.

2 Haft-, Gleit-, Rollreibung

Berühren sich zwei gegeneinander bewegliche Körper, tritt Reibung auf, sobald an einem der beiden Körper eine Kraft parallel zur Kontaktfläche angreift.

a ☐ Nenne die Reibungsart, die Bewegungen am stärksten abbremst.

b ☑ Nenne zwei Maßnahmen zur Verminderung unerwünschter Reibung.

c ☑ Beurteile, welche Rolle die Reibung in folgenden Situationen spielt:
  • Du läufst bei Blitzeis über die Straße.
  • Auf der Landstraße befindet sich eine Ölspur.
  • In den Rollen von Inlinern sind Kugellager eingebaut.

d ☑ Auch wenn ein sehr glatter Körper auf einer sehr glatten Oberfläche gleitet, treten erhebliche Reibungskräfte auf. Erkläre dies in der Modellvorstellung.

e ■ Nenne die Reibungsart, die für den Antrieb eines Autos sorgt. Begründe deine Aussage.

3 Volumen von Körpern bestimmen

Das Volumen der beiden Körper soll ermittelt werden:

a ☑ Beschreibe jeweils ein Vorgehen, das du wählen würdest, um das Volumen zu bestimmen.

b ☑ Begründe, warum du das Vorgehen jeweils für besser geeignet hältst.

c ■ Beschreibe eine Vorgehensweise, mit der du überprüfen kannst, ob eine 5-Cent-Münze aus Kupfer besteht.

4 Dichte von Heizöl

Heizöl hat bei 15 °C eine mittlere Dichte von $0{,}840\ \frac{g}{cm^3}$. Es wird in Tankfahrzeugen zum Haus des Verbrauchers geliefert und dort in einen Vorratstank gefüllt. Dabei ist es gesetzlich vorgeschrieben, neben dem abgepumpten Volumen auch die Temperatur zu messen.

a ☐ Beschreibe, welche Information man allgemein der Dichte eines Stoffs entnehmen kann.

b ☐ Gib die mittlere Masse von 1,0 cm³ Heizöl bei 15 °C an.

c ☑ Begründe die im Text genannte Vorschrift.

d ■ Erkläre deine Antwort aus Aufgabenteil **c** mit dem Teilchenmodell.

4

Natur des Lichts

An diesem Abendhimmel kannst du sehen, wie sich das Sonnenlicht seinen Weg durch die Bäume bahnt.

In diesem Kapitel lernst du

- *die grundlegenden Eigenschaften des Lichts kennen und wie Schatten entstehen.*

- *was mit Licht geschieht, wenn es auf verschiedene Oberflächen trifft.*

- *wie Spiegelbilder entstehen und welche Eigenschaften sie haben.*

Zündet man in einem völlig abgedunkelten Raum eine Kerze an, so sieht man nicht nur die leuchtende Kerzenflamme, sondern auch die umliegenden Gegenstände.
Unter welchen Bedingungen können wir Dinge sehen?

4.1 Sehen und Licht

Versuch 1: Sehen
Richte das Licht einer Taschenlampe nacheinander auf eine Fläche mit weißem, rotem und schwarzem Papier sowie auf eine Glasscheibe. Betrachte jeweils die Raumumgebung.

Wir sehen:
Die Raumumgebung erscheint beim Beleuchten der weißen Fläche relativ hell und beim Beleuchten der schwarzen Fläche relativ dunkel. Wird die rote Fläche beleuchtet, erscheint die Raumumgebung rot, und wenn die Glasscheibe beleuchtet wird, erscheint die Raumumgebung kaum verändert.

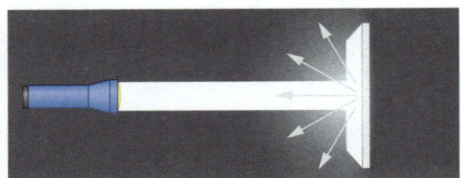

1 *Licht wird gestreut.*

Ergebnisse:
Die Taschenlampe sendet Licht in den Raum aus. Sie ist ein selbstleuchtender Körper: eine **Lichtquelle.** Trifft das Licht einer Lichtquelle auf undurchsichtige weiße Körper, verteilen sie das Licht in alle Raumrichtungen, außer hinter dem Körper. ↗1 Man sagt: Sie **streuen** das Licht. Solche Körper sind somit wie selbstleuchtende Körper **Lichtsender.** Das Auge ist ein **Lichtempfänger.** Wir sehen Körper, wenn von ihnen ausgehendes Licht in unser Auge trifft. Farbige Körper streuen das Licht, das den Farbeindruck bewirkt, und **absorbieren** („verschlucken") das restliche Licht. ↗2 Schwarze Körper absorbieren den größten Teil des einfallenden Lichts. ↗3 Durchsichtige Körper wie die Glasscheibe **lassen** einen großen Teil des Lichts ungehindert **durch.** ↗4

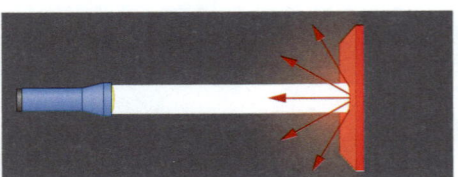

2 *Licht wird teilweise gestreut und absorbiert.*

3 *Licht wird absorbiert.*

Versuch 2: Lichtausbreitung
Wir richten das Licht einer Experimentierleuchte streifend auf eine ebene, helle Fläche. In den Lichtweg stellen wir Blenden mit immer kleinerer Blendenöffnung.

4 *Licht wird durchgelassen.*

Wir sehen:

Das sichtbar gemachte Lichtbündel wird immer schmaler. ↗ 5

Erklärung:

Das Licht einer Lichtquelle breitet sich in alle Richtungen geradlinig aus. ↗ 6 Das Licht lässt sich durch Blenden zu immer schmaleren Lichtbündeln einengen. Ein sehr schmales, paralleles Lichtbündel nennt man **Lichtstrahl.** Ein Lichtstrahl ist eine Modellvorstellung, mit der wir Beobachtungen erklären können. Ein Lichtbündel stellen wir uns aus sehr vielen Lichtstrahlen zusammengesetzt vor.

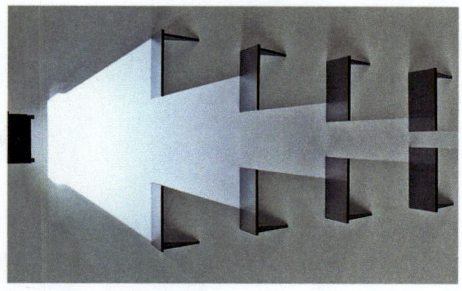

5 *Lichtausbreitung*

Versuch 3: Lichtgeschwindigkeit

Bei den Mondlandungen in den 1960er und 1970er Jahren installierten die Astronauten mehrere Laserreflektoren auf dem etwa 380 000 km entfernten Mond. Wissenschaftler sendeten von der Bodenstation einen Laserstrahl auf einen der Reflektoren, der in die gleiche Richtung zurückreflektiert und durch einen Empfänger auf der Erde registriert wurde. ↗ 7

Man stellte fest:

Das Licht des Lasers trifft etwa 2,6 s nach der Aussendung auf den Empfänger.

6 *Lichtausbreitung in alle drei Raumrichtungen*

Erklärung:

Das Licht benötigt für seine Ausbreitung eine gewisse Zeit.

Ergebnis:

Sehr genaue Messverfahren lieferten für die Geschwindigkeit des Lichts c im Vakuum einen Wert von $c = 299\,792\,\frac{km}{s}$.

Weitere Messungen haben ergeben, dass sich Licht in verschiedenen durchsichtigen Stoffen unterschiedlich schnell ausbreitet. ↗ 8 In Wasser beträgt die Lichtgeschwindigkeit beispielsweise etwa $225\,000\,\frac{km}{s}$, in Diamant nur etwa $124\,000\,\frac{km}{s}$. Körper oder Stoffe, in denen sich Licht ausbreiten kann, nennt man **optische Medien.**

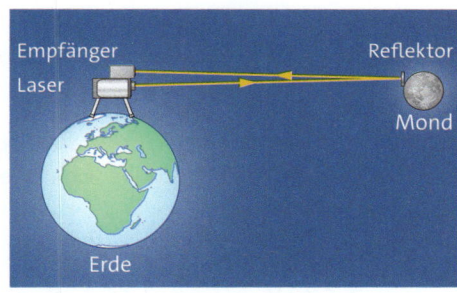

7 *Licht benötigt für seine Ausbreitung Zeit.*

- Wir sehen Gegenstände, wenn von ihnen Licht in unser Auge trifft.

- Trifft Licht auf einen Körper, kann es von diesem gestreut, absorbiert oder durchgelassen werden.

- Das von einem Körper ausgesendete Licht können wir uns aus unendlich vielen Lichtstrahlen zusammengesetzt denken.

- Licht breitet sich in Luft mit einer Geschwindigkeit von etwa $300\,000\,\frac{km}{s}$ geradlinig aus.

Optisches Medium	c in $\frac{km}{s}$
Vakuum	299 792
Luft	ca. 299 700
Wasser	ca. 225 000
Plexiglas	ca. 201 000
Kronglas	ca. 199 000
Flintglas	ca. 186 000
Diamant	ca. 124 000

8 *Lichtgeschwindigkeiten*

↗ NEWTON AKTIV Seite 85 Aufgabe 4, 5 a

Das Schattenspiel ist eine besondere Form des Theaters, bei dem Schatten auf eine beleuchtete Fläche geworfen werden.
Wie kann man große und kleine Schattenbilder erzeugen?

4.2 Schatten

Versuch 1: Schattenbild

Erzeuge zunächst mit einer Kerze und anschließend mit einer Leuchtstofflampe das Schattenbild eines undurchsichtigen Gegenstands auf einer Projektionsfläche, zum Beispiel auf Karton.
Betrachte die Schattenbilder.

Wir sehen:
Bei Verwendung der Kerze entsteht ein schärferes Schattenbild als bei Verwendung der Leuchtstofflampe. ↗ 1, 2

Ergebnis:
Je kleiner die Lichtquelle ist, umso schärfer ist ihr Schattenbild. Ideal wäre eine punktförmige Lichtquelle um ein **scharfes Schattenbild** zu erzeugen.

Versuch 2: Schattenraum und Schattenbildgröße

Erzeuge mit einer Kerze ein Schattenbild einer Streichholzschachtel auf einem Karton.
a Betrachte den Bereich zwischen der Streichholzschachtel und dem Karton.
b Verändere den Abstand zwischen der Kerze und der Schachtel und danach den Abstand zwischen dem Karton und der Schachtel. Lass die Position der Schachtel dabei unverändert.

Wir sehen:
a Der Raum zwischen der Streichholzschachtel und dem Karton ist dunkler.
b Das Schattenbild wird umso größer, je größer der Abstand zwischen der Streichholzschachtel und dem Karton ist und je kleiner der Abstand zwischen der Kerze und der Streichholzschachtel ist.

1 Schattenbild bei Verwendung einer Kerze

2 Schattenbild bei Verwendung einer Leuchtstoffröhre

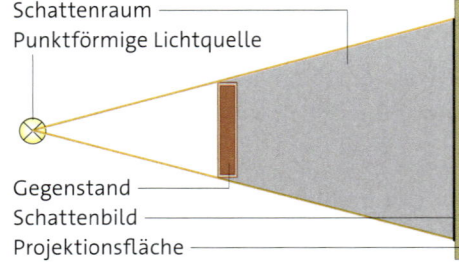

Schattenraum
Punktförmige Lichtquelle

Gegenstand
Schattenbild
Projektionsfläche

3 Schattenbild und Schattenraum in der Draufsicht

Ergebnis:

a Weil sich das Licht geradlinig ausbreitet, gelangt in den Raum zwischen Gegenstand und Schattenbild kein Licht der Lichtquelle. Diesen Raum bezeichnet man als **Schattenraum.** ↗ 3

b Das Schattenbild eines Gegenstands ist umso größer, je größer die Entfernung zwischen Gegenstand und Projektionsfläche ist. Das Schattenbild wird auch größer, wenn der Abstand zwischen Gegenstand und Lichtquelle kleiner wird. Nähert man die Lichtquelle dem Gegenstand, wird der Winkel zwischen den Randstrahlen größer. ↗ 4

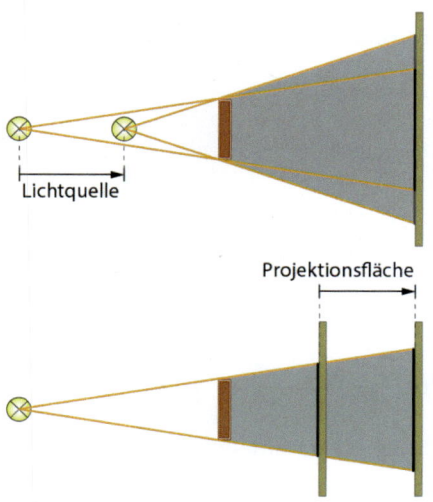

Versuch 3: Schatten zweier Lichtquellen

Erzeuge wie in Versuch 2 das Schattenbild eines undurchsichtigen Gegenstands. Stelle eine zweite Kerze neben die erste. Verändere den Abstand zwischen den beiden Kerzen. Betrachte die Schattenbilder.

4 *Schattenbildgröße*

Wir sehen:

Wenn der Abstand zwischen den beiden Kerzen groß ist, erscheinen zwei Schattenbilder. ↗ 5 Beide Schattenbilder sind heller als das Schattenbild, das bei Verwendung nur einer Kerze entsteht.

Nach Unterschreiten eines bestimmten Abstands zwischen den Kerzen überlappen sich die Schattenbilder. Der Überlappungsbereich ist dunkler. ↗ 6

Erklärung:

Die Schattenbilder sind bei Verwendung von zwei Lichtquellen heller, weil das Schattenbild der einen Lichtquelle von der anderen beleuchtet wird. Man nennt diese Bereiche **Halbschatten.** Den dunklen Bereich nennt man **Kernschatten.** Dorthin gelangt von keiner der beiden Lichtquellen Licht. ↗ 7

5 *Schatten zweier Lichtquellen*

6 *Die Lichtquellen rücken näher zusammen.*

- Mit einer punktförmigen Lichtquelle können scharfe Schattenbilder erzeugt werden.

- Schatten entstehen aufgrund der geradlinigen Ausbreitung des Lichts.

- Das Schattenbild ist umso größer, je größer der Winkel zwischen den Randstrahlen und je größer der Abstand zwischen Gegenstand und Projektionsfläche ist.

- Zwei punktförmige Lichtquellen erzeugen nach Unterschreiten eines Mindestabstands zwei Halbschattenbereiche und einen Kernschatten.

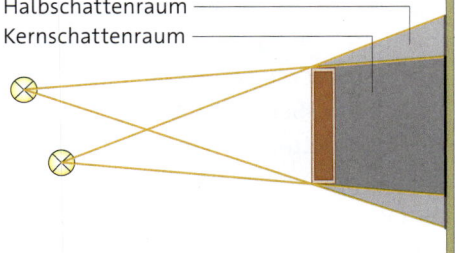

7 *Kern- und Halbschatten*

Messung der Lichtgeschwindigkeit

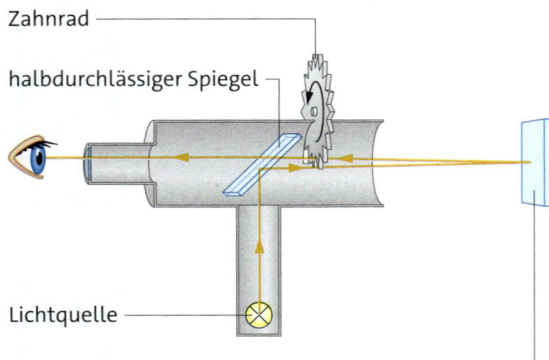

Zahnrad

halbdurchlässiger Spiegel

Lichtquelle

Spiegel (9 km entfernt)

1 *Messvorrichtung von Fizeau*

Dem französischen Gelehrten Hippolyte Fizeau (1819–1896) gelang es 1848, die Lichtgeschwindigkeit zu messen. Er nutzte dazu eine besondere Messvorrichtung. ↗ 1

Fizeau sendete einen Lichtstrahl über einen halbdurchlässigen Spiegel auf einen zweiten Spiegel. Dieser war etwa 9 Kilometer vom ersten Spiegel entfernt und reflektierte den Lichtstrahl zurück. Der Lichtstrahl traf auf seinem Rückweg genau auf den Rand eines Zahnrads. Das Zahnrad hatte 720 Zähne und Lücken und konnte mit verschiedenen Geschwindigkeiten rotieren.

Wenn das Zahnrad in Ruhe war oder sich nur langsam drehte, konnte der Lichtstrahl auf seinem Hin- und Rückweg durch dieselbe Zahnradlücke treten. Der Lichtstrahl durchdrang dann den halbdurchlässigen Spiegel und traf in das Auge des Beobachters.

Fizeau ließ das Zahnrad immer schneller rotieren. Ab einer bestimmten Geschwindigkeit traf der Lichtstrahl auf einen Zahn und gelangte nicht mehr in das Auge des Beobachters. Dies war der Fall, als das Zahnrad mit 12,6 Umdrehungen pro Sekunde rotierte.
Fizeau ermittelte mit dieser Anordnung und seinen gewonnenen Daten eine Lichtgeschwindigkeit von 313 400 $\frac{km}{s}$.

↗ **NEWTON AKTIV**   Seite 85   Aufgabe 2

Mondphasen

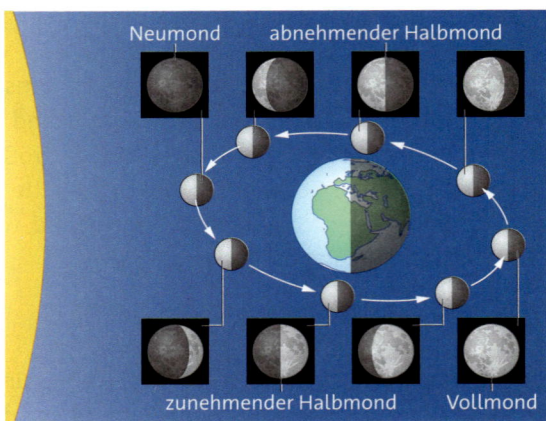

Neumond abnehmender Halbmond

zunehmender Halbmond Vollmond

2 *Entstehung der Mondphasen*

Die verschiedenen Mondphasen entstehen infolge der Bewegung des Monds um die Erde. Der Mond benötigt für einen Umlauf etwa 29,5 Tage. Er wird von der Sonne stets zur Hälfte beleuchtet. Je nachdem wie Sonne, Mond und Erde zueinander stehen, sehen wir unterschiedlich viel von der beleuchteten Hälfte. ↗ 2

Die Mondumlaufbahn ist gegenüber der Rotationsachse der Erde geneigt. Aus diesem Grund erscheint der Mond bei verschiedenen Umläufen unterschiedlich weit über dem Horizont. Es kommt vor, dass Sonne, Erde und Mond auf einer Geraden liegen. Bei Neumond ist dann auf der Erde eine Sonnenfinsternis und bei Vollmond eine Mondfinsternis zu sehen. ↗ 3, 4

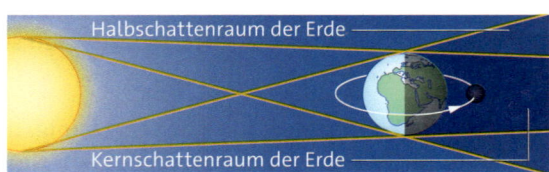

Halbschattenraum der Erde

Kernschattenraum der Erde

3 *Mondfinsternis*

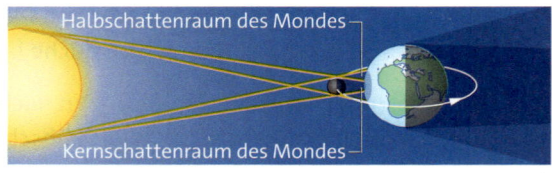

Halbschattenraum des Mondes

Kernschattenraum des Mondes

4 *Sonnenfinsternis*

↗ **NEWTON AKTIV**   Seite 85   Aufgabe 1

Experimentieren

1 Mondphasen im Modellversuch ↗ S. 84
Material: Ball, Schreibtischlampe

- Stelle dich in einem dunklen Zimmer in die Nähe der leuchtenden Lampe. Strecke den Ball von dir weg in Richtung Lampe.
- Drehe dich langsam entgegen dem Uhrzeigersinn und beobachte dabei, wie sich der helle Bereich auf dem Ball verändert.

a ☐ Benenne, was die Schreibtischlampe, der Ball und du selbst im Modell darstellen.
b ◪ Übertrage das folgende Bild in dein Heft und zeichne die von dir beobachteten dunklen Flächen in die Kreise ein.
c ☐ Schreibe die Namen der Mondphasen neben die Kreise.

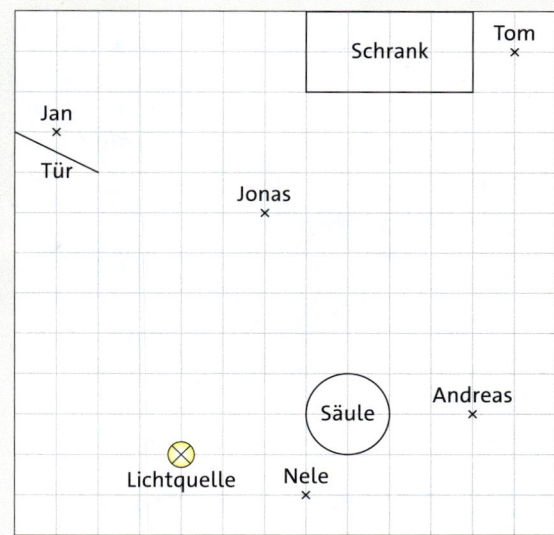

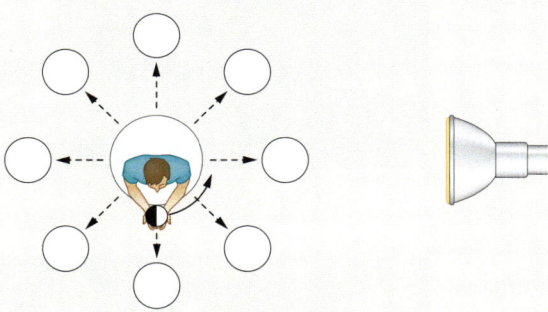

Lösungen finden

2 Lichtgeschwindigkeit ↗ S. 84
◪ Berechne mithilfe der von Fizeau ermittelten Lichtgeschwindigkeit die Zeit, die das Licht für das Durchlaufen der im Versuch angegebenen Wegstrecke benötigt hat.

3 Verstecken im Dunklen ↗ S. 82/83
◪ Im dunklen Wohnzimmer befinden sich vier Personen. Nur eine Lampe ist eingeschaltet.
a Übertrage den folgenden Grundriss in dein Heft und zeichne die Bereiche ein, in die kein Licht fällt.
b Wen kann Jonas im Raum sehen? Begründe deine Antwort.

Nachdenken & Kombinieren

4 Sehvorgang ↗ S. 80/81

a ☐ Beschreibe, wann man Gegenstände sieht.
b ◪ Lichtquellen und beleuchtete Körper sind Lichtsender. Unsere Augen sind Lichtempfänger. Erkläre, was mit diesen Aussagen gemeint ist.

Einfach lernen

5 Licht und Schatten ↗ S. 80–83
a Wie breitet sich Licht aus?
b Wie entsteht ein Schattenbild?
c Wie heißen die Schattenbereiche bei der Überlagerung zweier Schatten?

Schutzfolien für Smartphones schützen die empfindlichen Oberflächen. Sie dienen gleichzeitig als Antireflexschicht, damit das Display auch bei großer Helligkeit noch erkannt werden kann. Was geschieht mit Licht, wenn es auf eine glänzende Oberfläche trifft, und was, wenn es auf eine Antireflexschicht trifft?

4.3 Glänzende Oberflächen – Reflexion

Versuch 1: Licht trifft auf verschiedene Oberflächen

Beklebe einen Spiegel zur Hälfte mit einer Antireflexfolie und lege ihn vor einer Wand auf den Boden. Dunkle den Raum ab. Richte das Lichtbündel einer Taschenlampe nacheinander schräg auf die Flächen. Betrachte die Raumumgebung.

Wir sehen:

Das von der Antireflexfolie kommende Licht erhellt den Raum. ↗ 1 Das vom Spiegel kommende Licht beleuchtet genau eine Stelle an der Wand sehr hell. ↗ 2

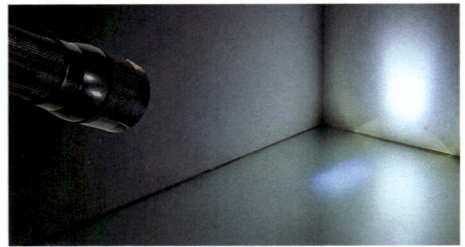

1 *Licht trifft auf die Antireflexfolie.*

Ergebnis:

Trifft das Licht auf raue Oberflächen, wird es in alle Raumrichtungen gestreut. Man spricht dann von **diffuser Reflexion**. Trifft es hingegen auf sehr glatte Oberflächen, wird es in genau eine Richtung gestreut. Dies bezeichnet man als **gerichtete Reflexion**. Man sagt dann: Das Licht wird **reflektiert**.

Eine Antireflexschicht reduziert also die Reflexion von Licht am Display. Dadurch wird die Lesbarkeit erhöht.

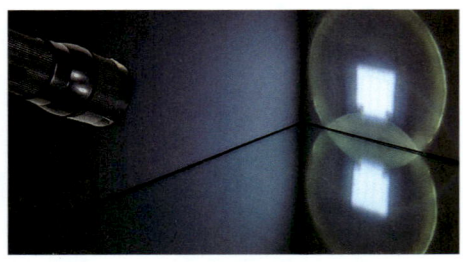

2 *Licht trifft auf den Spiegel.*

Versuch 2: Lichtweg bei der Reflexion

Deine Lehrkraft richtet das Licht eines Laserpointers schräg auf einen Spiegel und macht den Lichtweg auf einer ebenen, hellen Fläche sichtbar.

Achtung: Nie direkt in einen Laser blicken! Das Licht kann die Augen schädigen.

Wir sehen:

Einfallender Lichtstrahl und reflektierter Lichtstrahl liegen in einer Ebene, die senkrecht auf dem Spiegel steht. Die beiden Lichtstrahlen scheinen symmetrisch zu einer gedachten Achse zu verlaufen, die in dieser Ebene liegt.

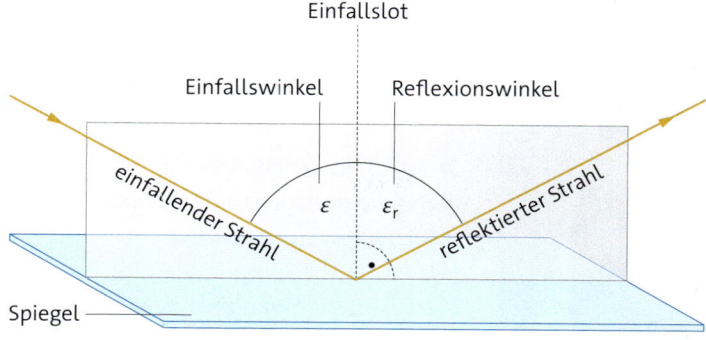

3 *Lichtweg bei der Reflexion*

Ergebnis:
Einfallender und reflektierter Lichtstrahl liegen in einer Ebene, die senkrecht auf der Spiegeloberfläche steht. Sie scheinen achsensymmetrisch zu einer Achse in dieser Ebene zu verlaufen. Diese Achse nennt man **Einfallslot**. Die Winkel zwischen den Lichtstrahlen und dem Einfallslot nennt man **Einfallswinkel** ε bzw. **Reflexionswinkel** ε_r. ↗ 3

Versuch 3: Einfalls- und Reflexionswinkel
Richte ein schmales Lichtbündel einer Lichtquelle auf einen Spiegel und miss mithilfe einer Winkelscheibe für verschiedene Einfallswinkelmaße ε die zugehörigen Reflexionswinkelmaße ε_r. ↗ 4

Wir sehen:
Die Maße von Einfallswinkel und Reflexionswinkel sind immer gleich. ↗ 5 Die Abweichungen können durch Messunsicherheiten erklärt werden.

Ergebnis:
Bei der Reflexion von Licht sind Einfalls- und Reflexionswinkel immer gleich.

Reflexionsgesetz
Bei der Reflexion von Licht liegen einfallender und reflektierter Lichtstrahl in einer Ebene, die senkrecht auf der reflektierenden Oberfläche steht. Außerdem gilt: Einfallswinkel ε = Reflexionswinkel ε_r.

- **Wenn Licht auf eine raue Oberfläche trifft, wird es in alle Richtungen gestreut. (Diffuse Reflexion)**

- **Sehr glatte Oberflächen streuen Licht in genau eine Richtung: Sie reflektieren das Licht. (Gerichtete Reflexion)**

- **Bei der Reflexion von Licht gilt das Reflexionsgesetz.**

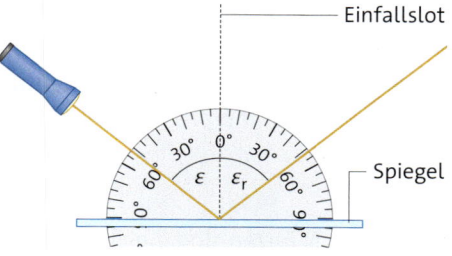

4 *Messung der Reflexionswinkelmaße*

ε in °	0	21	40	60	82
ε_r in °	0	20	41	59	81

5 *Beispielwerte für die Einfalls- und Reflexionswinkelmaße*

Spiegelbider scheinen hinter der Spiegelfläche zu liegen. Dort befindet sich
jedoch meist eine Wand.
Wie entstehen Spiegelbilder und welche Eigenschaften haben sie?

4.4 Spiegelbilder

Versuch 1: Spiegelbild

Lege einen Bogen Papier auf den Tisch. Platziere darauf eine
Münze so vor einen Spiegel, dass im Spiegel nur die Hälfte der
Münze zu sehen ist.

Lege eine zweite, gleiche Münze hinter den Spiegel, sodass sie
mit dem Spiegelbild zur Deckung kommt.

Trage möglichst viele Eigenschaften des Spiegelbilds zusammen. Nutze zur Überprüfung der Eigenschaften auch ein Geo-
dreieck. ↗ 1

Wir sehen:

Die beiden Münzen sind gleich weit von der Spiegelfläche entfernt.

Die Verbindungslinie zwischen den beiden Münzen steht senkrecht auf der Spiegelfläche.

Ergebnisse:

Das Spiegelbild liegt nicht auf der Spiegelfläche, sondern da-
hinter.

Der Gegenstand und sein Spiegelbild sind gleich groß und
gleich weit von der Spiegelfläche entfernt.

Die Verbindungslinie von Gegenstand und Spiegelbild steht
senkrecht auf der Spiegelfläche.

Erklärung:

Von jedem Gegenstandspunkt (z. B. P und Q) werden Licht-
strahlen auf den Spiegel gesendet. Dort werden sie nach dem
Reflexionsgesetz reflektiert und gelangen so in das Auge des
Beobachters. ↗ 2

Das Gehirn kann die Richtungsänderung nicht verarbeiten und
geht von einer geradlinigen Ausbreitung des Lichts aus.

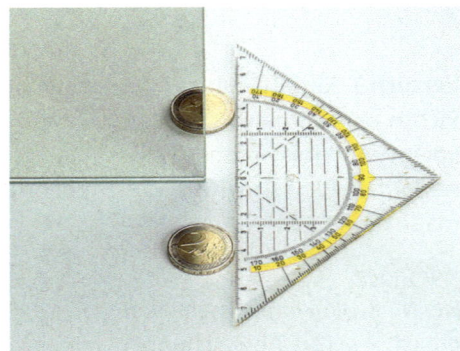

1 *Spiegelbildeigenschaften*

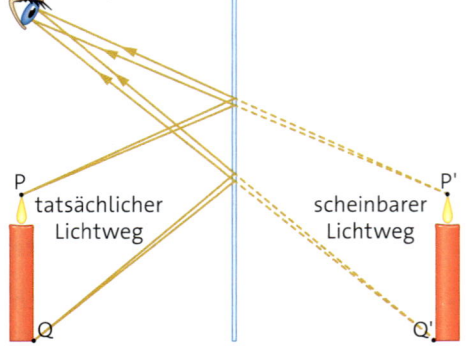

2 *Lichtweg am ebenen Spiegel*

Der Gegenstand scheint daher im gleichen Abstand zum Spiegel, jedoch hinter dem Spiegel zu liegen (P' und Q').

Das Spiegelbild lässt sich nicht auf einem Projektionsschirm auffangen. Solche Bilder nennt man **virtuell.**

Versuch 2: Spiegelbildeigenschaften

Stelle eine Figur vor einen Spiegel und betrachte ihr Spiegelbild. Finde Gemeinsamkeiten und Unterschiede zwischen Gegenstand und Spiegelbild heraus.

Wir sehen:

Steht die Figur aufrecht vor dem Spiegel, so steht auch das Spiegelbild aufrecht. ↗ 3

Liegt die Figur mit dem Kopf nach rechts vor dem Spiegel, befindet sich auch der Kopf ihres Spiegelbilds auf der rechten Seite. ↗ 4

Zeigen die Füße der Figur nach hinten vom Betrachter weg, so ist es im Spiegel umgekehrt: Die Füße zeigen nach vorn, in Richtung des Betrachters. ↗ 5

3 Das Spiegelbild ist aufrecht.

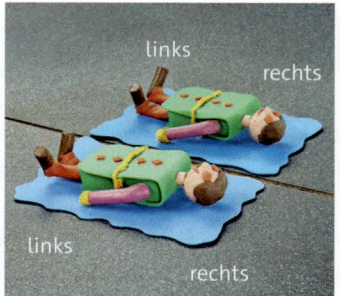

4 Das Spiegelbild ist seitenrichtig.

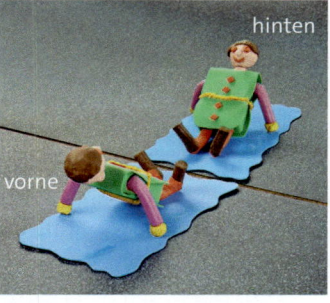

5 Der Spiegel vertauscht vorne und hinten.

Ergebnis:

Im Spiegel werden nicht oben und unten vertauscht und auch nicht rechts und links. Ein Spiegel vertauscht nur vorne und hinten.

Da bei einem Spiegelbild vorne und hinten vertauscht werden, scheint es für uns seitenverkehrt zu sein.

- **In einem ebenen Spiegel sieht man das virtuelle Bild eines Gegenstands, der sich vor dem Spiegel befindet.**

- **Gegenstand und Spiegelbild sind gleich groß und gleich weit vom Spiegel entfernt.**

- **Das Spiegelbild ist aufrecht und seitenrichtig, es ist jedoch vorne und hinten vertauscht.**

Parabolspiegel im Bühnenscheinwerfer

1 Bühnenscheinwerfer

Parabolspiegel sind Spiegel mit einer besonderen gekrümmten Form. Anwendung finden sie unter anderem in Bühnenscheinwerfern. ↗ 1

In einem Scheinwerfer befindet sich eine punktförmige Lichtquelle. Diese ist in einem bestimmten Abstand vor dem Parabolspiegel angeordnet. ↗ 2 Das Licht der Lichtquelle wird vom Parabolspiegel so reflektiert, dass es den Scheinwerfer als annähernd paralleles Lichtbündel verlässt. ↗ 3
Mit diesem Lichtbündel können einzelne Personen oder Gegenstände auf einer Bühne gezielt angestrahlt werden.

Parabolspiegel

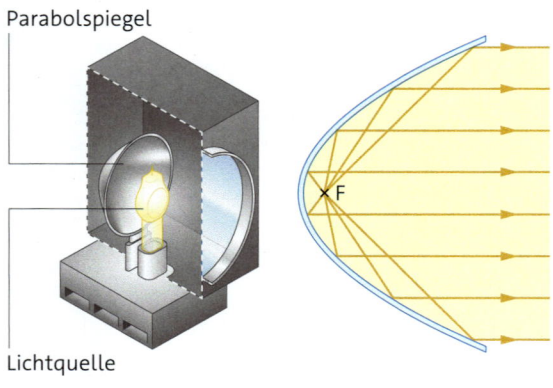

Lichtquelle

2 Scheinwerfer   3 Lichtweg

↗ NEWTON AKTIV   Seite 93   Aufgabe 5

Parabolspiegel im Weltraumteleskop

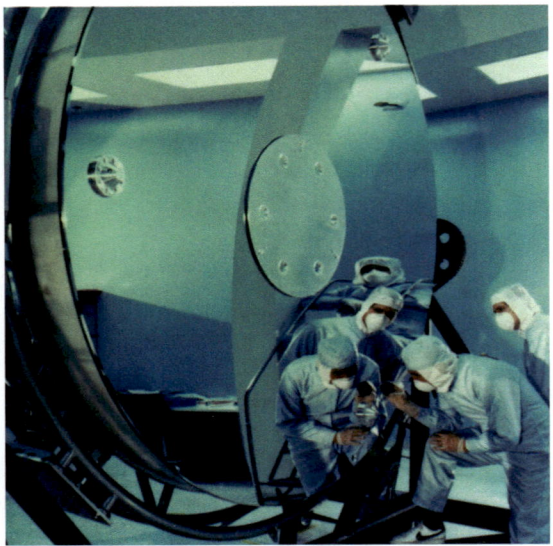

4 Hauptspiegel des Hubble-Weltraumteleskops

Eine weitere Anwendung finden Parabolspiegel in Spiegelteleskopen zur Weltraumbeobachtung. ↗ 4 Hier macht man sich den besonderen Lichtweg in umgekehrter Weise zunutze: Licht von einem weit entfernten Stern oder einer Galaxie trifft als paralleles Lichtbündel auf den Parabolspiegel. Es wird so reflektiert, dass es gebündelt auf einen weiteren Spiegel trifft und von dort aus in das Auge des Beobachters. ↗ 5 Auf diese Weise wird die geringe Lichtmenge, die von weit entfernten Objekten ausgeht, besser sichtbar.

Parabolspiegel

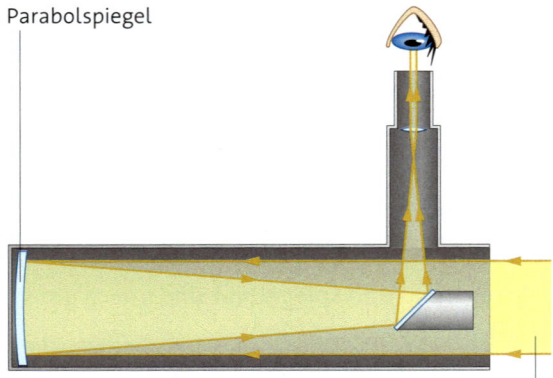

Licht von Stern oder Galaxie

5 Lichtweg im Weltraumteleskop

Reflexion von Licht

Aufgabenstellung

Du sollst den Lichtweg eines Lichtstrahls nach der Reflexion an einer glänzenden Oberfläche konstruieren.

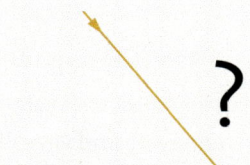

Erinnere dich

- Einfallswinkel ε = Reflexionswinkel ε_r
- Die Winkel werden zum Einfallslot gemessen.
- Das Einfallslot steht senkrecht auf der Oberfläche.

Konstruktionsschritte

1 Zeichne im Auftreffpunkt des einfallenden Lichtstrahls das Einfallslot ein.
2 Miss den Winkel ε zwischen einfallendem Lichtstrahl und dem Einfallslot.

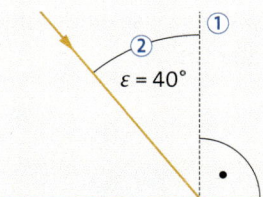

3 Zeichne den reflektierten Lichtstrahl, wobei der Reflexionswinkel ε_r wieder zum Einfallslot gemessen wird.

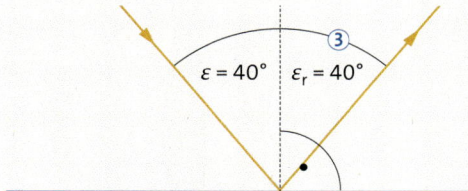

Spiegelbildkonstruktion

Aufgabenstellung

Du sollst den tatsächlichen Lichtweg von einem Gegenstandspunkt P in das Auge A eines Betrachters bei einem Spiegelbild konstruieren.

Erinnere dich

- Gegenstand und Spiegelbild sind gleich weit von der Spiegelebene entfernt.
- Das Licht scheint geradlinig vom virtuellen Spiegelbild auszugehen.

Konstruktionsschritte

1 Zeichne das virtuelle Spiegelbild achsensymmetrisch zum Spiegel.

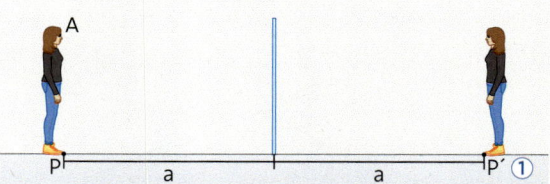

2 Zeichne die Verbindungslinie zwischen dem Bildpunkt P' im Spiegelbild und dem Auge A.
3 Zeichne vom Schnittpunkt S dieser ersten Verbindungslinie mit der Spiegelebene eine Verbindungslinie zum Gegenstandspunkt P.
Der Streckenzug $\overline{PSA}$ ist der tatsächliche Lichtweg.

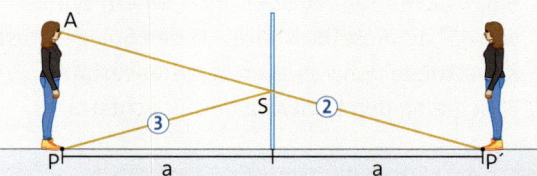

Experimentieren

1 Winkelspiegel ↗ S. 86/87
Material: 2 Taschenspiegel, Lichtquelle, die dünnes Lichtbündel aussendet

- Stelle die beiden Spiegel so auf, dass sie einen 45°-Winkel einschließen.
- Richte das Lichtbündel so auf einen der beiden Spiegel, dass der Lichtweg sichtbar ist und er vom zweiten Spiegel reflektiert wird.

a ☑ Zeichne den Strahlenverlauf in dein Heft, trage dort auch Einfalls- und Reflexionswinkel ein.
b ☑ Miss den Winkel zwischen eintretendem und austretendem Lichtstrahl und notiere ihn.

Lösungen finden

2 Winkelspiegel ↗ S. 86/87
Ein Winkelspiegel eignet sich dazu, in der Landschaft rechte Winkel abzustecken.
a ☑ Übertrage das Bild maßstabsgetreu und konstruiere den weiteren Strahlenverlauf. Kennzeichne in deiner Zeichnung den rechten Winkel.

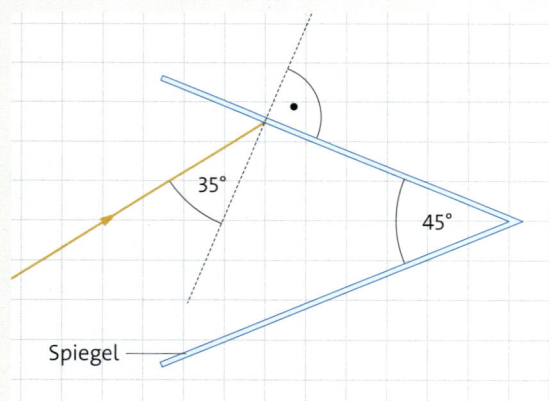

35°

45°

Spiegel

b ☑ Übertrage das Bild erneut in dein Heft. Zeichne einen Lichtstrahl ein, der unter einem Winkel von 45° an dieselbe Stelle auf den Spiegel trifft. Konstruiere den weiteren Strahlenverlauf. Beschreibe den Lichtweg dieses Lichtstrahls.

3 Periskop ↗ S. 86/87, 91

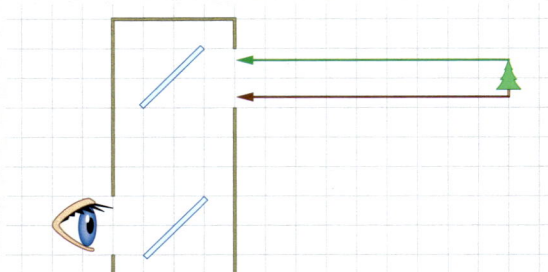

a ☑ Übertrage das Bild in dein Heft und vervollständige den Lichtweg bis zum Auge des Betrachters. Zeichne jeweils auch das Einfallslot ein.
b ☐ Beschreibe das Bild, das der Betrachter sieht.
c ☐ Gib an, wofür man ein Periskop nutzen kann.

In Worte fassen

4 Augenspiegel ↗ S. 86/87
Wenn ein Augenarzt die Netzhaut des Auges betrachten will, verwendet er dafür einen Augenspiegel. Dies ist ein halbdurchlässiger Spiegel, der es dem Arzt ermöglicht, Licht durch die Pupille ins Auge zu schicken, ohne sich selbst im Lichtweg zu befinden.
☑ Erkläre die Funktionsweise eines Augenspiegels mithilfe der Grafik.

Auge des Patienten   Auge des Arztes

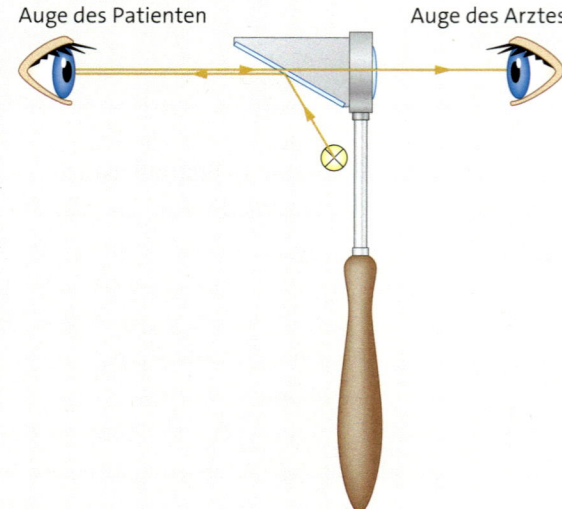

5 Parabolspiegel ↗ S. 90

Informiere dich in der Leseecke über Parabolspiegel.

☐ Sortiere die nachfolgenden Textpuzzleteile so, dass mit dem Text die Entstehung des parallelen Lichtbündels bei einem Parabolspiegel erklärt wird.

> Vom Punkt F wird Licht • parallel verlaufen. • Die Lichtstrahlen, • dass sie zueinander • in alle Richtungen ausgesendet. • die auf den Parabolspiegel treffen, • werden so reflektiert,

---

Nachdenken & Kombinieren

6 Wo ist der Spiegel? ↗ S. 86/87, 91

a ☐ Die gezeigten Lichtstrahlen werden an einem Spiegel reflektiert. Übertrage die Zeichnungen in dein Heft und zeichne die Lage des Spiegels ein.

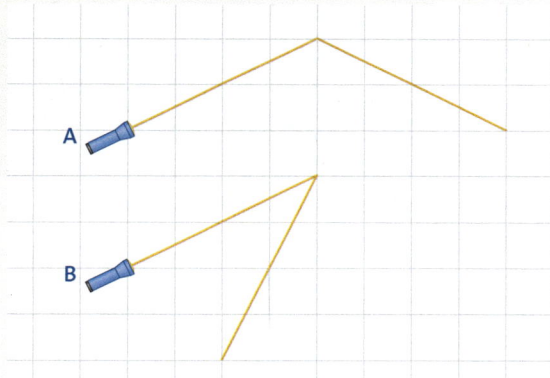

b ◪ In den Kästen befinden sich Spiegel. Übertrage die Zeichnung in dein Heft. Ergänze den Strahlenverlauf und zeichne die Lage der Spiegel ein.

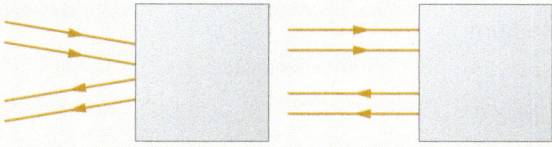

7 Spiegelbild ↗ S. 88/89, 91

☐ Übertrage das folgende Bild in dein Heft und konstruiere den Lichtweg der Punkte P_1 und P_2 in das Auge des Betrachters.

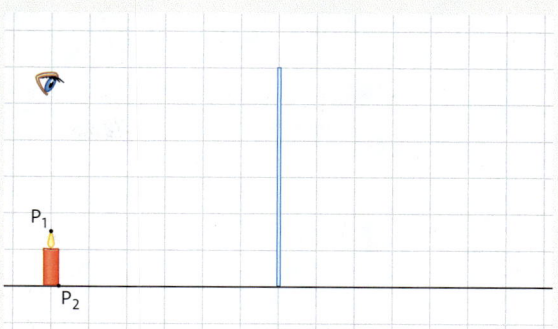

8 Spiegelaufhängung ↗ S. 88/89, 91

Marie ist 1,60 m groß und möchte einen Spiegel aufhängen, in dem sie sich von Kopf bis Fuß sehen kann.

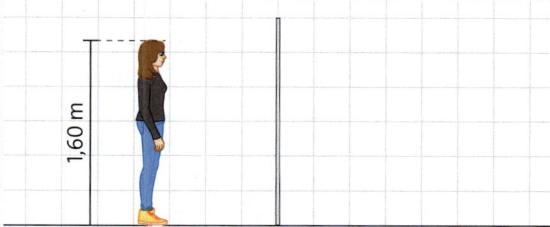

a ◪ Übertrage die Zeichnung maßstabsgetreu in dein Heft und ermittle zeichnerisch die für den Spiegel mindestens erforderliche Höhe.

b ■ Was geschieht, wenn Marie sich vom Spiegel weg bewegt? Begründe deine Aussage durch eine Ergänzung der Zeichnung aus Aufgabe **a**.

Recherchieren

9 Spiegel in der Technik

☐ Nenne mindestens fünf technische Geräte, bei denen ein Spiegel ein wichtiges Bauteil ist. Beschreibe den Einsatz des Geräts, wenn es sich um ein eher unbekanntes Gerät handelt.

Einfach lernen

10 Reflexion und Spiegelbilder ↗ S. 86–89

a Was sind die Grundbegriffe bei der Reflexion?

b Welche Eigenschaften hat das Spiegelbild?

Beim Speerfischen braucht man viel Erfahrung. Zielt der Speerfischer genau auf den Fisch, trifft er ihn nicht. Stattdessen muss er etwas darunter zielen. Warum sehen wir Objekte im Wasser nicht an der Stelle, wo sie tatsächlich sind?

4.5 Brechung von Licht

Versuch 1: Licht durchdringt Luft und Wasser

Wir befestigen einen Spiegel auf dem Boden eines großen, quaderförmigen Behälters und befüllen diesen mit Wasser, dem etwas Seifenlauge oder ein Farbstoff zugesetzt ist.

Wir richten ein dünnes Lichtbündel schräg auf die Wasseroberfläche, sodass es auf den Spiegel trifft.

Wir machen den Lichtweg in der Luft sichtbar, zum Beispiel durch Kreidestaub oder Wasser aus einer Sprühflasche.

Wir sehen:

Das Licht ändert an der Grenzfläche zwischen Luft und Wasser seine Richtung. Am Spiegel wird es reflektiert und verlässt das Wasser wieder, wobei es an der Wasseroberfläche abermals seine Richtung ändert. ↗ 1

Ergebnis:

Licht wird beim Übergang von einem optischen Medium in ein anderes an der Grenzfläche zwischen beiden abgelenkt. Man sagt: Es wird **gebrochen.** Den Vorgang nennt man **Brechung.**

Das Maß der Ablenkung des Lichts wird in Bezug zum Einfallslot gemessen. Das Einfallslot steht senkrecht auf der Grenzfläche zwischen den beiden Medien. Der Winkel im ersten Medium wird **Einfallswinkel ε** und der im zweiten Medium **Brechungswinkel β** genannt. ↗ 2

Die Brechung des Lichts an der Wasseroberfläche macht das Speerfischen so schwer: Das vom Fisch zurückgeworfene Sonnenlicht wird an der Wasseroberfläche gebrochen und breitet sich in eine andere Richtung aus. Das Gehirn ergänzt den Weg des Lichts jedoch geradlinig. Der Speerfischer sieht den Fisch deshalb an einer anderen Stelle und verfehlt ihn.

1 *Licht durchläuft zwei durchsichtige Körper.*

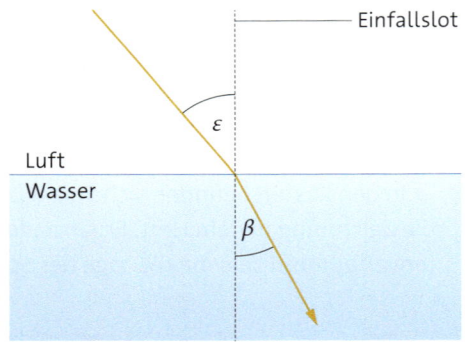

2 *Licht wird gebrochen.*

Versuch 2: Brechungswinkel und Medienübergang

Lege einen mit Wasser gefüllten Halbzylinder auf eine Winkelscheibe. Miss jeweils für einen Einfallswinkel von 40° den zugehörigen Brechungswinkel für die Übergänge *Luft → Wasser* und *Wasser → Luft*. ↗ 3

Wiederhole die Messung mit einem Halbzylinder aus Acrylglas für die Übergänge *Luft → Acrylglas* und *Acrylglas → Luft*.

Wir sehen:
Der Brechungswinkel ist bei gleichem Einfallswinkel von der Art des Übergangs abhängig. ↗ 4

Bei den Übergängen *Luft → Wasser* und *Luft → Acrylglas* ist der Brechungswinkel kleiner als der Einfallswinkel. Das Licht wird **zum Einfallslot hin** gebrochen.

Beim umgekehrten Übergang ist der Brechungswinkel größer als der Einfallswinkel. Das Licht wird **vom Einfallslot weg** gebrochen.

Beim Übergang *Luft → Wasser* ist der Brechungswinkel größer als beim Übergang *Luft → Acrylglas*.

Erklärung:
Licht breitet sich in verschiedenen optischen Medien unterschiedlich schnell aus.
Im Vakuum ist die Ausbreitungsgeschwindigkeit am größten, gefolgt von der in Luft, Wasser und Acrylglas. Ist die Lichtgeschwindigkeit in einem optischen Medium niedriger als in einem anderen, nennt man das Medium **optisch dichter** und das andere **optisch dünner**. ↗ 5

Trifft das Licht auf die Grenzfläche zu einem optisch dichteren Medium, wird es zum Einfallslot hin gebrochen. Beim umgekehrten Übergang wird das Licht vom Einfallslot weg gebrochen. Je größer der Unterschied zwischen den **optischen Dichten** der Medien ist, desto stärker ist die Ablenkung.

- Trifft Licht auf die Grenzfläche unterschiedlicher optischer Medien, so wird es dort gebrochen.

- Ursache für die Lichtbrechung ist die unterschiedliche Lichtgeschwindigkeit in verschiedenen optischen Medien. Ein optisches Medium ist optisch dichter als ein anderes, wenn dort die Lichtgeschwindigkeit niedriger ist.

- Beim Übergang von einem optisch dünneren in ein optisch dichteres Medium wird Licht zum Einfallslot hin gebrochen.

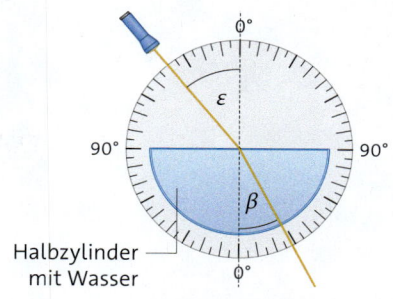

Halbzylinder mit Wasser

3 *Messung von Brechungswinkeln*

$\varepsilon = 40°$, Übergang	β in °
Luft → Wasser	28
Wasser → Luft	59
Luft → Acrylglas	25
Acrylglas → Luft	75

4 *Brechungswinkel und Medienübergang*

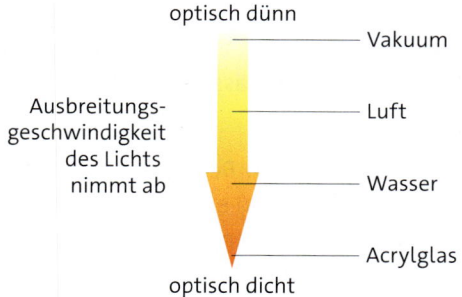

optisch dünn — Vakuum
Ausbreitungsgeschwindigkeit des Lichts nimmt ab — Luft
— Wasser
optisch dicht — Acrylglas

5 *Optische Dichte*

In Glasfaserlampen folgt das Licht den Kurven der gekrümmten Glasfaser. Wieso kann das Licht in den Bögen geführt werden, obwohl es sich geradlinig ausbreitet?

4.6 Totalreflexion

Versuch 1: Gebogener Acrylglaskörper

Deine Lehrkraft richtet das dünne Lichtbündel eines Lasers in eine Stirnseite eines dicken, S-förmig gebogenen Acrylglaskörpers. Betrachte den Lichtweg im Inneren des Acrylglaskörpers. *Achtung:* Nie direkt in einen Laser blicken! Das Licht kann die Augen schädigen.

Wir sehen:
Das Licht wird an den Seiten des Acrylglaskörpers mehrfach reflektiert und verlässt ihn an der anderen Stirnseite. ↗1

Ergebnis:
Unter bestimmten Bedingungen kann Licht nicht von einem optisch dichteren in ein optisch dünneres Medium übergehen. Es wird an der Grenzfläche des optisch dichteren Mediums vollständig reflektiert. Dieses Phänomen nennt man **Totalreflexion.**

1 *Laserlicht wird durch einen Acrylglaskörper geleitet.*

Versuch 2: Grenzwinkel der Totalreflexion

Richte ein dünnes Lichtbündel auf die Grenzfläche von Acrylglas zu Luft, also von einem optisch dichteren Medium in ein optisch dünneres. Vergrößere schrittweise den Einfallswinkel und beobachte die Intensität des gebrochenen und des reflektierten Lichts. ↗2

Wir sehen:
Die Intensität des gebrochenen Lichts nimmt mit größer werdendem Einfallswinkel ab. Gleichzeitig nimmt die Intensität des reflektierten Lichts zu.
Ab einem bestimmten Einfallswinkel wird das Licht nicht mehr gebrochen, sondern nur noch reflektiert.

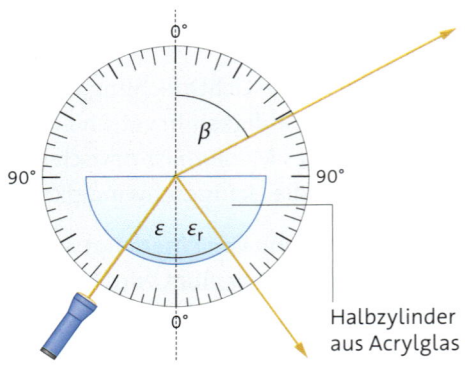

Halbzylinder aus Acrylglas

2 *Versuch zur Messung des Grenzwinkels der Totalreflexion*

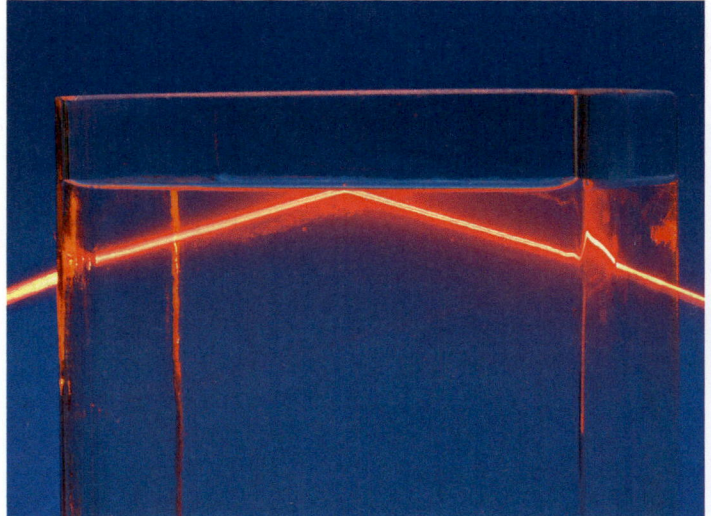

3 *Totalreflexion an einer Wasseroberfläche.*

4 *Wasser als Lichtleiter*

Ergebnis:
Beim Übergang von einem optisch dichteren Medium in ein optisch dünneres wird Licht nach Überschreiten eines bestimmten Grenzwinkels nur noch reflektiert. ↗ 3 Dieser Winkel hat einen besonderen Namen. Man nennt ihn **Grenzwinkel der Totalreflexion** ε_{grenz}.

Versuch 3: Verschiedene Grenzwinkel
Miss den Grenzwinkel der Totalreflexion für andere Medienpaare, zum Beispiel für den Übergang *Wasser → Luft*.

Wir sehen:
Der Grenzwinkel der Totalreflexion ist beim Übergang *Wasser → Luft* größer als beim Übergang *Acrylglas → Luft*.
Der Grenzwinkel ε_{grenz} hat für jedes Medienpaar einen bestimmten Wert. ↗ 5

Ergebnis:
Der Grenzwinkel der Totalreflexion ist abhängig von der optischen Dichte der beteiligten Medien.

Übergang	ε_{grenz} in °
Wasser → Luft	49
Acrylglas → Luft	42
Flintglas → Luft	39
Diamant → Luft	24

5 *Grenzwinkel der Totalreflexion für einige Medienpaare*

- Trifft Licht von einem optisch dichteren Medium auf die Grenzfläche zu einem optisch dünneren Medium, wird es nach Überschreiten eines bestimmten Grenzwinkels total reflektiert.

- Der Grenzwinkel der Totalreflexion hängt von den optischen Dichten der beteiligten Medien ab und hat für jedes Medienpaar einen bestimmten Wert.

Luftspiegelungen

1 *Luftspiegelung*

Die optische Dichte von Flüssigkeiten und Gasen wird sehr stark von der Temperatur bestimmt. In der Regel nimmt sie mit steigender Temperatur ab. Das hat zur Folge, dass sich das Licht in der Natur häufig nicht geradlinig ausbreitet. Dies führt zu besonderen optischen Phänomenen, beispielsweise zu Luftspiegelungen, auch Fata Morgana genannt. Sie treten über heißen Oberflächen auf. ↗ 1 Die Luft kann dann als eine Abfolge dickerer Luftschichten mit abnehmender optischer Dichte betrachtet werden. Das Licht wird bei jedem Übergang von einer Luftschicht zur nächsten vom Einfallslot weg gebrochen, bis es schließlich total reflektiert wird. Das Licht durchläuft dann die Schichten erneut in umgekehrter Abfolge und gelangt in das Auge des Betrachters. ↗ 2 Da dieser von einer geradlinigen Ausbreitung des Lichts ausgeht, erscheint ihm die Luftspiegelung auf dem Kopf stehend.

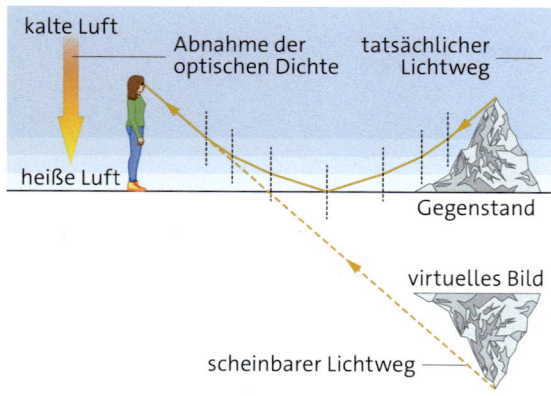

2 *Entstehung einer Luftspiegelung*

↗ **NEWTON AKTIV**   Seite 101   Aufgabe 5

Regensensor

Ein Regensensor ist ein Schalter, mit dem die Scheibenwischer eines Autos automatisch in Gang gesetzt werden, sobald es regnet und Regentropfen die Windschutzscheibe benetzen.

Der Regensensor funktioniert so: Der Lichtstrahl einer Lichtquelle wird auf die Windschutzscheibe gesendet. Solange es nicht regnet und die Windschutzscheibe trocken ist, wird der Lichtstrahl an der Grenzfläche zur Luft total reflektiert. ↗ 3
Die optische Dichte von Wasser ist größer als die von Luft, aber kleiner als die von Glas. Deswegen wird der Lichtstrahl bei nasser Windschutzscheibe nicht mehr vollständig reflektiert.
Die Intensität des reflektierten Anteils des Lichtstrahls nimmt ab. ↗ 4
Diese Abnahme wird durch einen Lichtsensor registriert, wodurch der Scheibenwischer in Gang gesetzt wird.

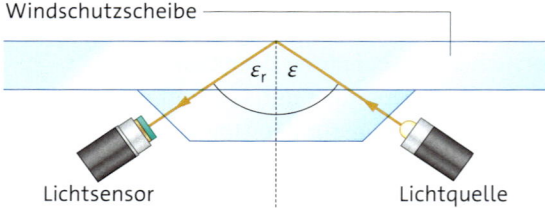

3 *Trockene Windschutzscheibe*

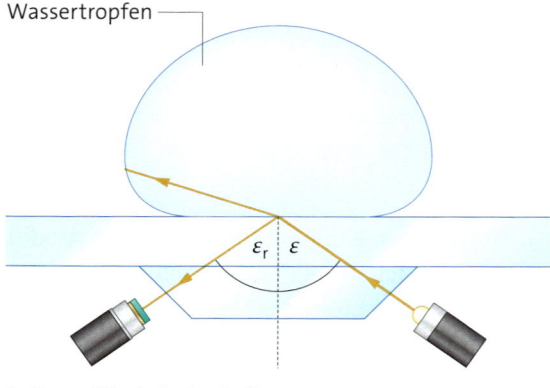

4 *Nasse Windschutzscheibe*

↗ **NEWTON AKTIV**   Seite 101   Aufgabe 6

Licht rein, Licht raus: Lichtleiter

Mithilfe von Glasfasern ist es möglich, Licht auch „um die Ecke" gezielt von einem Ort zum anderen zu leiten. Sie können dünner als ein Haar gefertigt werden und sind dadurch sehr biegsam. Glasfasern zur Lichtleitung bestehen aus einem Glaskern, der von einem Mantel aus optisch dünnerem Glas umhüllt ist. Außerdem besitzen sie eine schützende Beschichtung, die für die Lichtleitung ohne Bedeutung ist. ↗ 5

Tritt Licht über die Stirnseite in eine Glasfaser ein, wird es an der Grenzfläche zwischen den beiden Glassorten total reflektiert. Somit kann das Licht die Faser seitlich nicht verlassen und tritt erst wieder an der anderen Stirnseite aus.

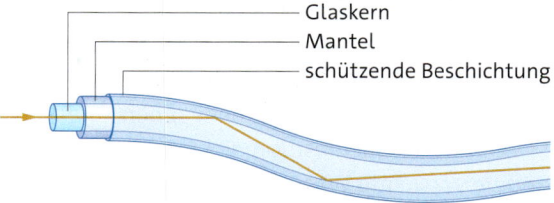

5 *Aufbau einer Glasfaser*

↗ **NEWTON AKTIV** Seite 101 Aufgabe 4

Anwendungen von Glasfasern

Glasfasern werden unter anderem als Leiter für Laserstrahlen eingesetzt. Laser sind besondere Lichtquellen, die ein sehr enges, paralleles Lichtbündel mit sehr großer Intensität aussenden, das selbst Stahl zum Schmelzen bringt. Laserstrahlen werden in der Industrie beispielsweise zum Laserstrahlschweißen eingesetzt, ↗ 6 aber auch in der Medizin etwa bei Augenoperationen. Für alle Anwendungen ist es erforderlich, den Laserstrahl an den gewünschten Ort zu leiten. Dies erfolgt mit Glasfaserkabeln und Spiegeln.

Glasfasern eignen sich auch zur Übertragung von Nachrichten. Daten werden dabei mit Lichtsignalen in Glasfaserkabeln über große Entfernungen transportiert. ↗ 7 Der Vorteil Gegenüber der Datenübertragung mit Kupferkabeln besteht darin, dass durch eine dünne Glasfaser sehr viel mehr Informationen gesendet werden können. Als Faustregel gilt, dass ein Glasfaserkabel mit einer Masse von einem Kilogramm so viele Informationen transportieren kann wie ein Kupferkabel mit einer Masse von einer Tonne.

Technisch ist es möglich, aus 10 000 Glasfasern ein Faserbündel mit 1 mm Durchmesser zu fertigen. Mit einem solchen Faserbündel können Bilder von Objekten an einen anderen Ort übertragen werden. ↗ 8

6 *Laserschweißen*

7 *Glasfaserkabel*

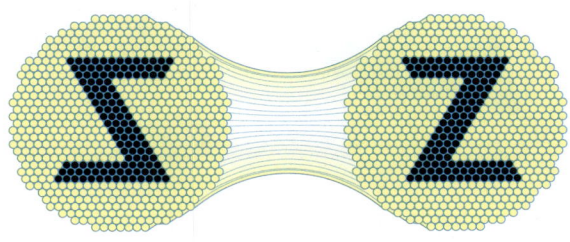

8 *Prinzip der Bildübertragung*

↗ **NEWTON AKTIV** Seite 101 Aufgabe 7, 8

Experimentieren

1 Münzhebung ↗ S. 94/95

Material: undurchsichtige Tasse, Wasser, Münze
Führt das Experiment zu zweit durch.

- Klebt die Münze auf den Boden der Tasse fest.
- Einer von euch schaut so in die Tasse, dass er die Münze gerade nicht mehr sehen kann. Er verändert seine Position nicht, während der andere vorsichtig Wasser in die Tasse füllt.

a ☐ Beschreibt die Beobachtung.
b ☑ Erkläre deine Beobachtung mithilfe der folgenden Bilder:

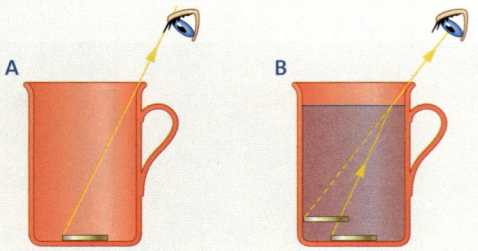

Nachdenken & Kombinieren

2 Speerfischen ↗ S. 94/95

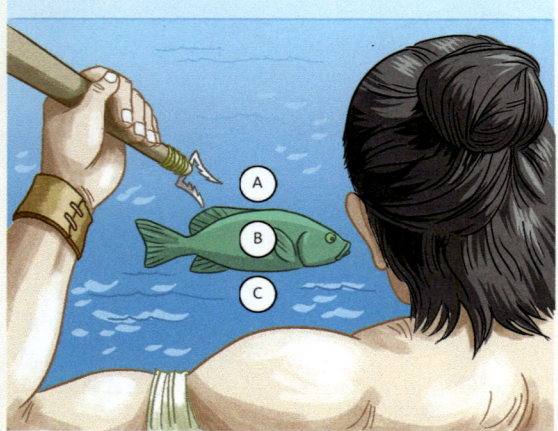

a ☑ Entscheide, wohin der Speerfischer zielen muss, um den Fisch im Wasser zu treffen.
b ■ Begründe deine Antwort auch mithilfe einer Zeichnung vom Strahlenverlauf.

3 „Geknickter" Trinkhalm ↗ S. 94/95

Betrachtet man einen Trinkhalm im Wasser aus einer bestimmten Richtung, scheint er einen Knick zu haben. Der im Wasser befindliche Teil scheint etwas angehoben und verkürzt zu sein. In der Grafik siehst du die scheinbare Position des Trinkhalms (A) und die tatsächliche (B).

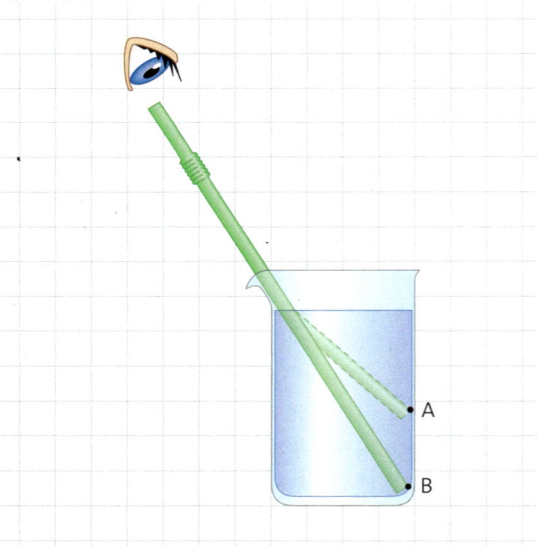

a ☑ Skizziere das untere Bild in dein Heft. Zeichne in das Bild den scheinbaren Verlauf des Lichtstrahls vom unteren Ende des Trinkhalmbilds (Punkt A) zum Auge ein.
b ■ Zeichne den tatsächlichen Lichtweg vom unteren Ende des Trinkhalms (Punkt B) zum Auge ein.
c ☐ Zeichne das Einfallslot ein und gib an, wie der Lichtstrahl bezüglich des Lots gebrochen wird.

4 Lichtleiter ↗ S. 96/97, 99

Informiere dich in der Leseecke über Lichtleiter. Das folgende Bild zeigt einen Lichtstrahl, der in einen Lichtleiter eintrifft.

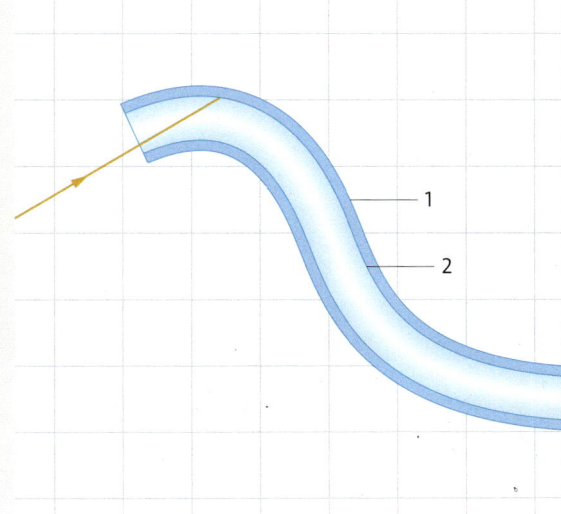

a ☐ Beschreibe den Unterschied zwischen Schicht 1 und Schicht 2.

b ◩ Übertrage das Bild in dein Heft und zeichne den weiteren Verlauf des Lichtstrahls. Zeichne in dein Bild auch alle erforderlichen Hilfslinien ein.

In Worte fassen

5 Luftspiegelung ↗ S. 98

Informiere dich in der Leseecke über Luftspiegelungen.

◩ Erkläre, wie die gezeigte Luftspiegelung entsteht.

6 Regensensor ↗ S. 98

■ Sortiere die nachfolgenden Textteile so, dass mit dem Text das Prinzip der Funktionsweise eines Regensensors beschrieben wird.

> Am Lichtsensor kommt • An der Grenzfläche Glas – Wasser • auf den Lichtsensor. • auf die Windschutzscheibe. • Der Einfallswinkel ist • Der Lichtstrahl trifft • der Totalreflexion. • Die gesamte Lichtmenge trifft • Die Scheibenwischer werden eingeschaltet. • Die Windschutzscheibe ist nass: • Die Windschutzscheibe ist trocken: • ein Teil reflektiert. • größer als der Grenzwinkel • Wasser ist optisch dichter als Luft • weniger Licht an. • wird ein Teil des Lichtstrahls gebrochen,

Recherchieren

7 Glasfaserkabel ↗ S. 99

☐ Informiere dich über Einsatzbereiche von Glasfaserkabeln in ihrer Funktion als Lichtleiter und nenne mindestens drei Bereiche.

8 Endoskop ↗ S. 99

Informiere dich über Endoskope.

a ☐ Nenne mindestens drei Einsatzbereiche für Endoskope in der Medizin.

b ◩ Erstelle eine beschrifteten Zeichnung, die den prinzipiellen Aufbau eines Endoskops wiedergibt.

Einfach lernen

9 Brechung und Totalreflexion ↗ S. 95–97

a Was versteht man unter Lichtbrechung?

b Wie wird der Einfallswinkel gemessen?

c Wovon hängt der Brechungswinkel bei der Lichtbrechung ab?

d Was sind die beiden Bedingungen dafür, dass es zur Totalreflexion von Licht kommt?

Natur des Lichts

Licht und Sehen

Licht breitet sich in Luft mit einer Geschwindigkeit von etwa $300\,000\,\frac{km}{s}$ **geradlinig** aus.
Trifft Licht einer Lichtquelle auf einen undurchsichtigen Körper, entsteht hinter dem Körper ein **Schattenraum.**

Lichtquellen erzeugen Licht und senden es aus. Unsere Augen sind **Lichtempfänger.** Wir sehen beleuchtete Gegenstände, wenn sie das Licht einer Lichtquelle in unser Auge streuen.

Licht trifft auf verschiedene Oberflächen

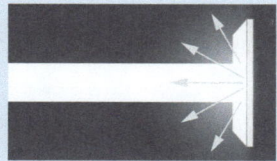

weiße Oberfläche
→ **Streuung**

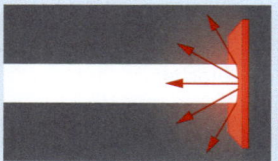

farbige Oberfläche
→ **Streuung** der entsprechenden Farbe

schwarze Oberfläche
→ **Absorption**

glatte Oberfläche
→ Reflexion (Streuung in genau eine Richtung)

Reflexionsgesetz

Einfallender und reflektierter Lichtstrahl liegen in einer gemeinsamen Ebene.
Reflexions- und Einfallswinkel sind maßgleich.

Spiegelbild

Das Spiegelbild liegt hinter dem Spiegel und ist virtuell. Spiegelbild und Gegenstand sind gleich weit vom Spiegel entfernt und gleich groß.

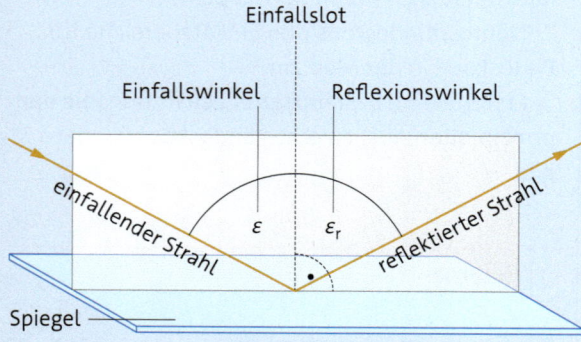

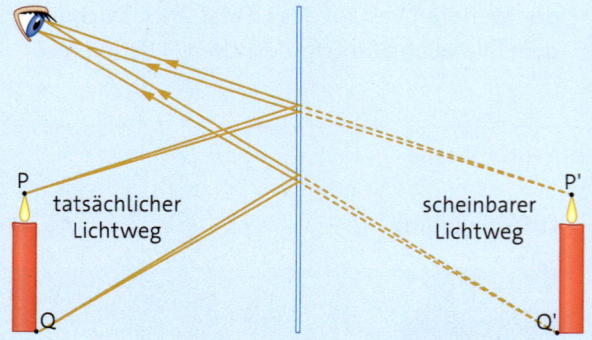

Brechung und Totalreflexion

Trifft Licht auf die Grenzfläche zu einem anderen optischen Medium, wird es gebrochen und reflektiert. Unter bestimmten Bedingungen kann es auch total reflektiert werden.

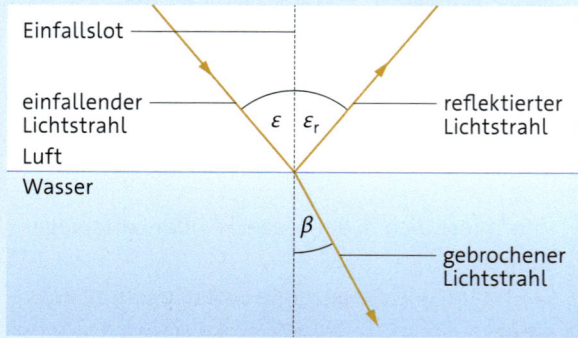

1 Lichtausbreitung

Licht breitet sich von einem Lichtsender zu einem Lichtempfänger aus.

a ☐ Nenne zwei Eigenschaften der Lichtausbreitung.

b ☑ Beschreibe einen Versuch, der zur Modellvorstellung des Lichtstrahls führt.

c ■ Erkläre mithilfe einer Skizze, wie es möglich ist, nicht selbstleuchtende Körper zu sehen.

2 Schatten

Schatten entstehen, wenn Licht an seiner Ausbreitung gehindert wird.

a ☐ Erstelle eine beschriftete Skizze, mit der die Entstehung eines Schattenbilds deutlich wird.

b ☑ Korrigiere die Aussage: „Die Größe des Schattenbilds hängt allein von der Größe des Gegenstands ab."

c ☑ Beschreibe das Schattenbild eines Gegenstands, wenn dieser von zwei eng beieinander stehenden punktförmigen Lichtquellen beleuchtet wird.

d ■ Erkläre mithilfe einer geeigneten Zeichnung die Entstehung einer totalen Sonnenfinsternis.

3 Licht auf Oberflächen

Die Ausbreitung von Licht wird beim Auftreffen auf Oberflächen verändert.

a ☐ Beschreibe für die Bilder A, B und C das Verhalten des Lichts mit den jeweiligen Fachbegriffen.

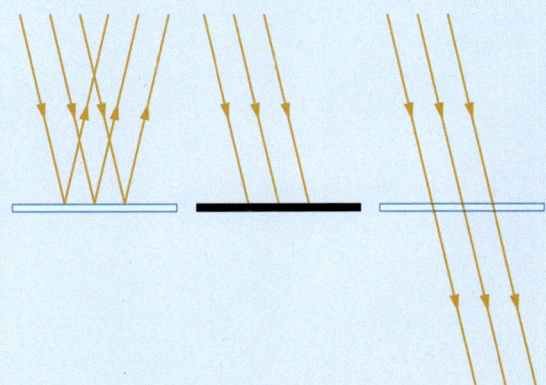

b ☑ Begründe, warum es günstig ist, wenn dunkle Kleidung mit Reflektoren ausgestattet ist.

4 Reflexion

Reflexion ist ein Sonderfall der Streuung von Licht.

a ☐ Beschreibe die Unterschiede zwischen Reflexion und Streuung von Licht.

b ☑ Formuliere das Reflexionsgesetz und erkläre die Begriffe Einfallswinkel, Einfallslot und Reflexionswinkel.

5 Spiegelbild

Spiegelbilder entstehen durch Reflexion.

a ☐ Nenne alle Eigenschaften eines Spiegelbilds.

b ■ Zeichne eine Spielfigur, die vor einem Spiegel steht. Konstruiere das Spiegelbild mithilfe des Lichtwegs.

6 Licht trifft auf durchsichtige Körper

Licht trifft auf eine Wasseroberfläche.

a ☑ Gib an, was mit einem Lichtstrahl beim Auftreffen auf eine Wasseroberfläche geschehen kann.

b ☑ Beschreibe die Bedingungen, unter denen es zur Totalreflexion kommt.

c ■ Erkläre, wieso Gegenstände unter Wasser an einer anderen Position zu sein scheinen, als sie tatsächlich sind.

5

Linsen und Lichtbilder

Beim Blick durch das kugelförmige Aquarium erscheinen die Nachbarhäuser verzerrt und auf dem Kopf stehend.

In diesem Kapitel lernst du

- optische Linsen kennen und wie sie den Weg des Lichts verändern.

- wie mit optischen Linsen Lichtbilder erzeugt werden.

- welche Aufgaben optische Linsen in Fotoapparaten, Fernrohren und unserem Auge übernehmen.

Eine Lupe kann als Brennglas genutzt werden. An einem sonnigen Tag kann man mit ihr ein trockenes Blatt zum Brennen bringen.
Was macht eine Lupe mit dem Licht der Sonne?

5.1 Optische Linsen

Eine Lupe ist eine optische Linse. Dies sind durchsichtige Körper, die von mindestens einer Kugeloberfläche begrenzt sind. Es gibt zwei Linsentypen: Lupen zählen zu den **Konvexlinsen**. Diese sind in der Mitte dicker als am Rand. **Konkavlinsen** sind in der Mitte dünner. In unseren Versuchen verwenden wir Linsen mit Querschnittsflächen wie in Bild 1. Um unsere Beobachtungen leichter beschreiben zu können, verwenden wir folgende Fachbegriffe: Die durch den Linsenmittelpunkt verlaufende Linie nennt man **optische Achse**. Senkrecht zur optischen Achse verläuft die **Mittelebene der Linse**. ↗ 2 In unseren Versuchsskizzen zeichnen wir die Linsen vereinfacht. ↗ 3

Versuch 1: Konvexlinse
Richte das parallele Lichtbündel einer Experimentierleuchte streifend entlang einer Fläche und parallel zur optischen Achse durch eine Konvexlinse. Richte das Lichtbündel anschließend auch von der anderen Seite durch die Linse.

Wir sehen:
Das Lichtbündel wird an den gekrümmten Flächen gebrochen. Nach der Linse wird es immer enger und in einem Punkt auf der optischen Achse gesammelt. ↗ 4

Ergebnis:
Konvexlinsen sammeln Licht, das parallel zur optischen Achse verläuft, in einem Punkt, den man **Brennpunkt *F*** der Linse nennt. ↗ 5 Konvexlinsen werden daher auch **Sammellinsen** genannt. Der Lichtweg ist umkehrbar. Das zusammenlaufende Lichtbündel nennt man **konvergentes Lichtbündel**. Zur Vereinfachung zeichnen wir im Strahlenmodell eine Brechung an der Mittelebene der Linse. ↗ 5

Konvexlinsen   Konkavlinsen

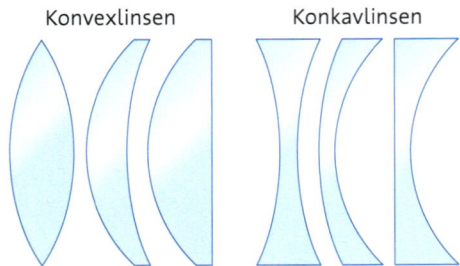

1 *Linsenkörper für unsere Experimente*

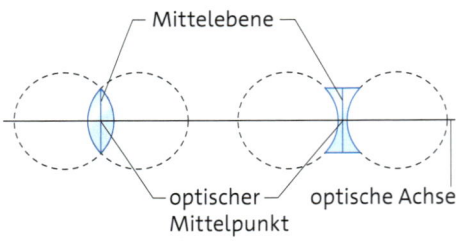

2 *Wichtige Begriffe*

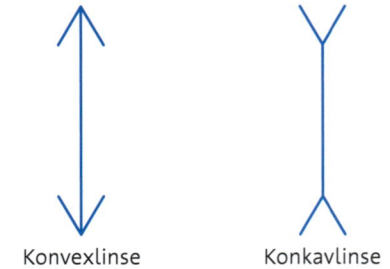

Konvexlinse   Konkavlinse

3 *Linsen – vereinfacht gezeichnet (Der senkrechte Strich symbolisiert jeweils die Mittelebene der Linse.)*

Versuch 2: Brennweite

Richte ein paralleles Lichtbündel parallel zur optischen Achse auf unterschiedlich stark gewölbte Konvexlinsen.

Wir sehen:

Je stärker die Linse gewölbt ist, desto näher befinden sich die Brennpunkte an der Linse.

Ergebnis:

Der Abstand zwischen dem Mittelpunkt einer Konvexlinse und dem Brennpunkt wird **Brennweite f** genannt. Sie ist eine charakteristische Größe für eine bestimmte Linse. ↗ 5

Versuch 3: Konkavlinse

Richte ein paralleles Lichtbündel parallel zur optischen Achse nacheinander von beiden Seiten auf eine Konkavlinse und betrachte den Lichtweg.

Wir sehen:

Das Lichtbündel wird nach der Linse immer weiter. Es scheint, als ob das Licht von einem Punkt auf der optischen Achse vor der Linse ausgesendet würde. ↗ 6

Ergebnis:

Konkavlinsen zerstreuen paralleles Licht, das dann von einem Punkt vor der Linse auszugehen scheint. Für achsenparalleles Licht ist dies der Brennpunkt der Konkavlinse. Da er nicht auf einem Projektionsschirm auffangbar ist, handelt es sich um einen **virtuellen Brennpunkt F'.** ↗ 7

Das auseinanderlaufende Lichtbündel nennt man **divergentes Lichtbündel.** Konkavlinsen nennt man auch **Zerstreuungslinsen.** Man ordnet ihnen eine negative Brennweite zu. Beispiel: $f = -50$ mm

- Konvexlinsen (Lupen) sammeln achsenparallele Lichtbündel in einem Punkt, dem Brennpunkt *F*. Man nennt sie Sammellinsen.

- Konkavlinsen zerstreuen achsenparallele Lichtbündel, so als ob sie von einem virtuellen Brennpunkt *F'* vor der Linse ausgesendet würden. Man nennt sie Zerstreuungslinsen.

- Jede Linse besitzt zwei Brennpunkte, die jeweils gleich weit von der Mittelebene entfernt sind.

- Den Abstand zwischen der Mittelebene einer Linse und dem Brennpunkt nennt man Brennweite *f*.
  Die Brennweite ist eine für eine Linse charakteristische Größe. Konvexlinsen ordnet man positive Brennweiten zu und Konkavlinsen negative Brennweiten.

4 *Ein achsenparalleles Lichtbündel durchläuft eine Konvexlinse.*

5 *Brennpunkt und Brennweite einer Konvexlinse*

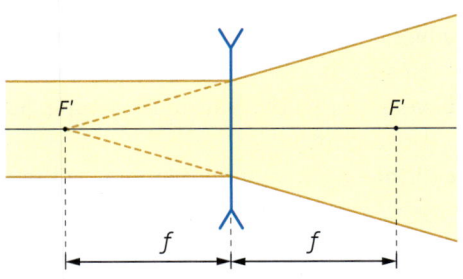

6 *Ein achsenparalleles Lichtbündel durchläuft eine Konkavlinse.*

7 *Brennpunkt und Brennweite einer Konkavlinse*

↗ **NEWTON AKTIV** Seite 110/111 Aufgabe 1, 2, 4, 6, 8, 9 a–c

*Vor Entwicklung der elektrischen Be-
leuchtung mussten viele Handwerker
in relativ dunklen Räumen arbeiten.
Um die Beleuchtung zu verbessern,
kamen mit Wasser gefüllte Glas-
kugeln, sogenannte Schusterkugeln,
zum Einsatz.
Warum sorgte eine Schusterkugel für
eine bessere Beleuchtung?*

5.2 Lichtpunkt wird Lichtpunkt

Versuch 1: Brennebene

Richte ein paralleles Lichtbündel unter verschiedenen Winkeln
schräg zur optischen Achse auf eine dünne Sammellinse. Lass
das Lichtbündel dabei an einer Fläche entlangstreifen.

Wir sehen:

Das Lichtbündel wird jeweils in einem Punkt gesammelt.

Ergebnis:

Ein paralleles Lichtbündel wird nach Durchlaufen einer Sam-
mellinse in Punkten einer Ebene gesammelt, die durch den
Brennpunkt und parallel zur Mittelebene der Linse verläuft.
Diese Ebene nennt man **Brennebene.** ↗ 1

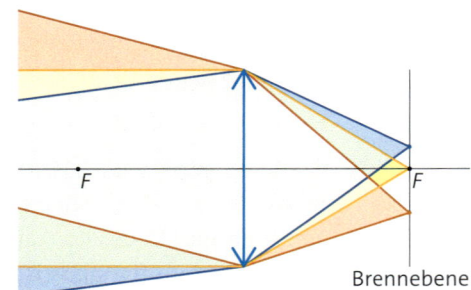

1 *Brennebene einer Sammellinse (Ab den
Sammelpunkten laufen die Lichtbündel wieder
auseinander. Zur Übersichtlichkeit wurde dies
in Bild 1 und 2 nicht eingezeichnet.)*

Versuch 2: Bildpunkt einer Lichtquelle

Richte ein divergentes Lichtbündel auf eine Sammellinse und
betrachte den Weg des Lichts, das die Linse durchdringt.
- **a** Verändere mehrmals den Abstand zwischen Lichtquelle und
  Linse.
- **b** Verändere mehrmals die Richtung, aus der das Licht auf die
  Linse trifft.
- **c** Bringe nacheinander Blenden mit immer kleineren Öffnun-
  gen im gleichen Abstand zwischen Lichtquelle und Linse.

Wir sehen:
- **a** Ist der Abstand von Lichtquelle und Linse größer als die
  Brennweite der Linse, dann verläuft das Lichtbündel nach
  der Linse konvergent und wird in einem Punkt gesammelt.
- **b** Der Sammelpunkt liegt für jede gewählte Richtung außerhalb der Brennebene der Linse. ↗ 2
- **c** Je kleiner die Blendenöffnung ist, desto lichtschwächer wird
  der Sammelpunkt.

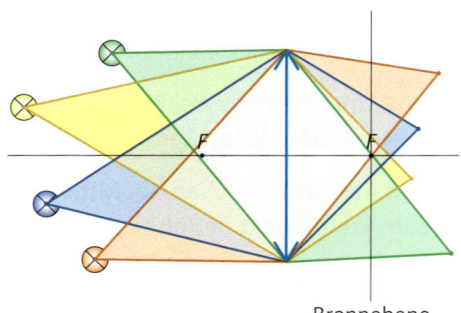

2 *Lichtpunkt wird Lichtpunkt.*

Ergebnis:

Das Licht einer punktförmigen Lichtquelle wird nach Durchlaufen einer Sammellinse in einem Punkt gesammelt, wenn die Entfernung der Lichtquelle zur Sammellinse größer als die Brennweite der Linse ist. Der Sammelpunkt befindet sich nicht in der Brennebene der Linse.

Dieses Prinzip nutzt man bei einer Schusterkugel. Mit ihr wird das Licht einer punktförmigen Lichtquelle, zum Beispiel einer Kerze, auf einen Bereich gebündelt, der beleuchtet werden soll.

Versuch 3: Hauptstrahlen

Richte nacheinander dünne Lichtbündel mit folgendem Verlauf auf eine Sammellinse:

a Das Lichtbündel verläuft parallel zur optischen Achse (**Parallelstrahl**).

b Das Lichtbündel verläuft durch den optischen Mittelpunkt (**Mittelpunktstrahl**).

c Das Lichtbündel verläuft durch den vorderen Brennpunkt der Linse (**Brennpunktstrahl**).

Wir sehen:

Das Lichtbündel verläuft hinter der Linse

a durch den zweiten Brennpunkt.

b in die gleiche Richtung weiter.

c parallel zur optischen Achse.

Alle drei Lichtbündel schneiden sich in einem Punkt.

Ergebnis:

Nach dem Durchlaufen einer Sammenlinse

a wird der Parallelstrahl zum Brennpunktstrahl.

b bleibt der Mittelpunktstrahl unverändert.

c wird der Brennpunktstrahl zum Parallelstrahl.

Diese Lichtstrahlen nennen wir künftig **Hauptstrahlen.** ↗ 3

Mithilfe der Hauptstrahlen kann der Lichtweg des Lichtbündels einer punktförmigen Lichtquelle durch eine Sammellinse zeichnerisch ermittelt werden. ↗ 4

↗ **METHODE** Konstruktion von Linsenbildern, Seite 117

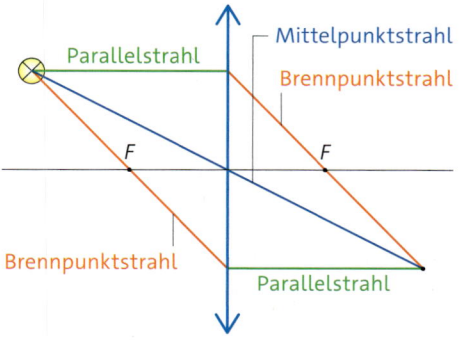

3 *Hauptstrahlen*

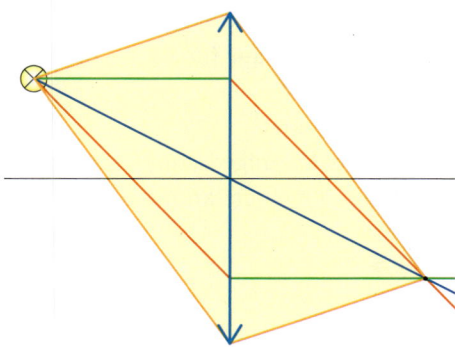

4 *Lichtwegkonstruktion*

- **Parallele Lichtbündel werden bei einer Sammellinse in Punkten gesammelt, die in der Brennebene der Linse liegen.**

- **Divergente Lichtbündel, die außerhalb der Brennweite einer Sammellinse starten, werden in Punkten jenseits der Brennebene gesammelt.**

- **Mit den drei Hauptstrahlen kann die Lage der Sammelpunkte zeichnerisch ermittelt werden.**

Experimentieren

1 Brennweite und Linsenwölbung ↗ S. 106/107

a ☑ Beschreibe kurz anhand einer beschrifteten Skizze einen Versuch zum Zusammenhang zwischen der Brennweite einer Zerstreuungslinse und der Linsenwölbung.

b ☑ Führe den Versuch durch und protokolliere deine Messungen.

c ■ Formuliere das Ergebnis deiner Untersuchungen.

Lösungen finden

2 Linsentypen ↗ S. 106/107

Ein achsenparalleles Lichtbündel trifft auf eine Linse mit der Brennweite f = 4,0 cm.

a ☐ Benenne den Linsentyp.

b ☑ Fertige eine Zeichnung an, die den Verlauf des Lichtbündels vor und hinter der Linse zeigt.

c ☐ Zeichne den zweiten Brennpunkt der Linse ein.

d ☑ Das Lichtbündel trifft nun auf eine Linse mit einer Brennweite f = −3,0 cm. Wiederhole die Aufgabenteile **a–c** für diese Linse.

3 Im Brennpunkt ↗ S. 108/109

Eine punktförmige Lichtquelle befindet sich im Brennpunkt einer Sammellinse.

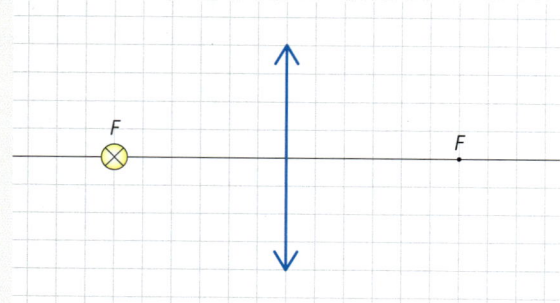

a ☐ Übertrage das Bild in dein Heft und konstruiere den Lichtweg durch die Linse mithilfe der Hauptstrahlen.

b ☐ Formuliere das Ergebnis deiner Konstruktion aus Aufgabenteil **a** in einem Satz.

4 Blackbox ↗ S. 106/107

Im angedeuteten Kasten wird ein von links einfallendes paralleles Lichtbündel wie skizziert abgelenkt.

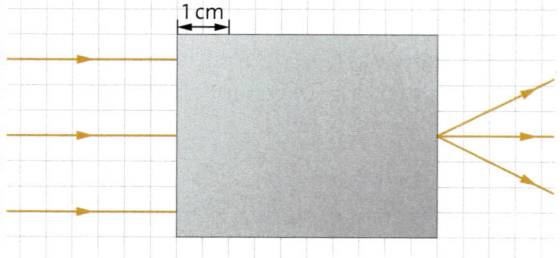

a ☐ Gib an, um welche Linsenart es sich handelt.

b ☑ Übertrage die Zeichnung maßstabsgetreu in dein Heft, ergänze den Strahlengang und zeichne die Linse in der Kurzform ein.

c ☐ Gib die Brennweite der Linse an.

5 Lichtweg mit Hauptstrahlen ↗ S. 108/109

Die im nachfolgenden Bild dargestellte punktförmige Lichtquelle sendet Licht in alle Richtungen aus.

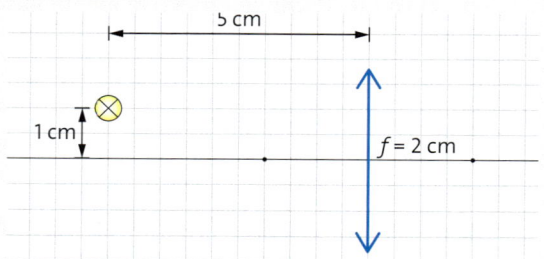

a ☑ Übertrage das Bild maßstabsgerecht in dein Heft und konstruiere mithilfe der Hauptstrahlen den Weg des ganzen Lichtbündels, das durch die Linse tritt. Markiere das Lichtbündel farbig.

b ☑ In einem Abstand von 1,0 cm vor der Linse wird eine Blende mit einer Öffnung von 1,0 cm symmetrisch zur optischen Achse gestellt. Zeichne die Blende in das Bild von Aufgabenteil **a** ein und zeichne mit einer anderen Farbe das zugehörige Lichtbündel, das dann durch die Linse tritt.

In Worte fassen

6 Zeitungsbericht ↗ S. 106/107

In einer Tageszeitung war von folgendem Vorfall zu lesen:

> ### Kurioser Versicherungsfall:
> ### Sofa mit Sonnenstrahlen in Brand gesetzt
>
> Herr Ehrbar berichtete seiner Hausratsversicherung folgenden Fall:
> Am 19. August stellte ich gegen 18 Uhr in meinem Wohnzimmer Brandgeruch fest, der von meinem Sofa herrührte. Bei genauerer Untersuchung stellte ich fest, dass in die Rückwand des Sofas ein etwa 30 cm großes Loch gebrannt war. Dies muss durch eine der drei Wasserflaschen, die in der Nähe standen, und durch das Sonnenlicht verursacht worden sein.

☐ Sortiere die nachfogenden Textteile so, dass mit dem Text die Entstehung der Brandflecken im Sofa erklärt wird.

> als paralleles Lichtbündel • auf die mit Wasser gefüllte Flasche. • Das Sonnenlicht trifft • dass der von ihr erzeugte Brennpunkt • Deswegen wird das Lichtbündel • Die Wasserflasche • durch die Wasserflasche • Eine der drei Flaschen • genau auf dem Sofa gelegen hat. • im Brennpunkt gesammelt. • war so weit vom Sofa entfernt, • wirkt wie eine Sammellinse.

7 Schusterkugel ↗ S. 108/109

Eine Schusterkugel ist eine mit Wasser gefüllte Glaskugel. Sie sorgte vor der Einführung elektrischer Lichtquellen für eine bessere Beleuchtung durch Kerzen oder Öllampen.

a ☑ Beschreibe, warum eine Kerze oder eine Öllampe einen Arbeitsplatz nicht ausreichend beleuchtet.

b ■ Erkläre die Funktionsweise einer Schusterkugel. Gehe dabei auch darauf ein, wo ungefähr die Lichtquelle stehen muss.

Nachdenken & Kombinieren

8 Linsenformen ↗ S. 106/107

Folgendes Bild zeigt mehrere Linsenkörper:

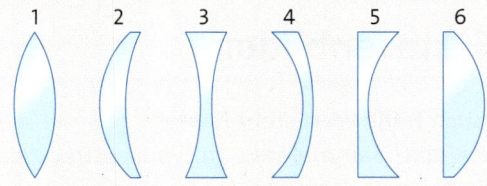

a ☐ Gib an, bei welchen Linsenkörpern es sich um eine Sammellinse und bei welchen es sich um eine Zerstreuungslinse handelt. Begründe jeweils deine Angabe.

b ☐ Weise jedem Linsenkörper einen der folgenden Begriffe zu:
bikonvex, bikonkav, konkavkonvex, konvexkonkav, plankonkav, plankonvex.

Einfach lernen

9 Optische Linsen ↗ S. 106–109

a Was versteht man unter folgenden Begriffen bei einer Linse?
- Mittelebene
- Brennpunkt
- Brennweite

b Worin unterscheidet sich die Form von Sammel- und Zerstreuungslinsen?

c Wie verändern Sammel- und Zerstreuungslinsen auftreffende parallele Lichtbündel?

d Wie verändern Sammellinsen auftreffende divergente Lichtbündel?

e Was sind die Hauptstrahlen?

f Wie verändern sich die Hauptstrahlen beim Durchlaufen einer Sammellinse?

Egal ob Digitalkamera oder die Kamera deines Handys, alle Fotokameras verwenden Linsen. Wie entstehen Linsenbilder?

5.3 Linsenbilder

Versuch 1: Die Welt steht Kopf

Halte eine Sammellinse mit ausgestrecktem Arm vor verschieden weit entfernte Gegenstände (z. B. Baum, Mäppchen, Kerze). Bringe eine durchscheinende Mattscheibe zwischen Auge und Linse und bewege sie von der Linse in Richtung Auge.

Wir sehen:

Jeweils in einer ganz bestimmten Position erscheinen scharfe Bilder der Gegenstände auf der Mattscheibe. Die Bilder sind je nach Entfernung des Gegenstands unterschiedlich groß, sie sind seitenverkehrt und auf dem Kopf stehend.

Ergebnis:

Mit einer Sammellinse können auf einer Projektionsfläche scharfe Bilder erzeugt werden. Die Bilder erscheinen jeweils in genau einem bestimmten Abstand zur Linse scharf. Den Abstand zwischen der Linse und dem scharfen Bild bezeichnet man als **Bildweite b.** Die Bildweite hängt von der **Gegenstandsweite g** ab, also dem Abstand des Gegenstands zur Linse. Die **Bildgröße B** hängt zum einen von der Gegenstandsweite und zum anderen von der **Gegenstandsgröße G** ab. ↗1

Wir können uns einen Gegenstand aus unendlich vielen Punkten zusammengesetzt denken, die jeweils Licht in alle Raumrichtungen aussenden. Für die weiteren Versuche verwenden wir daher einen Modellgegenstand, der aus mehreren punktförmigen Lichtquellen besteht. ↗2

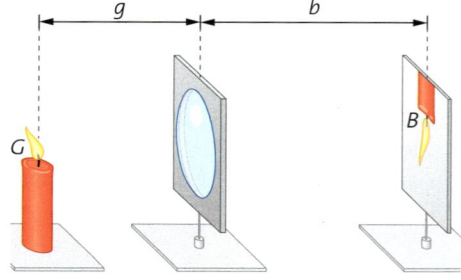

1 *Bilderzeugung mit einer Linse*

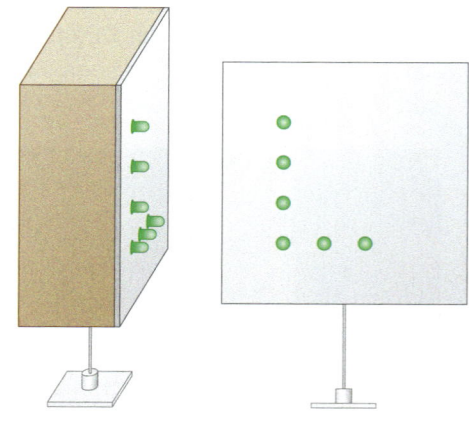

2 *Modellgegenstand mit Leuchtdioden*

Versuch 2: Linsenbilder eines Modellgegenstands

Wir stellen den Modellgegenstand 25 cm vor eine Sammellinse mit einer Brennweite von 15 cm. Unmittelbar hinter die Linse stellen wir eine Projektionsfläche. Wir vergrößern den Abstand zwischen Linse und Projektionsfläche und betrachten das dort aufgefangene Licht.

Wir sehen:

Das Bild des Gegenstands erscheint bei einer Bildweite von 38 cm scharf. In allen anderen Positionen der Projektionsfläche erscheinen Lichtkreisscheiben, die sich mehr oder weniger überlappen. ↗ 3

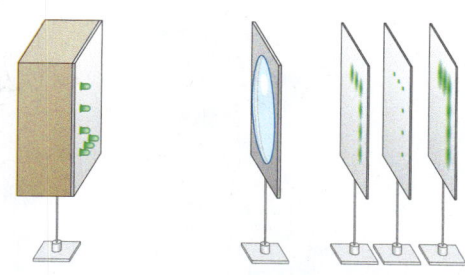

3 Linsenbilder des Modellgegenstands

Erklärung der Bildorientierung:

Um zu verstehen, warum das Bild auf dem Kopf steht, betrachte jeweils den Mittelpunktstrahl der von den einzelnen Gegenstandspunkten ausgeht. ↗ 4 Es wird deutlich, dass der oberste Gegenstandspunkt zum untersten Bildpunkt wird.

Das Gleiche gilt für links und rechts. Ein auf der rechten Seite liegender Gegenstandspunkt wird zu einem Bildpunkt auf der linken Seite. Das Bild steht deshalb auf dem Kopf und erscheint seitenvertauscht.

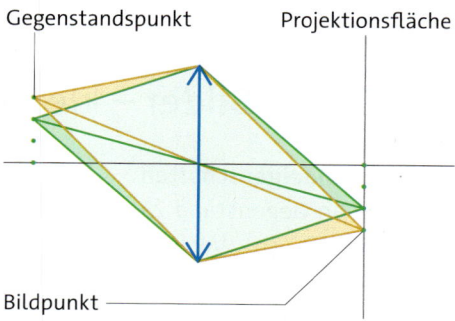

4 Bildorientierung

Erklärung der Bildschärfe:

Von jedem Gegenstandspunkt treffen divergente Lichtbündel auf die Linse. Die Lichtbündel verlaufen nach der Linse konvergent und bilden auf der Projektionsfläche Kreisflächen. Der Durchmesser dieser Kreisflächen ist je nach Abstand der Projektionsfläche zur Linse unterschiedlich groß. ↗ 5

In Bild 5 sind drei mögliche Positionen der Projektionsfläche eingezeichnet. Bei Position 2 ist der Durchmesser der Kreisflächen am kleinsten und das Bild erscheint scharf.

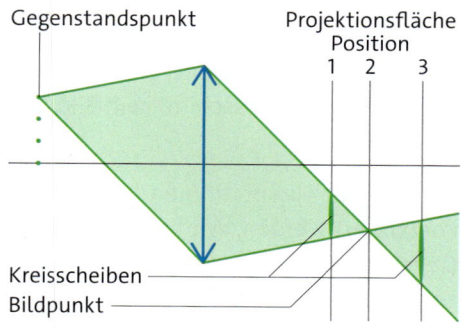

5 Bildschärfe

Ergebnis:

Bei der Abbildung eines Gegenstands durch eine Sammellinse entsteht sein Bild durch Überlagerung aller Bildpunkte. Das Bild erscheint dann scharf, wenn sich die Bildpunkte möglichst wenig überlagern. Das Bild erscheint auf dem Kopf und seitenvertauscht.

- Mit Sammellinsen können auf einer Projektionsfläche scharfe Bilder erzeugt werden.

- Scharfe Bilder kann man sich aus sehr vielen kleinen Bildpunkten zusammengesetzt denken, die so klein sind, dass sie sich nicht gegenseitig überlagern.

Mit einer Lupe können wir alles vergrößert betrachten.
Wann sind Linsenbilder groß und wann klein?

5.4 Große Bilder – kleine Bilder

Versuch: Bildeigenschaften

Stelle einen Gegenstand 25 cm vor eine Sammellinse mit der Brennweite 10 cm. Verringere in 5-cm-Schritten die Gegenstandsweite und suche mit einem Projektionsschirm jeweils das Bild. ↗ 1

Wir sehen:

Je kleiner die Gegenstandsweite g ist, desto größer sind die Bildweite b und die Größe des Bilds B.

Ist die Gegenstandsweite gleich oder kleiner als 10 cm, kann auf dem Projektionsschirm kein Bild aufgefangen werden.

Erklärung:

Mithilfe der Hauptstrahlen kann das Bild eines Gegenstands konstruiert werden. Wir konstruieren die drei Fälle, für die die Gegenstandsweite größer, gleich und kleiner als die Brennweite der Linse ist. ↗ 2, 3, 4

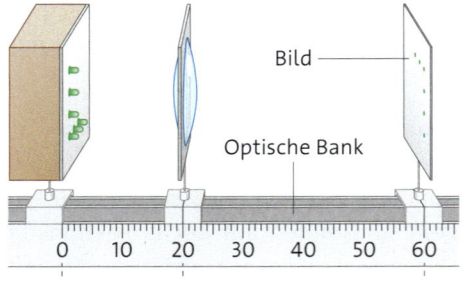

1 *Untersuchung von Bildeigenschaften*

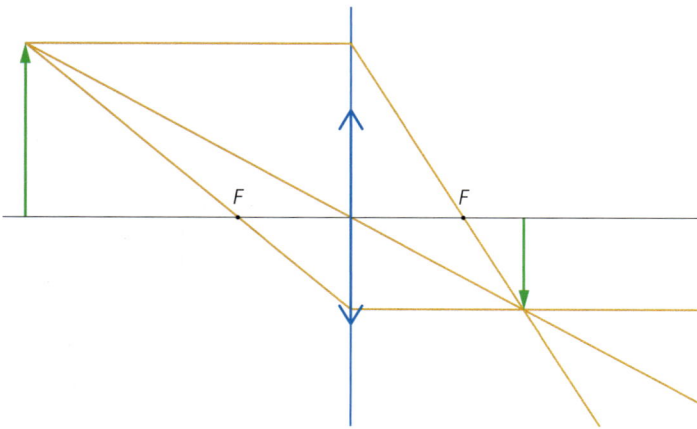

2 *Gegenstandsweite ist größer als die Brennweite.*

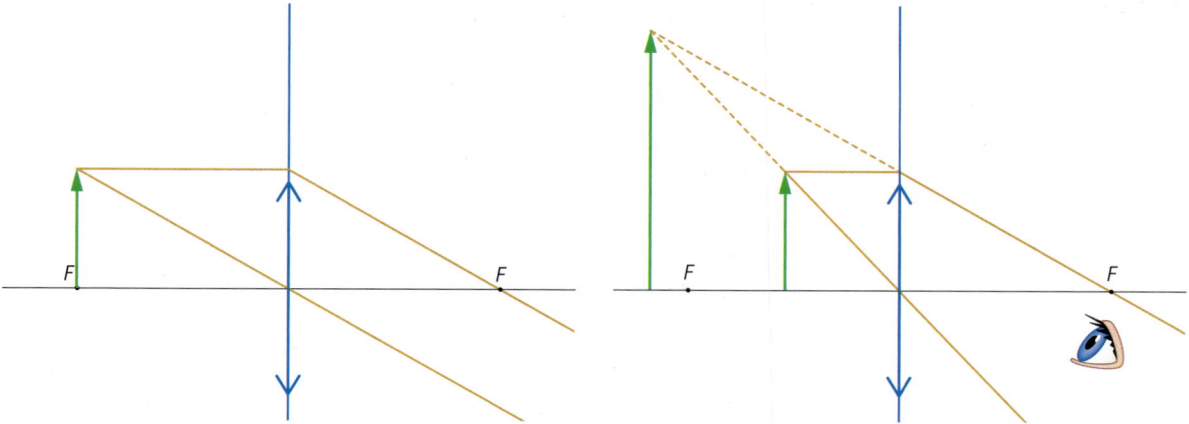

3 *Gegenstandsweite und Brennweite sind gleich.*

4 *Gegenstandsweite ist kleiner als die Brennweite.*

Ergebnis:

Ist die Gegenstandsweite größer als die Brennweite der Linse, dann ist die Konstruktion eines Bildpunkts mit den Hauptstrahlen immer möglich: Auf dem Projektionsschirm entsteht ein **reelles Bild.** ↗ 2 Das Bild ist verkleinert und steht auf dem Kopf.

Ist die Gegenstandsweite gleich der Brennweite, dann ist kein Bild konstruierbar, weil Mittelpunktstrahl und Brennpunktstrahl zueinander parallel verlaufen. ↗ 3

Ist die Gegenstandsweite kleiner als die Brennweite der Linse, dann schneiden sich Mittelpunktstrahl und Brennpunktstrahl in der rückwärtigen Verlängerung: Es entsteht ein virtueller Bildpunkt. Verfährt man so für alle Punkte, lässt sich ein **virtuelles Bild** konstruieren. ↗ 4

Schaut man von der gegenstandsabgewandten Seite durch die Linse, verlängert unser Gehirn den Weg des Lichts geradlinig. Deshalb kann man ein vergrößertes, aufrechtes Bild des Gegenstands sehen. Dieses Prinzip nutzt man bei einer Lupe aus.

Im Gegensatz zu reellen Bildern lassen sich virtuelle Bilder nicht auf Projektionsflächen auffangen.

- **Ein reelles Bild entsteht, wenn die Gegenstandsweite größer als die Brennweite der Linse ist.**

- **Je kleiner die Gegenstandsweite ist, desto größer sind die Bildweite und das Bild.**

- **Sind Gegenstandsweite und Brennweite der Linse gleich groß, entsteht kein Bild.**

- **Ist die Gegenstandsweite kleiner als die Brennweite der Linse, entsteht ein virtuelles, vergrößertes Bild.**

Linsenfehler

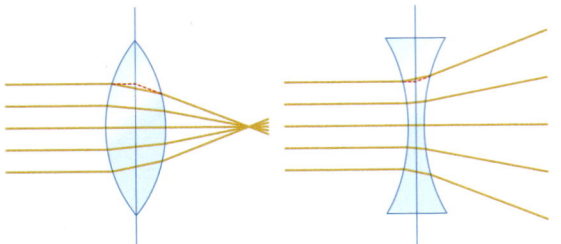

1 *Tatsächlicher und vereinfachter Lichtweg*

Bild 1 zeigt den Lichtweg durch eine Sammel- und eine Zerstreuungslinse. Bei genauer Betrachtung kann man erkennen, dass das Licht jeweils zweimal gebrochen wird: beim Eintritt in die Linse und beim Verlassen. Beide Brechungen können näherungsweise durch eine einzige an der Mittelebene ersetzt werden.

In der Praxis kommt es durch die zweimalige Lichtbrechung vor allem bei relativ dicken Linsen zu sogenannten **Linsenfehlern.**

Betrachtest du mit einer Lupe eine Buchseite, kann es passieren, dass du leichte Farbverläufe am Rand beobachtest. ↗ 2 Grund für diesen Effekt ist ein Linsenfehler, den man als **chromatische Aberration** bezeichnet.

Bei einer dicken Sammellinse ist der Brennpunkt außerdem gar nicht punktförmig, sondern etwas ausgedehnt. Die Linsenbilder sind deswegen an den Rändern unscharf, was du ebenfalls in Bild 2 erkennen kannst. Diesen Linsenfehler nennt man **sphärische Aberration.**

2 *Chromatische und sphärische Aberration*

↗ **NEWTON AKTIV**   Seite 119   Aufgabe 9

Lochkamera

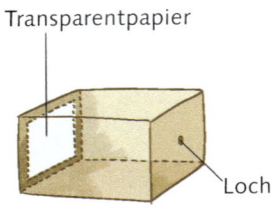

3 *Selbst gebaute Lochkamera*

In einem geschlossenen Karton mit kleinem Loch kann ein Bild der Außenwelt auf einem Projektionsschirm erzeugt werden, der dem Loch gegenüberliegt. Man spricht von einer Lochkamera. Als Projektionsschirm kann zum Beispiel Transparentpapier dienen. ↗ 3 Dort erscheint dann ein seitenverkehrtes und auf dem Kopf stehendes Bild. ↗ 4

Die Entstehung des Lochkamerabilds kann man sich so vorstellen: Von jedem Gegenstandspunkt breitet sich das Licht in den Raum aus. Ein kleiner Teil des Lichts dringt durch das Loch in die Lochkamera ein. Auf dem Projektionsschirm erscheint ein Lichtfleck des Gegenstandpunkts. Die Überlagerung aller Lichtflecke ergibt das Bild des Gegenstands.

4 *Lochkamerabild*

↗ **NEWTON AKTIV**   Seite 119   Aufgabe 10
↗ **NEWTON AKTIV**   Seite 131   Aufgabe 12

Konstruktion von Linsenbildern

Aufgabenstellung

Du sollst das Bild eines Gegenstands nach Abbildung durch eine Sammellinse konstruieren.

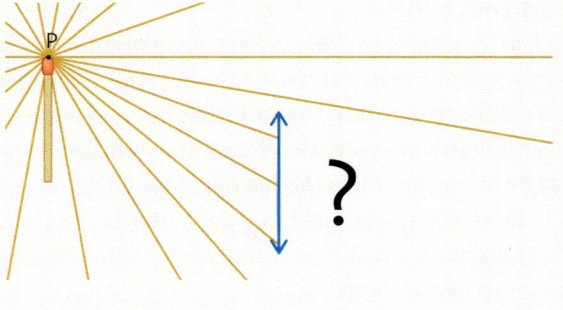

Erinnere dich

- Vom Gegenstandspunkt P wird Licht in alle Raumrichtungen ausgesendet.
- Nur von den drei Hauptstrahlen ist bekannt, wie sie nach der Linse weiter verlaufen.

Konstruktionsschritte

1 Zeichne die Linse mit optischer Achse und ihren Brennpunkten.

2 Zeichne den Gegenstand auf der optischen Achse ein. Die Bildkonstruktion wird sehr stark vereinfacht, wenn der Gegenstand auf die optische Achse der Linse gestellt wird. Dann genügt es, nur den obersten Punkt des Gegenstands abzubilden.

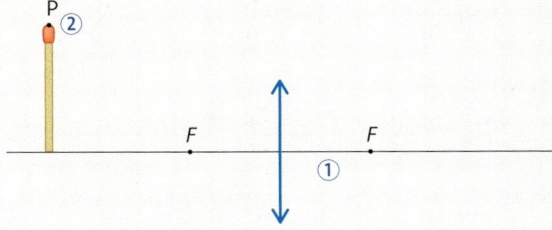

3 Verlängere die Mittelebene der Linse, wenn der Gegenstand größer als die Linse ist. Für die Konstruktion ist es nicht wichtig, ob die Hauptstrahlen die Linse tatsächlich durchdringen.

4 Konstruiere den Bildpunkt P' mithilfe der Hauptstrahlen.

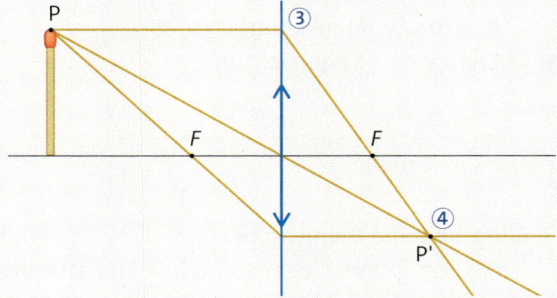

5 Fälle das Lot von P' auf die optische Achse. Wenn man alle Punkte des Gegenstands auf diese Weise abbilden würde, würde man erkennen, dass die Bildpunkte auf einer Senkrechten zur optischen Achse liegen. Die Strecke zwischen dem Punkt P' und dem Fußpunkt des Lots ist im Prinzip das Bild des Gegenstands.

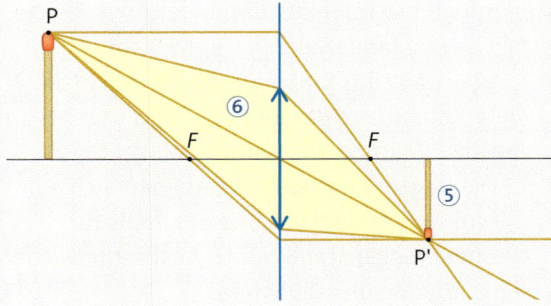

6 Wenn der Bildpunkt P' gefunden ist, kann auch der Lichtweg des ganzen Lichtbündels, das vom Punkt P aus durch die Linse verläuft, gezeichnet werden. Dies ist aber für die Konstruktion des Bilds nicht erforderlich.

Experimentieren

1 Wasserlinse   ↗ S.114/115
Material: Wasser, Objektglasträger (oder durchsichtiges Lineal)

- Gib einen Wassertropfen auf den Objektglasträger.
- Betrachte einen Hefteintrag oder andere Gegenstände durch den Wassertropfen hindurch.

a ☐ Beschreibe deine Beobachtung.
b ◪ Erkläre deine Beobachtung.

Lösungen finden

2 Bildgröße und Brennweite   ↗ S.112/113
Ein 2,0 cm großer Gegenstand ($g = 7{,}0$ cm) wird durch eine Sammellinse scharf auf einer Projektionsfläche ($b = 4{,}0$ cm) abgebildet.

a ☐ Ermittle zeichnerisch die Bildgröße mit nur einem Lichtstrahl.
b ☐ Ermittle zeichnerisch die Brennweite der Linse und gib diese auf mm genau an.

3 Pfeilbilder   ↗ S.114/115, 117
Ein 1,0 cm großer Pfeil befindet sich vor einer Sammellinse mit einer Brennweite von 3,0 cm. Die Gegenstandsweite beträgt 5,0 cm.

a ☐ Übertrage das Bild maßstabsgetreu in dein Heft. Konstruiere das Bild des Pfeils und bestimme die Bildgröße und Bildweite.
b ☐ Die Gegenstandsweite verkleinert sich auf 2,0 cm. Konstruiere das Bild des Pfeils für die neue Gegenstandsweite. Bestimme wieder die Bildgröße und Bildweite.

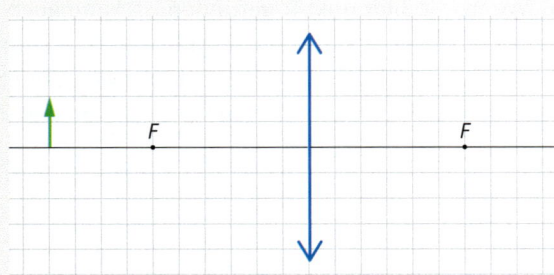

4 Vergrößerung   ↗ S.114/115
◪ Mit einer Sammellinse ($f = 3{,}0$ cm) soll von einem Gegenstand, der 1,0 cm groß ist, ein reelles Bild erzeugt werden, das dreimal so groß ist. Konstruiere die Hauptstrahlen bei dieser Abbildung.

5 Scharfes Bild   ↗ S.112/113
Das Licht eines 1,5 cm großen Gegenstands ($g = 8{,}0$ cm) wird auf eine Sammellinse ($f = 2{,}0$ cm) gesendet und auf einem Projektionsschirm aufgefangen. Der Projektionsschirm ist 4,0 cm von der Mittelebene der Linse entfernt.

a ☐ Konstruiere den Lichtweg der Hauptstrahlen.
b ◪ Beschreibe, was man auf dem Projektionsschirm beobachten wird.
c ◪ Beschreibe, wie man ein scharfes Bild auf dem Projektionsschirm erhält.

6 Sehr große Gegenstandsweite   ↗ S.112/113, 117
a ◪ Konstruiere das Bild eines 3,0 cm großen Gegenstands, der sich in einer Entfernung von 20 cm vor einer Sammellinse mit der Brennweite 1,0 cm befindet.
b ◪ Beschreibe die sich aus der Konstruktion ergebenden Erkenntnisse hinsichtlich der Bildweite (Lage des Bilds) und der Bildgröße.

7 Kleine Linse   ↗ S.112/113, 117
Eine Sammellinse hat einen Durchmesser von 1,0 cm und eine Brennweite von 2,3 cm.
Ein 4,0 cm großer Pfeil steht 5,0 cm vor der Linse.

a ☐ Übertrage das Bild in dein Heft. Konstruiere das Bild des Pfeils.
b ◪ Zeichne den Weg des Lichtbündels ein, das von der Pfeilspitze aus durch die Linse trifft.

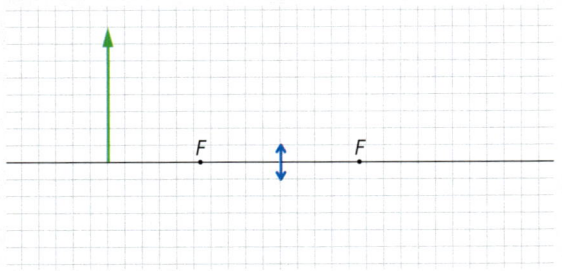

8 Gegenstands- und Bildweite ↗ S. 112/113

☐ Übertrage die folgenden Aussagen zu einer Sammellinse in dein Heft und ergänze sie sinnvoll:

a Je größer die Gegenstandsweite ist, desto … ist die Bildweite.

b Bei einem weit entfernten Gegenstand befindet sich das Bild …

c Wird die Gegenstandsweite …, dann wird das Bild …

Nachdenken & Kombinieren

9 Linsenfehler ↗ S. 116

Informiere dich in der Leseecke über Linsenfehler. Eine optische Linse kann man sich aus einzelnen Prismen zusammengesetzt vorstellen.

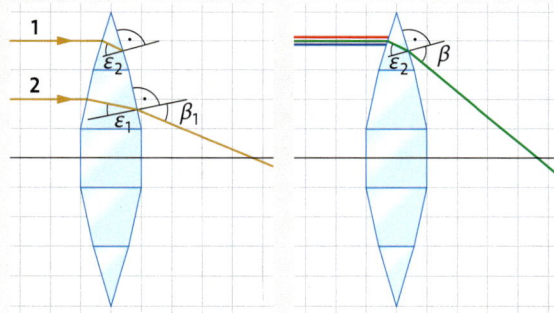

a ◪ Übertrage das linke Bild maßstabsgetreu in dein Heft. Zeichne qualitativ den weiteren Strahlenverlauf des zweiten Lichtstrahls so ein, dass damit die sphärische Aberration dargestellt wird.

b ■ Begründe den Verlauf des Lichtstrahls in einem Satz. Argumentiere dabei mit den Einfalls- und Brechungswinkeln der Lichtstrahlen.

c ◪ Übertrage das rechte Bild maßstabsgetreu in dein Heft. Ergänze qualitativ den weiteren Verlauf des blauen bzw. roten Lichtstrahls, sodass damit die Entstehung der chromatischen Aberration dargestellt wird.

d ■ Begründe den Verlauf der ergänzten Lichtwege in einem Satz. Argumentiere dabei mit der Abhängigkeit des Brechungswinkels von der Lichtfarbe.

10 Lochkamera ↗ S. 116

Informiere dich in der Leseecke über die Lochkamera.

Folgendes Bild zeigt den Querschnitt einer Lochkamera. Übertrage es maßstabsgerecht in dein Heft. Das Loch der Lochkamera soll einen Durchmesser von 2,0 mm haben.

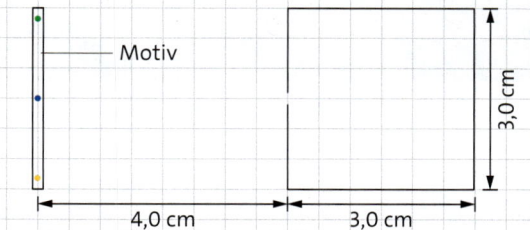

a ◪ Konstruiere das Bild des Stabs. Zeichne dazu die divergenten Lichtbündel der drei markierten Gegenstandspunkte ein, die in die Kamera eintreffen.

b ◪ Beschreibe die Änderungen des Lochkamerabilds hinsichtlich Bildschärfe und Bildhelligkeit bei Verkleinerung des Lochs.

Einfach lernen

11 Linsenbilder ↗ S. 114/115

a Was versteht man unter reellen und was unter virtuellen Bildern?

b Unter welchen Bedingungen erhält man bei der Abbildung eines Gegenstands durch eine Sammellinse ein reelles Bild?

c Wann erhält man mithilfe einer Sammellinse das virtuelle Bild eines Gegenstands und wo entsteht es?

d Welche Eigenschaften haben alle reellen Bilder gemeinsam?

e Welche Lichtstrahlen eignen sich zur Konstruktion des Strahlengangs bei der Abbildung durch Linsen?

Auf dem Foto sind sowohl die Frau im Vordergrund als auch die Berge im Hintergrund scharf abgebildet. Wie können mit einem Fotoapparat Bilder erzeugt werden, bei denen Objekte trotz unterschiedlicher Entfernung gleichzeitig scharf erscheinen?

5.5 Bilder mit dem Fotoapparat

Aufbau und Funktionsweise eines Fotoapparats

Wenn du einen Fotoapparat auseinanderbaust, stellst du fest, dass er aus folgenden vier Grundbauteilen besteht: dem Aufnahmemedium, dem Verschluss, der Blende und dem Objektiv. ↗ 1

Das **Aufnahmemedium** ist bei Digitalkameras ein Bildsensor, der aus sehr vielen etwa 5 μm kleinen lichtempfindlichen Lichtsensoren (Pixel) besteht. ↗ 2 Das in die Kamera eindringende Licht belichtet jeden dieser Lichtsensoren unterschiedlich stark und mit Licht verschiedener Farbe. Alle Bildpunkte ergeben zusammen das Bild. Die Bildinformationen werden auf einem Speichermedium wie einer SD-Karte gespeichert.

Der **Verschluss** besteht aus einem dünnen, lichtdichten Material. Er ist vor dem Aufnahmemedium angeordnet und wird durch Betätigen des Auslösers an der Kamera kurzzeitig geöffnet. Die Verschlussöffnungszeit kann lang oder kurz sein. Üblicherweise liegt sie zwischen 1 s und $\frac{1}{1000}$ s und wird häufig automatisch geregelt. Durch Einstellung der Verschlusszeit kann die einfallende Lichtmenge gesteuert werden und es können Bilder von bewegten Objekten erstellt werden.

Das **Objektiv** besteht im einfachsten Fall aus einer Sammellinse. Um die Bildqualität zu verbessern, sind in einem Objektiv jedoch häufig mehrere Linsen so angeordnet, dass Linsenfehler korrigiert werden. ↗ 3 Mit dem Objektiv wird ein verkleinertes Bild auf dem Aufnahmemedium erzeugt. Der Abstand zwischen dem Objektiv und dem Aufnahmemedium ist veränderbar. Dadurch kann die Bildweite an die Gegenstandsweite angepasst werden.

Aufnahmemedium
Verschluss
Blende
Objektiv

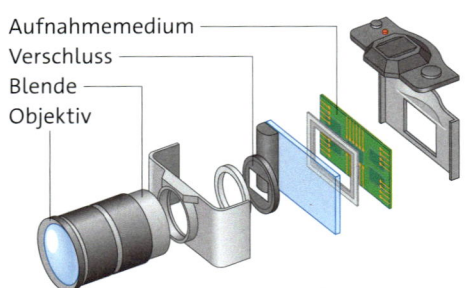

1 *Aufbau eines Fotoapparats*

2 *Ein Bildsensor besteht aus vielen kleinen Lichtsensoren (tausendfach vergrößert).*

3 *Objektiv*

Die **Blende** hat eine nahezu kreisrunde Öffnung, deren Öffnungsdurchmesser veränderlich ist. ↗ 4

Durch die Größe der Blendenöffnung wird die Lichtmenge, die auf das Aufnahmemedium trifft, geregelt. Außerdem ermöglicht sie es, unterschiedlich weit entfernte Gegenstände gleichzeitig scharf abzubilden.

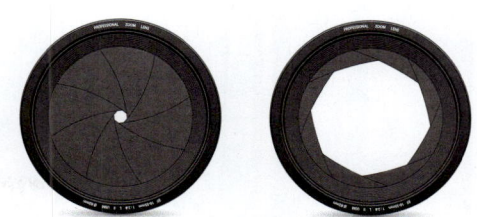

4 Blende – wenig und weit geöffnet

Versuch: Alles ist scharf

Bilde zwei Gegenstände G_1 und G_2 in unterschiedlicher Gegenstandsweite g_1 und g_2 mit einer Konvexlinse ($f = 50$ mm) auf einem Projektionsschirm ab, sodass beide zunächst unscharf erscheinen.

Bringe anschließend eine Blende mit veränderbarer Öffnung zwischen Linse und Projektionsschirm und verkleinere die Blendenöffnung. ↗ 5

Wir sehen:

Mit kleiner werdender Blendenöffnung werden die Bilder lichtschwächer und schärfer.

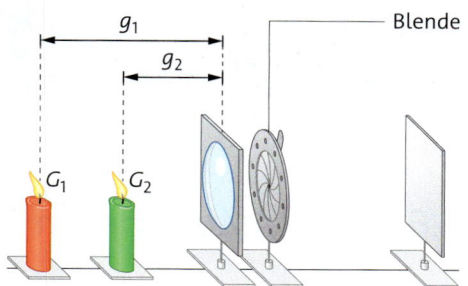

5 Versuch: Gegenstände in unterschiedlicher Gegenstandsweite

Erklärung:

Bei großer Blendenöffnung entstehen auf dem Projektionsschirm große Lichtflecke von Gegenstandspunkten. Diese überlagern sich zu einem unscharfen Bild.

Mit kleiner werdender Blendenöffnung gelangt immer weniger Licht durch die Blende und die Lichtflecke werden kleiner. Nach Unterschreiten einer bestimmten Blendenöffnung werden die Lichtflecke so klein, dass wir die Unschärfe nicht mehr erkennen können.

Ergebnis:

Durch eine geeignete relativ kleine Blendenöffnung ist es möglich, auch Gegenstände in unterschiedlicher Gegenstandsweite gleichzeitig scharf abzubilden.

Die räumliche Tiefe, in der die Motive scharf abgebildet werden, bezeichnet man als **Schärfentiefe.** Je kleiner die Blendenöffnung ist, umso größer ist die Schärfentiefe. ↗ 6

6 Foto mit großer Blendenöffnung (links) und kleiner Blendenöffnung (rechts)

- **Ein Fotoapparat besteht aus Aufnahmemedium, Verschluss, Blende und Objektiv.**

- **Das Scharfstellen erfolgt durch Anpassung der Bildweite an die Gegenstandsweite.**

- **Verschluss und Blende regeln die Lichtmenge, die auf das Aufnahmemedium auftrifft.**

- **Die Blende dient auch dazu, Gegenstände in unterschiedlicher Gegenstandsweite gleichzeitig scharf abzubilden.**

↗ **NEWTON AKTIV**   Seite 130/131   Aufgabe 2, 5–7, 9, 13 a–c

Wie ist es möglich, dass man mit dem Auge entfernte und nahe Gegenstände scharf sehen kann?

5.6 Bildentstehung im Auge

Aufbau und Funktionsweise des Auges

Die wichtigsten Bestandteile für die Bildentstehung im Auge gleichen denen des Fotoapparats: Netzhaut, Pupille mit Iris und das Linsensystem, bestehend aus Augenlinse, Hornhaut und wassergefüllter Vorkammer. ↗ 1

Die **Netzhaut** entspricht dem Bildsensor und besteht aus zwei Arten lichtempfindlicher Zellen: ca. 120 Millionen Stäbchen und 6 Millionen Zapfen. ↗ 2 Die Stäbchen sind für das Hell-Dunkel-Sehen zuständig und die Zapfen für das Farbsehen. Die Gesamtheit aller Lichtreize, die auf diese Sinneszellen treffen, werden im Gehirn zu einem Bildeindruck verarbeitet. Die Bildweite, also der Abstand zwischen Linsensystem und Netzhaut, ist unveränderlich und beträgt normalerweise etwa 24 mm.

Die **Pupille** entspricht der Blende. Durch sie gelangt das Licht in das Innere des Auges. Die Iris regelt die auf die Netzhaut auftreffende Lichtmenge, indem sie die Pupille verkleinert oder vergrößert. ↗ 3

Das **Linsensystem** im Auge entspricht dem Objektiv im Fotoapparat. Es erzeugt auf der Netzhaut ein verkleinertes Bild der Umgebung. Über den Ziliarmuskel kann die Brennweite des Linsenkörpers und damit auch die Brennweite des gesamten Linsensystems geändert werden. So kann die Anpassung an unterschiedliche Gegenstandsweiten erfolgen, auch wenn die Bildweite, also der Abstand zwischen Linsensystem und Netzhaut, unveränderbar ist.

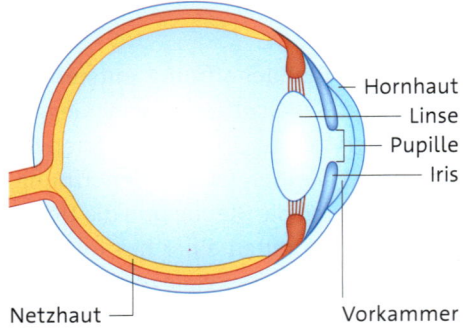

1 *Das menschliche Auge*

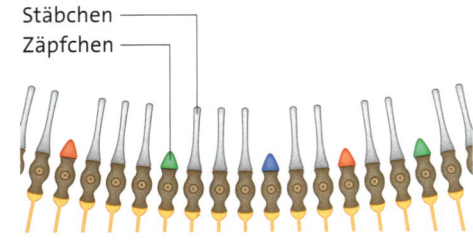

2 *Netzhaut*

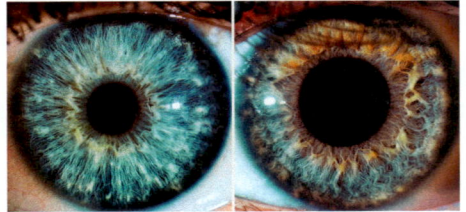

3 *Pupille und Iris*

Versuch: Scharf sehen

Wir bauen ein einfaches Augenmodell, bestehend aus einer Sammellinse aus durchsichtigem Gummi (Linsensystem) und einem Projektionsschirm (Netzhaut). ↗ 4
Die Sammellinse kann mit Wasser befüllt werden. Durch Veränderung der Wassermenge in der Sammellinse lässt sich ihre Brennweite verändern. Zu Beginn befindet sich in der Sammellinse so viel Wasser, dass sie eine Brennweite von f = 10 cm hat.

a Beginnend bei einer großen Gegenstandsweite von 1,5 m, bilden wir einen Gegenstand, beispielsweise eine brennende Kerze, scharf auf die Netzhaut ab. Wir verringern den Abstand in mehreren Schritten auf 80 cm.

b Ohne den Abstand zwischen Linse und Netzhaut zu ändern, verringern wir die Gegenstandsweite weiter bis auf 30 cm. Durch Veränderung der Wasserfüllmenge erzeugen wir wieder scharfe Bilder auf der Netzhaut.

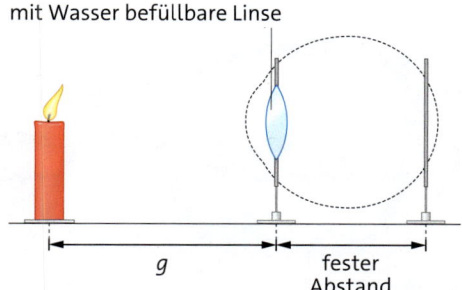

mit Wasser befüllbare Linse

g fester Abstand

4 Einfaches Augenmodell

Wir sehen:

a Die Position der Netzhaut muss nicht verändert werden, um jeweils ein scharfes Bild zu erhalten.

b Auf der Netzhaut erhält man scharfe Bilder, indem die Linse mit mehr Wasser befüllt wird.

Erklärung:

a Die Lichtbündel der weit entfernten Gegenstandspunkte treffen als nahezu identische parallele Lichtbündel in das Auge ein. ↗ 5 Die Bilder entstehen dabei praktisch in der Brennebene des Linsensystems auf der Netzhaut. Weit entfernte Gegenstände werden somit bei schwach gewölbter Augenlinse scharf gesehen. ↗ 6

b Durch die Befüllung mit Wasser wird die Linse stärker gewölbt und ihre Brennweite verkleinert, sodass wieder ein scharfes Bild auf der Netzhaut entsteht. ↗ 7

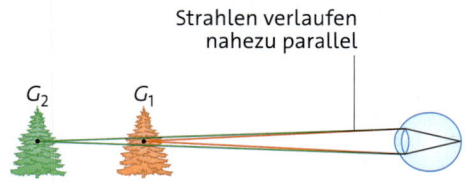

Strahlen verlaufen nahezu parallel

G_2 G_1

5 Lichtweg bei weit entfernten Gegenstandspunkten

Ergebnis:

Beim menschlichen Auge kann über den Ziliarmuskel die Brennweite des Linsensystems verkleinert werden, sodass auch Gegenstände bei kleiner Gegenstandsweite scharf gesehen werden können. Man nennt diesen Vorgang **Akkommodation.**

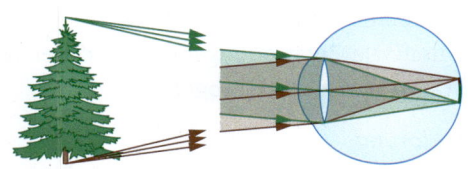

6 Blick in die Ferne: schwach gewölbte Augenlinse (Bild nicht maßstäblich)

- **Das Netzhautbild entsteht als Zusammensetzung der Bildpunkte aller lichtempfindlichen Zellen auf der Netzhaut.**

- **Die Iris regelt die Lichtmenge, die über die Pupille in das Auge trifft.**

- **Das Scharfstellen erfolgt im Auge durch Anpassung der Brennweite des Linsensystems an die Gegenstandsweite.**

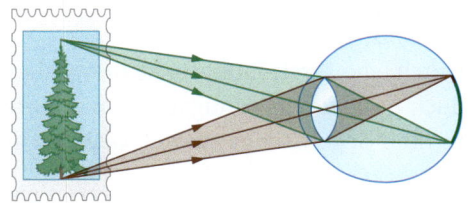

7 Naher Gegenstand: stark gewölbte Augenlinse

↗ **NEWTON AKTIV** Seite 130/131 Aufgabe 4, 5, 8, 13 a, b, d

Über die Hälfte aller Menschen in Deutschland sind fehlsichtig. Kurzsichtige können weit entfernte Gegenstände und Weitsichtige nahe Gegenstände ohne weitere Hilfsmittel nicht scharf sehen.
Wie werden die Fehlsichtigkeiten mit Brillen korrigiert?

5.7 Korrektur von Fehlsichtigkeiten

Versuch 1: Kurzsichtigkeit

Kurzsichtige haben häufig einen zu langen Augapfel. Baue aus einer Sammellinse ($f = 10$ cm) und einem Projektionsschirm ein Augenmodell eines Kurzsichtigen. Bilde dazu einen 1,5 m weit entfernten Gegenstand, beispielsweise eine brennende Kerze, scharf ab. Vergrößere sodann den Abstand zwischen Linse und Projektionsschirm um etwa 2 cm. ↗1 Stelle schließlich eine Zerstreuungslinse ($f = -50$ cm) etwa 4 cm vor die Sammellinse.

Wir sehen:

Wenn die Projektionsfläche von der Linse entfernt wird, erscheint ein unscharfes Bild des Gegenstands.
Durch die Zerstreuungslinse wird der weit entfernte Gegenstand wieder scharf abgebildet.

Erklärung:

Bei Kurzsichtigen liegt das scharfe Bild weit entfernter Gegenstände selbst bei entspannter Augenlinse vor der Netzhaut. ↗2 Durch die Zerstreuungslinse wird das parallele Lichtbündel etwas aufgeweitet, sodass der scharfe Bildpunkt auf der Netzhaut liegt. ↗3

Ergebnis:

Durch eine Zerstreuungslinse mit geeigneter Brennweite kann auch bei zu langem Augapfel ein scharfes Bild eines weit entfernten Gegenstands auf der Netzhaut erzeugt werden.

Eine weitere Ursache für die Kurzsichtigkeit kann eine zu starke Linsenkrümmung sein, die zu einer zu kleinen Brennweite des gesamten Linsensystems führt.

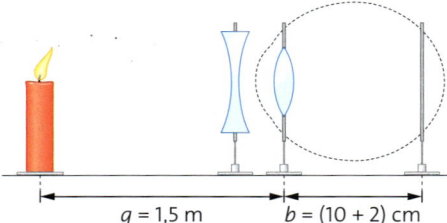

g = 1,5 m   *b = (10 + 2) cm*

1 *Augenmodell eines Kurzsichtigen mit Korrektur*

Lage der Netzhaut bei Normalsichtigen

2 *Scharfer Bildpunkt liegt vor der Netzhaut.*

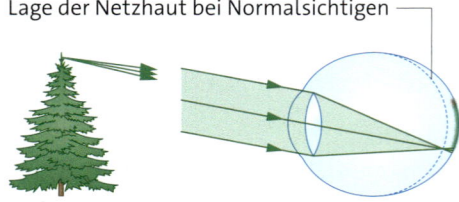

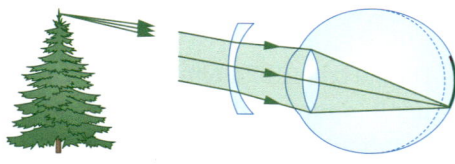

3 *Korrektur mit einer Zerstreuungslinse*

Versuch 2: Weitsichtigkeit

Weitsichtige haben häufig einen zu kurzen Augapfel. Baue aus einer Sammellinse (f = 10 cm) und einem Projektionsschirm ein Augenmodell eines Weitsichtigen. Bilde dazu einen 40 cm nahen Gegenstand, zum Beispiel eine brennende Kerze, scharf ab. Verkleinere sodann den Abstand zwischen Linse und Projektionsschirm um etwa 2 cm. ↗ 4 Stelle schließlich eine weitere Sammellinse (f = 50 cm) dicht vor die Sammellinse.

Wir sehen:
Wenn die Projektionsfläche näher an die Linse herangerückt wird, erscheint das Bild des Gegenstands unscharf.
Durch die Sammellinse wird der nahe Gegenstand wieder scharf abgebildet.

Erklärung:
Bei Weitsichtigen wird das Licht naher Gegenstände selbst bei maximal gewölbter Augenlinse zu schwach gebrochen, sodass das scharfe Bild hinter der Netzhaut liegt. ↗ 5
Das divergente Lichtbündel verläuft nach der Sammellinse weniger stark auseinander, sodass der scharfe Bildpunkt auf der Netzhaut liegt. ↗ 6

Ergebnis:
Durch eine Sammellinse mit geeigneter Brennweite kann auch bei zu kurzem Augapfel ein scharfes Bild eines weit entfernten Gegenstands auf der Netzhaut erzeugt werden.

Die Brillenstärke wird üblicherweise durch ihren **Brechwert** beschrieben. Der Brechwert ist der Kehrwert der Brennweite und wird in der Einheit **Dioptrie** angegeben. Hat eine Sammellinse beispielsweise eine Brennweite von 0,20 m, ist ihr Brechwert 5,0 Dioptrien.

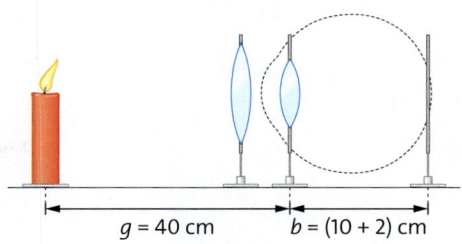

4 *Augenmodell eines Weitsichtigen mit Korrektur*

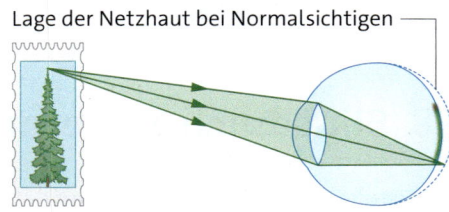

5 *Scharfer Bildpunkt liegt hinter der Netzhaut.*

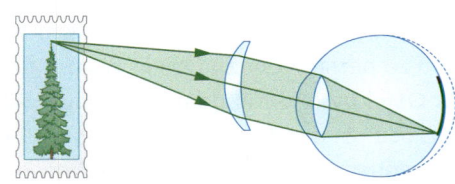

6 *Korrektur mit einer Sammellinse*

Altersweitsichtigkeit

Mit zunehmendem Alter nimmt die Elastizität der Augenlinse ab. Nahe Gegenstände können daher nicht mehr durch Akkommodation scharf auf der Netzhaut abgebildet werden. In solchen Fällen hilft eine Lesebrille, bei der ein kleiner Bereich als Sammellinse ausgebildet ist. Wenn nahe liegende Gegenstände durch diesen Bereich betrachtet werden, werden sie auf der Netzhaut scharf abgebildet.

- **Kurzsichtige sehen weit entfernte Gegenstände unscharf. Die Korrektur erfolgt durch eine Zerstreuungslinse.**

- **Weitsichtige sehen nahe Gegenstände unscharf. Die Korrektur erfolgt durch eine Sammellinse.**

↗ **NEWTON AKTIV** Seite 130/131 Aufgabe 3, 13 e

Die Sterne am Himmel haben die Menschen schon immer fasziniert. Wieso kann man mit einem Fernrohr sehr weit entfernte Objekte wie Sterne und Planeten vergrößert sehen?

5.8 Blick durch ein Fernrohr

Die ersten Fernrohre, mit denen weit entfernte Sterne und Planeten genauer beobachtet und untersucht werden konnten, wurden Anfang des 17. Jahrhunderts entwickelt. Der deutsche Naturphilosoph und Astronom Johannes Kepler baute 1611 ein Fernrohr, das aus zwei Sammellinsen bestand. Die Linse, die dem zu betrachtenden Objekt zugewandt ist, bezeichnet man als **Objektiv** und die dem Auge zugewandte Linse als **Okular** (lat. oculus: das Auge). Ein Fernrohr mit dieser Bauweise wird als **keplersches** oder **astronomisches Fernrohr** bezeichnet. In der folgenden Versuchsreihe bauen wir ein keplersches Fernrohr selbst nach und untersuchen, wie es funktioniert. ↗ 1

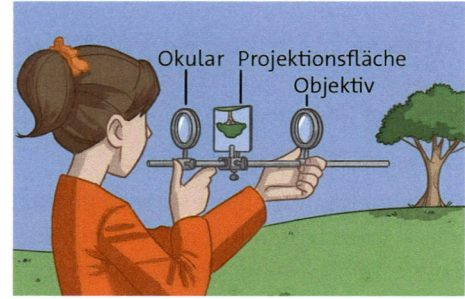

1 *Selbst gebautes Fernrohr*

Versuch 1: Objektiv
Bilde einen etwa 2 m weit entfernten Gegenstand mit einer Sammellinse großer Brennweite (z. B. $f_{Objektiv}$ = 30 cm) scharf auf eine transparente Projektionsfläche ab. Miss den Abstand zwischen der Mittelebene der Linse und der Projektionsfläche.

Wir sehen:
Auf dem Projektionsschirm entsteht ein umgekehrtes Zwischenbild, das für uns größer erscheint als der weit entfernte Gegenstand. Dabei befindet sich der Projektionsschirm etwa in der Brennebene der verwendeten Linse.

Erklärung:
Das Licht eines weit entfernten Gegenstandspunkts tritt in das Objektiv als fast paralleles Lichtbündel ein. Dieses Licht wird als scharfer Bildpunkt nahezu in der Brennebene der Linse abgebildet. ↗ 2 Alle Bildpunkte ergeben zusammen das Bild B'.

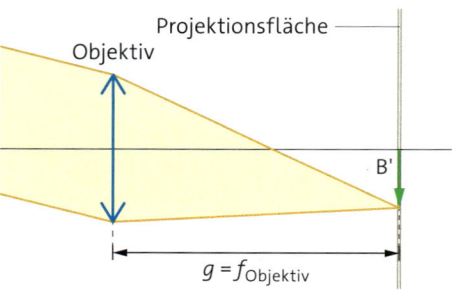

2 *Objektivbild*

Versuch 2: Okular

Betrachte das Bild auf dem Projektionsschirm aus Versuch 1 mit einer Sammellinse kleiner Brennweite (z. B. f = 5,0 cm), sodass es so groß wie möglich erscheint.
Miss den Abstand zwischen der Mittelebene dieser zweiten Linse und der Projektionsfläche.

Wir sehen:
Der Projektionsschirm und das Bild liegen in der Brennebene der Sammellinse.

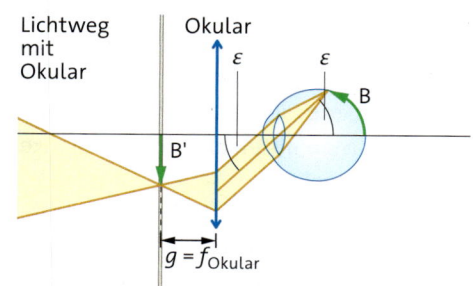

Erklärung:
Ein Lichtbündel, das einen Bildpunkt auf der Projektionsfläche erzeugt hat, verläuft danach divergent weiter. Da das Lichtbündel ab der Brennebene des Okulars auseinanderläuft, verlässt es das Okular als paralleles Lichtbündel. Im Auge wird es durch das Linsensystem als scharfer Bildpunkt auf der Netzhaut abgebildet. ↗ 3 (oben) Der Sehwinkel ε, unter dem das Lichtbündel in das Auge eintrifft, wird durch das Okular vergrößert und damit auch die Bildgröße. Der Sehwinkel ε_0 und die Bildgröße B_0 sind ohne das Okular kleiner. ↗ 3 (unten)

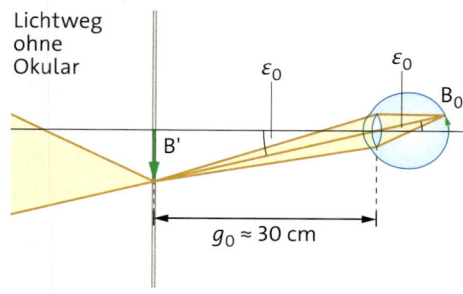

3 *Vergrößerung des Sehwinkels*

Ergebnis:
Das Okular erzeugt vom Zwischenbild, das sich in seiner Brennebene befindet, ein vergrößertes Bild auf der Netzhaut durch Vergrößerung des Sehwinkels.

Versuch 3: Fernrohr

Entferne den Projektionsschirm aus Versuch 2 und schaue durch das Okular.

Wir sehen:
Auch nach dem Entfernen des Projektionsschirms ist das Bild zu sehen. Das Bild erscheint etwas heller als zuvor.

Erklärung:
Der Verlauf der Lichtbündel ist derselbe wie ohne Projektionsschirm. Das Bild erscheint heller, weil durch den Projektionsschirm kein Licht absorbiert wird.

- Ein astronomisches Fernrohr besteht aus dem Objektiv, einer Sammellinse mit sehr großer Brennweite, und dem Okular, einer Sammellinse mit sehr kleiner Brennweite.

- Die Linsen sind so angeordnet, dass ihre Brennebenen zusammenfallen.

- Durch ein Fernrohr betrachtet, erscheinen sehr weit entfernte Gegenstände größer, weil der Sehwinkel vergrößert wird.

Verschiedene Objektive

Bei hochwertigen Kameras kann das Objektiv für verschiedene Einsatzzwecke ausgewechselt werden. Man unterscheidet Weitwinkel-, Normal- und Teleobjektive.

Weitwinkelobjektive besitzen kleine Brennweiten um 28 mm und eignen sich für die Abbildung möglichst großer Bildausschnitte. Sie werden deshalb unter anderem für Panoramafotos von Landschaften verwendet. ↗ 1 Die Gegenstände werden relativ klein abgebildet und erscheinen über einen großen Bereich, sowohl im Vorder- als auch im Hintergrund, scharf. Das bedeutet, die Schärfentiefe ist groß.

Normalobjektive besitzen mittelgroße Brennweiten um 50 mm. Man verwendet sie vor allem in der alltäglichen, privaten Fotografie. Der Bildausschnitt und die Darstellung der Gegenstände entsprechen etwa unseren Sehgewohnheiten. ↗ 2

Teleobjektive besitzen große Brennweiten um 300 mm. Mit ihnen lassen sich weit entfernte Gegenstände „heranholen". Dies nutzt man zum Beispiel in der Natur- oder Sportfotografie. Der Bildausschnitt ist klein mit geringer Schärfentiefe. ↗ 3

↗ **NEWTON AKTIV**   Seite 131   Aufgabe 6

1 *Aufnahme mit einem Weitwinkelobjektiv*

2 *Aufnahme mit einem Normalobjektiv*

3 *Aufnahme mit einem Teleobjektiv*

Zoomen

Zum „Heranholen" von weit entfernten Gegenständen, gibt es spezielle Zoomobjektive. ↗ 4 Ihre Linsenelemente lassen sich durch einen Drehmechanismus verschieben. Dadurch wird die Brennweite der Kamera stufenlos verstellt und der Bildausschnitt kann an Größe und Entfernung des Motivs angepasst werden. Man spricht vom optischen Zoomen.
Beim digitalen Zoomen werden Bildinformationen eines kleinen Bildausschnitts durch „Rechnung" vergrößert. Dadurch nimmt die Bildqualität ab. Um bei vergleichsweise guter Qualität zu vergrößern, sollte man den Bildausschnitt erst nachträglich mit dem Computer ausschneiden.

4 *Teleobjektiv zum Zoomen*

Kameras in Smartphones

Die Kameras in Smartphones sind extrem klein. ↗ 5 Dennoch enthalten sie im Prinzip alle für eine Kamera relevanten Bauteile.

Das Objektiv ist in der Regel ein Weitwinkelobjektiv und besteht aus mehreren sehr kleinen Linsen. Die Blendenöffnung ist bei Smartphonekameras nicht veränderbar. Der Verschluss ist außerdem kein mechanisches Bauteil mehr. Er wird stattdessen elektronisch simuliert, indem der Bildsensor nur für die Aufnahmezeit aktiviert wird. Als Aufnahmemedium werden Bildsensoren verwendet, die bei sehr hochwertigen Smartphonekameras so groß sind wie bei Kompaktkameras.

5 *Kamera in einem Smartphone*

Das größte Linsenfernrohr der Welt

Um bei einem Fernrohr eine möglichst starke Vergrößerung zu erzielen, muss die Brennweite des Objektivs möglichst groß und die Brennweite des Okulars möglichst klein sein. Das größte Linsenfernrohr hat ein Objektiv mit einem Linsendurchmesser von etwa 1 m sowie eine Brennweite von fast 19 m und ist damit auch etwa 19 m lang. Es befindet sich in der Kuppel der Yerkes-Sternwarte in Chicago. ↗ 6

6 *Fernrohr der Yerkes-Sternwarte*

↗ **NEWTON AKTIV** Seite 130 Aufgabe 1

Tieraugen

Bei allen Säugetieren und Vögeln erfolgt die Anpassung an die Gegenstandsweite durch Veränderung der Brennweite des Linsensystems. Bei Schlangen oder bestimmten Fischarten erfolgt die Anpassung an die Gegenstandsweite durch Veränderung der Bildweite wie beim Fotoapparat. Damit die Schlange in der Nähe scharf sieht, drückt ein Muskel auf den Glaskörper und schiebt so die Linse von der Netzhaut weg.

Dadurch wird der Abstand zwischen Augenlinse und Netzhaut, also die Bildweite, vergrößert. ↗ 7 Hechte müssen im trüben Wasser in der Nähe scharf sehen. Darauf ist ihr entspanntes Auge eingestellt. Zur Einstellung auf die Ferne zieht ein Muskel die Linse nach hinten und verringert so ihren Abstand zur Netzhaut. ↗ 8

↗ **NEWTON AKTIV** Seite 130 Aufgabe 4

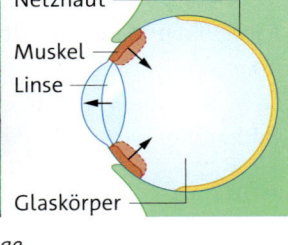

Netzhaut
Muskel
Linse
Glaskörper

7 *Anpassung bei der Schlange*

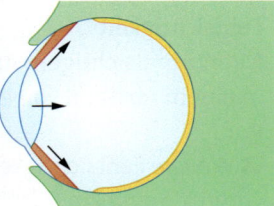

8 *Anpassung beim Hecht*

Experimentieren

1 Fernrohrvergrößerung ↗ S. 126/127, 129

Material: 5 Sammellinsen L_1 (f_1 = 30 cm),
L_2 (f_2 = 5,0 cm), L_3 (f_3 = 50 cm), L_4 (f_4 = 10,0 cm)
und L_5 (f_5 = 2,5 cm), 1 m lange Schiene zur
Befestigung der Linsen

• Baue mit den Linsen L_1 und L_2 ein Fernrohr und
betrachte damit einen weit entfernten Gegenstand.
• Betrachte die Änderung der Vergrößerung, wenn
du das Objektiv gegen Linse L_3 austauschst.
• Betrachte die Änderung der Vergrößerung, wenn
du das Okular gegen Linse L_4 bzw. Linse L_5 austauschst.

◪ Formuliere die Ergebnisse für deine Untersuchungen.

Lösungen finden

2 Fotografieren ↗ S. 120/121

Das Weitwinkelobjektiv eines Fotoapparats hat
eine Brennweite von 28 mm.

a ◪ Ermittle durch eine Konstruktion die Größe
des Bilds eines 2,0 cm großen Gegenstands, der
sich 10 cm vor dem Objektiv befindet.
b ☐ Zeichne die Ebene des Bildsensors mit grüner
Farbe ein und gib die Bildweite auf mm genau
an.
c ◪ Beschreibe, wie man erreichen kann, dass das
Bild größer wird.

In Worte fassen

3 Fehlsichtigkeit ↗ S. 124/125

Mit normalsichtigem Auge liest man ein Buch
in einem Abstand von etwa 30 cm ohne Anstren-
gung.

a ◪ Welche Fehlsichtigkeit liegt vermutlich vor,
wenn jemand ein Buch mit ausgestrecktem Arm
liest? Begründe deine Antwort.

b ◪ Beschreibe in wenigen Worten und auch unter
Zuhilfenahme einer geeigneten Skizze, wie der
Sehfehler korrigiert werden kann.

4 Tieraugen ↗ S. 124/125, 129

Informiere dich in der Leseecke über Tieraugen.
Das nachfolgende Bild zeigt den Aufbau des
Auges von Fröschen:

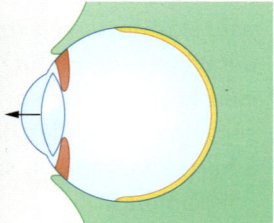

a ◪ Beschreibe die Situation, in der der Augenmuskel angespannt wird.
b ◼ Begründe deine Aussage mithilfe aller
folgenden Wörter:

abgebildet • Abstand • angespannt • Augenlinse •
Augenmuskel • Bildweite • Gegenstand • Netzhaut •
scharf • vergrößert

5 Balgenkamera ↗ S. 120–123

Das Bild zeigt eine Balgenkamera. Bei einer
solchen Kamera kann der Abstand zwischen
Objektiv und Film durch Vor- und Zurück-
schieben des Objektivs verändert werden, um
unterschiedlich weit entfernte Gegenstände
scharf abzubilden.

a ☐ Vergleiche das Scharfstellen der Balgenkamera mit dem Scharfstellen der Bilder im menschlichen Auge.
b ◪ Beschreibe, wie eine Kamera funktionieren
müsste, die nach dem Prinzip des Auges Bilder
scharf stellt.

Nachdenken & Kombinieren

6 Sportfotografie ↗ S. 120/121, 128
Informiere dich in der Leseecke über Objektive.

a ☑ Gib an, mit welchem Objektiv das folgende Bild vermutlich gemacht worden ist, und begründe deine Angabe mit den entsprechenden Bildeigenschaften.

b ☑ Beschreibe qualitativ die Einstellungen von Blende und Belichtungszeit für diese Aufnahme.

7 Ein Objekt – zwei Aufnahmen ↗ S. 120/121
Von zwei Schachfiguren wurden die beiden folgenden Aufnahmen gemacht:

a ☐ Gib an, welche Einstellung der Fotograf jeweils vorgenommen hat, um die beiden Aufnahmen zu erhalten.

b ☑ Begründe deine Antwort.

8 Große Objekte sehen ↗ S. 122/123
■ Obwohl der Durchmesser der Sonne rund 109-mal größer ist als der der Erde, sehen wir sie nur als kleine Kreisfläche am Himmel. Gib hierfür eine Erklärung mithilfe einer anschaulichen Zeichnung.

Recherchieren

9 Fotoapparate ↗ S. 120/121
a ☑ Informiere dich in der Leseecke über Smartphonekameras und recherchiere nach weiteren aktuellen Fotoapparattypen. Erstelle zu jedem Typ eine kurze Charakteristik.

b ☑ Erstelle eine Zeitleiste zur Entwicklung der Fotografie von den Anfängen bis heute.

c ■ Präsentiere deine Ergebnisse.

10 Fernrohre ↗ S. 126/127
a ☑ Informiere dich über weitere Bauformen von Fernrohren und erstelle zu jeder Bauform eine kurze Charakteristik.

b ☑ Erstelle eine Zeitleiste zur Entwicklung des Fernrohrs von den Anfängen bis heute.

c ■ Präsentiere deine Ergebnisse.

Projekt

11 Fernrohr bauen ↗ S. 126/127
Baut unter Verwendung zweier Linsen und weiterer Materialien eurer Wahl ein Fernrohr. *Achtung:* Schaut mit eurem Fernrohr niemals direkt in die Sonne!

12 Lochkamera bauen ↗ S. 116
Baut mit einer Schachtel und Transparentpapier eine Lochkamera.

Einfach lernen

13 Optische Geräte ↗ S. 119–127
a Was sind die vier wesentlichen Bauteile eines Fotoapparats, eines Auges und eines Fernrohrs?

b Welche Funktion haben die Bauteile aus **a**?

c Wie erhält man mit einem Fotoapparat scharfe Bilder?

d Warum können nahe Gegenstände mit dem Auge scharf gesehen werden?

e Wie können Fehlsichtigkeiten des Auges korrigiert werden?

Linsen und Lichtbilder

Optischen Linsen

Optische Linsen sind von Kugeloberflächen begrenzte, durchsichtige Körper. Jede Linse besitzt zwei **Brennpunkte** F_1 und F_2. Die **Brennweite** ist der Abstand zwischen Mittelebene und Brennpunkt.

Konvexlinsen sammeln parallele Lichtbündel im Brennpunkt bzw. in einer Brennebene. Man nennt sie auch **Sammellinsen.**

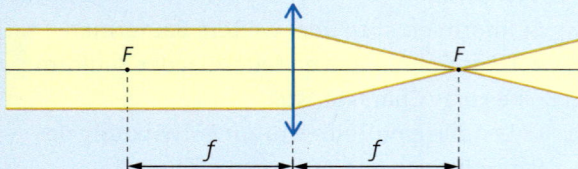

Konkavlinsen zerstreuen parallele Lichtbündel. Man nennt sie auch **Zerstreuungslinsen.**

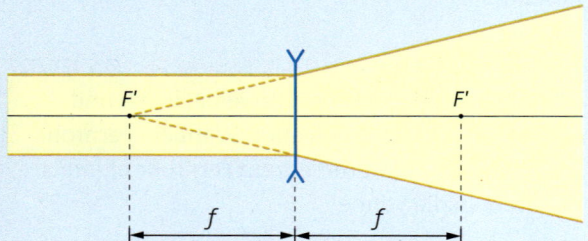

Lichtbilder

Optische Linsen bilden Gegenstandspunkte wieder als Punkte ab und erzeugen dadurch helle und scharfe Bilder. Mithilfe der **Hauptstrahlen** können die scharfen Linsenbilder konstruiert werden.

Reelle Bilder können auf einem Projektionsschirm aufgefangen werden. Sie stehen auf dem Kopf und sind seitenverkehrt.

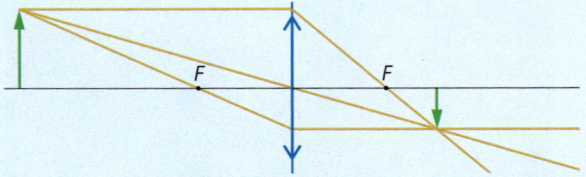

Virtuelle Bilder können nicht auf einem Projektionsschirm aufgefangen werden.

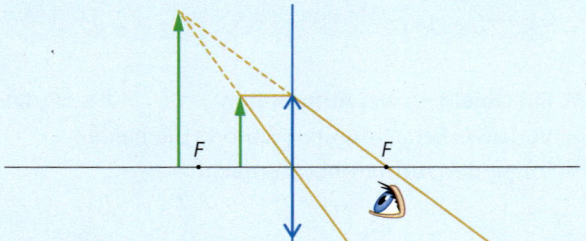

Auge

Gegenstände, die mehr als etwa 30 cm vom Auge entfernt sind, werden bei entspannter Augenlinse gleichzeitig scharf gesehen.
Bei kleineren Gegenstandsweiten wird die **Brennweite der Augenlinse** an die jeweilige Gegenstandsweite angepasst.
Bei **Fehlsichtigkeit** passt häufig der Abstand zwischen Augenlinse und Netzhaut nicht. Sie kann mit passenden Linsen korrigiert werden.

Fotoapparat

Im Fotoapparat erfolgt die Anpassung an die Gegenstandsweite durch **Veränderung der Bildweite.** Die **Blende** regelt die Lichtmenge, die auf den Bildsensor trifft. Bei kleiner Blendenöffnung können auch Gegenstände in unterschiedlicher Gegenstandsweite gleichzeitig scharf abgebildet werden.

Fernrohr

Ein Fernrohr besteht aus zwei Sammellinsen. Das **Objektiv** besitzt eine große Brennweite, das **Okular** eine kleine. Ihre Brennebenen fallen zusammen. Der **Sehwinkel** des austretenden Lichtbündels ist größer als der des eintretenden. Dadurch erscheint der weit entfernte Gegenstand vergrößert.

1 Optische Linsen

Mit Sammellinsen können scharfe Bilder von Gegenständen erzeugt werden.

a ☐ Beschreibe, was man unter dem Brennpunkt, der Brennweite und der Brennebene einer Sammellinse versteht. Fertige dazu auch eine Skizze an.

b ☑ „Ein Gegenstandspunkt, der sich außerhalb der Brennweite einer Sammellinse befindet, wird auf einem Bildpunkt abgebildet." Belege diese Aussage durch eine geeignete Konstruktion.

2 Tautropfen

Tautropfen haben die Form von Sammellinsen.

a ☐ Benenne die Eigenschaften des Bilds, das durch den Tautropfen erzeugt wird.

b ☑ Beschreibe die Voraussetzungen, unter denen ein solches Bild entsteht.

c ☐ Gib an, wo diese Art der Bilderzeugung genutzt wird.

3 Fotoapparat

Mit einem Fotoapparat können scharfe Bilder von Gegenständen in unterschiedlicher Gegenstandsweite erstellt werden.

a ☐ Nenne die vier wichtigsten Bauteile eines Fotoapparats, die für die Bilderzeugung von Bedeutung sind.

b ☐ Nenne die beiden Aufgaben, die die Blende eines Fotoapparats hat.

c ■ Auf dem gezeigten Foto sind sowohl die Blumen im Vordergrund als auch die Berge im Hintergrund scharf abgebildet. Erkläre, wie bei einem Fotoapparat erreicht wird, dass zwei Gegenstände in unterschiedlicher Entfernung gleichzeitig scharf auf dem Bildsensor abgebildet werden.

4 Menschliches Auge

Das Linsensystem des menschlichen Auges ist in der Lage, Bilder von Gegenständen in unterschiedlicher Entfernung scharf abzubilden.

a ☐ Nenne die wichtigsten Bestandteile des Auges, die für die Bildentstehung von Bedeutung sind.

b ☐ Ordne den Bestandteilen des Auges jeweils die des Fotoapparats mit gleichwertiger Funktion zu.

c ☑ Benenne und beschreibe den Vorgang im Auge zur Anpassung an die Gegenstandsweite.

5 Fehlsichtigkeit

Kurzsichtigkeit ist eine Form der Fehlsichtigkeit.

a ☐ Beschreibe diese Fehlsichtigkeit und nenne auch ihre Ursache.

b ☑ Erkläre mithilfe einer geeigneten Skizze die Entstehung des unscharfen Bilds auf der Netzhaut.

c ■ Ergänze die Skizze aus Aufgabenteil **b** mit einer anderen Farbe so, dass dort die Korrektur der Fehlsichtigkeit mit einer passenden Brille dargestellt wird.

6 Fernrohr

Mit einem Fernrohr können weit entfernte Objekte vergrößert beobachtet werden.

a ☐ Beschreibe mithilfe einer beschrifteten Skizze den Aufbau eines Fernrohrs. Gehe in deiner Beschreibung auch auf die Positionierung der verwendeten Linsen ein.

b ■ Erkläre kurz, wodurch es beim Fernrohr zur Vergrößerung kommt.

6

Magnetismus

Mit einem Kompass kannst du dich auf der Erde orientieren, denn mit ihm kannst du die Himmelsrichtungen bestimmen.

In diesem Kapitel lernst du

- *was Magnete sind, welche Eigenschaften sie haben und wie man sie herstellen kann.*

- *die Modelle kennen, die die grundlegenden Eigenschaften von Magneten erklären.*

In vielen Sportarten kommen Taktik-tafeln zur schnellen Visualisierung von Spielzügen zum Einsatz. Dabei werden Magnete genutzt.
Was kann man über die Kräfte sagen, die von einem Magneten ausgehen?

6.1 Grundeigenschaften von Magneten

Der Magnetismus ist schon seit über 2000 Jahren bekannt. In der Natur kommen Magnete als Magneteisenstein vor. ↗ 1 Für unsere Experimente verwenden wir zunächst stabförmige Magnete. Man bezeichnet sie als **Stabmagnete.**

Versuch 1: Magnete sind wählerisch
Halte einen Stabmagneten nacheinander an Gegenstände aus verschiedenen Stoffen. ↗ 2

Wir sehen:
Der Magnet zieht in unserem Fall nur den Eisennagel, den Eisenschlüssel, die 5-Cent-Münze, den Nickeldraht und schwach die 2-€-Münze an.

Ergebnis:
Magnete ziehen nur Gegenstände aus **Eisen, Kobalt, Nickel** oder **deren Mischungen (Legierungen)** an. Da sich all diese Stoffe wie Eisen verhalten, werden sie **ferromagnetische Stoffe** genannt (lat. ferrum: Eisen).

Versuch 2: Wer zieht wen an?
Bewege einen Magneten zunächst langsam auf einen ruhenden Eisennagel zu. Bewege anschließend den Eisennagel auf den ruhenden Magneten zu.

Wir sehen:
Der Magnet zieht den Eisennagel an. Umgekehrt zieht auch der Eisennagel den Magneten an. ↗ 3

Ergebnis:
Magnete und Körper aus ferromagnetischen Stoffen ziehen sich **gegenseitig** an.

1 *Magneteisenstein mit Nägeln*

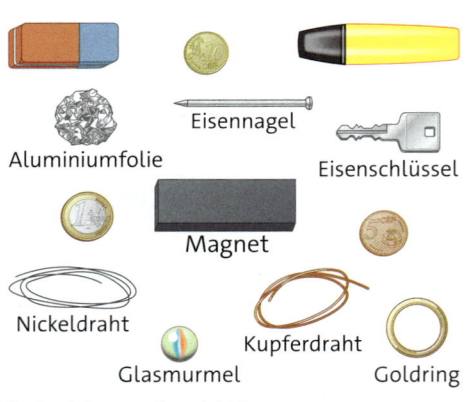

2 *Anziehung oder nicht?*

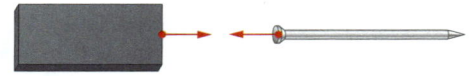

3 *Gegenseitige Anziehung*

Versuch 3: Magnetpole

Befestige einen Eisennagel an einem Faden. Nähere den Eisennagel mehrmals der Mitte eines Stabmagneten an.

Wir sehen:

Der Eisennagel wird immer zu einem der beiden Enden des Magneten bewegt, aber nie von der Mitte angezogen. ↗ 4

Ergebnis:

Der Magnet hat zwei Bereiche stärkster Kraftwirkung. Diese Bereiche nennt man **Magnetpole**. Sie kommen nie alleine und nie in ungerader Zahl vor. Der Bereich zwischen den Polen heißt **indifferente Zone**. Dies gilt für jeden Magneten, unabhängig von seiner Form.

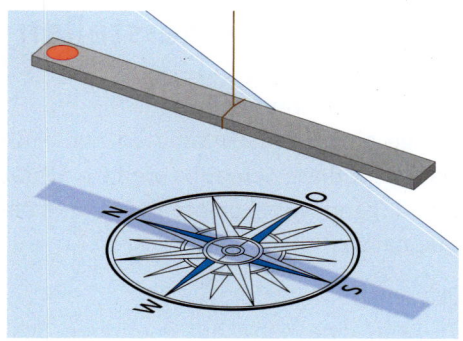

4 *Der Eisennagel bewegt sich zum Magnetende.*

Versuch 4: Die Pole sind verschieden

Lege einen Stabmagneten, den du an einem Pol markiert hast, auf eine reibungsarm drehbare Unterlage oder hänge ihn drehbar an einem Faden auf. Drehe den Magneten mehrmals in verschiedene Ausgangspositionen, lass ihn los und warte, bis er wieder zu Ruhe gekommen ist.

Wir sehen:

Der Magnet richtet sich mit dem markierten Pol immer in die gleiche Richtung aus.

Ergebnis:

Die beiden Magnetpole sind verschieden. Jeder Magnet richtet sich annähernd in die geografische Nord-Süd-Richtung aus. ↗ 5 Das Ende, das in Richtung des geografischen Nordpols weist, nennt man **Nordpol,** das andere Ende **Südpol**. Um zu verdeutlichen, dass Magnete zwei verschiedene Pole haben, werden diese häufig farbig markiert. Der Nordpol wird in der Regel rot und der Südpol grün markiert. ↗ 6

Das beschriebene Prinzip nutzt man bei einem Kompass. Seine Nadel ist ein frei drehbarer Stabmagnet, der sich annähernd in die geografische Nord-Süd-Richtung ausrichtet. Deshalb kann man sich mit einem Kompass auf der Erde orientieren.

5 *Ausrichtung eines frei drehbaren Magneten*

Südpol: grün   Nordpol: rot

6 *Jeder Magnet hat verschiedene Pole.*

- Zwischen Magneten und ferromagnetischen Stoffen (Eisen, Kobalt, Nickel und bestimmten Legierungen) wirken anziehende Kräfte.

- Jeder Magnet hat Bereiche größter Kraftwirkung: Nordpol und Südpol.

- Frei drehbare Magnete richten sich annähernd in die geografische Nord-Süd-Richtung aus. Dies nutzt man bei einem Kompass aus.

Manchmal ist es hilfreich, wenn ein Schraubendreher magnetische Kräfte auf Schrauben ausüben kann.
Wie kann ein Schraubendreher magnetisiert werden?

6.2 Magnete herstellen

Versuch 1: Schraubenkette

Hänge eine Eisenschraube an den Pol eines Stabmagneten. Hänge an diese Schraube weitere Schrauben, sodass eine herabhängende Kette entsteht. Entferne dann sehr vorsichtig den Magneten.

Wir sehen:
Es kann eine Kette aus mehreren Schrauben gebildet werden. ↗1 Wenn der Stabmagnet entfernt wird, zerfällt die Kette.

Ergebnis:
Solange die erste Schraube mit dem Magneten in Kontakt ist, werden die Schrauben selbst zu Magneten. Die magnetische Kraftwirkung wird von Schraube zu Schraube immer kleiner.
Sie verschwindet ganz, wenn der Magnet entfernt wird. Die Schrauben werden nur kurzzeitig magnetisiert.

Die Erscheinung, dass ein ferromagnetischer Stoff in der Nähe eines Magneten selbst zu einem Magneten wird, nennt man **magnetische Influenz.**

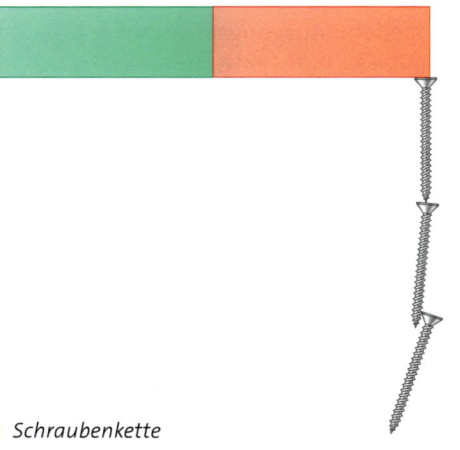

1 *Schraubenkette*

Versuch 2: Magnetische Influenz und Polung

In diesem Versuch arbeitest du mit einem Stab aus Weicheisen. Dabei handelt es sich um sehr reines Eisen. Es ist mechanisch „weich", also relativ leicht verformbar.
Befestige den Weicheisenstab vertikal an einem Stativ. Stelle eine drehbar gelagerte Magnetnadel in die Nähe des unteren Endes des Weicheisenstabs.
Nähere den Nordpol eines Stabmagneten dem oberen Ende des Weicheisenstabs, ohne diesen dabei zu berühren. ↗2 Wiederhole den Vorgang mit dem Südpol.

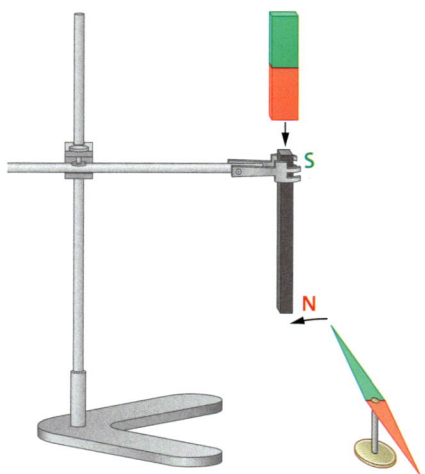

2 *Polung bei magnetischer Influenz*

Wir sehen:

Die Magnetnadel zeigt erst mit dem Südpol, dann mit dem Nordpol zum Weicheisenstab.

Ergebnis:

Ein Weicheisenstab wird in der Nähe eines Magneten selbst zu einem Magneten. Er hat einen Nord- und einen Südpol.
Weichmagnetische Materialien verhalten sich dabei wie unser Weicheisenstab: Sie verlieren ihre magnetische Kraftwirkung, wenn man den Magneten von ihnen entfernt. Man spricht von **temporärem Magnetismus**.

Versuch 3: Dauerhafte Magnetisierung

Überstreiche
a einen Eisennagel aus Weicheisen,
b einen Stahlnagel
mehrmals vom Kopf zur Spitze mit dem Nordpol eines Stabmagneten. ↗ 3 Nähere nacheinander Spitze und Kopf der Nägel den beiden Polen einer drehbar gelagerten Magnetnadel.

Wir sehen:

a Kopf und Spitze des Eisennagels ziehen beide Pole der Magnetnadel an.
b Der Kopf des Stahlnagels zieht den Südpol der Magnetnadel an und stößt den Nordpol ab. Die Spitze zeigt umgekehrtes Verhalten wie der Kopf.
Die magnetische Kraftwirkung ist nicht sehr groß.

Ergebnis:

Hartmagnetische Materialien wie Stahl können durch mehrmaliges Überstreichen mit einem Magneten dauerhaft magnetisiert werden. Man spricht von **permanentem Magnetismus**. Die Magnete nennt man **Dauermagnete**. Die Kraftwirkung des überstreichenden Magneten wird dabei nicht verändert.

Viele Schraubendreher sind bereits industriell durch spezielle Verfahren dauerhaft magnetisiert. Ansonsten kannst du einen Schraubendreher mit dem beschriebenen Verfahren auch selbst magnetisieren.

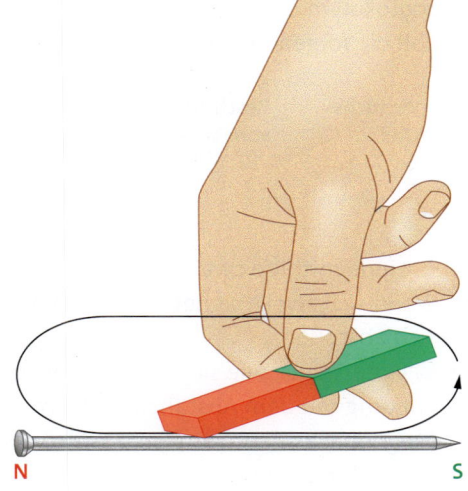

3 *Dauerhafte Magnetisierung*

- **Körper aus einem ferromagnetischen Stoff werden in der Nähe eines Magneten selbst zu einem Magneten. Dies nennt man magnetische Influenz.**

- **Weichmagnetische Materialien werden kurzzeitig magnetisiert. Hartmagnetische Materialien können durch magnetische Influenz dauerhaft magnetisiert werden.**

Experimentieren

1 Eigenschaften magnetischer Kräfte ↗ S. 136/137
Material: 2 gleiche Stabmagnete, Magnete verschiedener Größe und aus unterschiedlichem Material, verschiedene Gewichtsstücke aus Eisen, Platten gleicher Dicke aus unterschiedlichem Material (z. B. Kupfer, Eisen, Plexiglas, Karton), Eisennagel

- Lege zu den folgenden Versuchen ein Versuchsprotokoll in tabellarischer Form an. Die Tabelle soll die folgenden Inhalte haben:

Versuchs-titel	Beschriftete Skizze vom Versuch	Ergebnis
...	...	...

a ☐ Finde mithilfe zweier Stabmagnete heraus, wann sich zwei Magnete anziehen und wann sie sich abstoßen.

b ☐ Untersuche, wie sich die magnetische Kraftwirkung mit dem Abstand zu den Polen eines Magneten ändert. Verwende hierzu einen Stabmagneten und einen Eisennagel.

c ◪ Untersuche, ob sich die magnetische Kraftwirkung durch andere Stoffe abschwächen lässt. Verwende hierzu einen Stabmagneten, einen Eisennagel und Platten aus unterschiedlichem Material.

d ◪ Untersuche, ob die magnetische Kraftwirkung von der Größe des Magneten abhängt. Verwende dazu verschieden große Magnete und mehrere Gewichtsstücke aus Eisen.

e ◪ Untersuche, wie sich die magnetische Kraftwirkung zweier gleicher Stabmagnete ändert, wenn sie wie im Bild hintereinander oder parallel zusammengefügt werden:

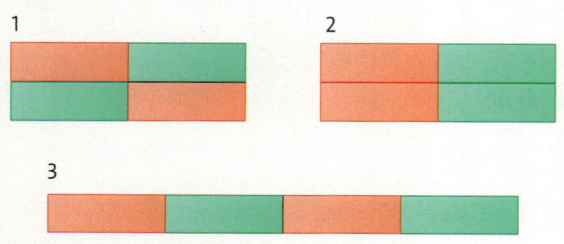

Wenn du die gleichnamigen Pole parallel zusammenfügst, musst du die Magnete gegen die abstoßenden Kräfte zusammenpressen. Überprüfe die Kraftwirkung mit verschiedenen Gewichtsstücken.

Nachdenken & Kombinieren

2 Magnetschwebebahn ↗ S. 136/137

Magnetschwebebahnen werden durch Trägermagnete mit sehr großer Kraftwirkung angehoben. Durch Führungsmagnete werden sie entlang ihrer Fahrbahn bewegt.

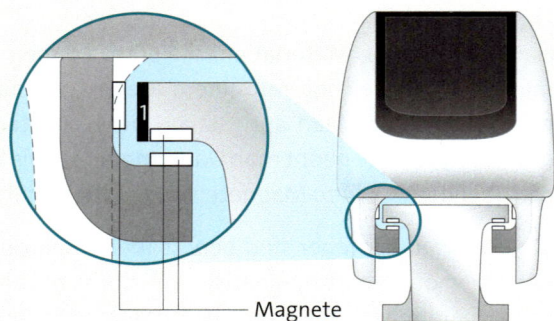

Magnete

a ☐ Übertrage die runde Lupenansicht skizzenhaft in dein Heft und gib an, bei welchen Magneten es sich um die Trägermagnete und bei welchen um die Führungsmagnete handelt.

b ☐ Markiere in deinem Bild farbig eine mögliche magnetische Polung der Magnete.

c ◪ Bei der mit „1" bezeichneten Stelle handelt es sich nicht um einen Magneten. Gib an, aus welchem Material dieser Bereich gefertigt sein muss. Begründe deine Antwort.

3 Magnet oder nicht? ↗ S. 136/137

a ☑ Beschreibe, wie du mithilfe einer Kompassnadel feststellen kannst, ob es sich bei einem Metallstück um einen Magneten handelt oder nicht.

b ☑ Begründe, warum es nicht genügt festzustellen, dass sich Kompassnadel und Metallstück gegenseitig anziehen.

4 Wer ist der Magnet? ↗ S. 136/137

In einem Versuch wird festgestellt, dass sich zwei äußerlich gleich aussehende Metallstücke gegenseitig anziehen.

a ☑ Nenne die beiden Schlussfolgerungen, die über die zwei Metallstücke aufgrund der Beobachtung gemacht werden können.

b ☑ Beschreibe eine einfache Vorgehensweise, mit der man ohne weitere Hilfsmittel feststellen kann, welche der beiden Schlussfolgerungen zutrifft.

In Worte fassen

5 Magnetische Influenz I ↗ S. 138/139

☐ Beschreibe einen einfachen Versuch, der die magnetische Influenz zeigt.

6 Magnetische Influenz II

Zwei Eisennägel sind wie im Bild dargestellt nebeneinander aufgehängt.

a ☑ Beschreibe, was geschieht, wenn ihnen von unten der Nordpol eines Magneten genähert wird.

b ■ Erkläre die Beobachtung mithilfe der folgenden Begriffe:

> Abstoßung · gleichnamige Pole · gleichsinnig · magnetisiert · magnetische Influenz · Nordpol · oben · Südpol · unten

c ☑ Beschreibe, was geschieht, wenn den Nägeln der Südpol des Magneten genähert wird. Begründe deine Angabe.

Recherchieren

7 Einsatz von Magneten ↗ S. 138/139

☐ Recherchiere nach zehn verschiedenen Einsatzmöglichkeiten für Dauermagnete und notiere diese.

8 Magnetische Werkstoffe ↗ S. 138/139

a ☐ Informiere dich im Internet über Werkstoffe, die für die Herstellung von Dauermagneten geeignet sind. Schreibe diese heraus. Notiere die Gemeinsamkeit all dieser Werkstoffe.

b ☑ Recherchiere nach einem Herstellungsverfahren für industriell gefertigte Magnete. Notiere die wichtigsten Schritte.

Einfach lernen

9 Grundeigenschaften von Magneten ↗ S. 136/137

a Welche Eigenschaften haben die Pole eines Magneten?

b Wie werden die Pole eines Magneten bezeichnet?

c Wie kann man die magnetische Polung eines Magneten feststellen?

d Was sind ferromagnetische Stoffe?

10 Herstellung von Magneten ↗ S. 138/139

a Was versteht man unter magnetischer Influenz?

b Welche magnetische Polung hat ein Körper aus einem ferromagnetischen Material in der Nähe eines Magneten?

c Wie kann ein ferromagnetischer Stab magnetisiert werden?

d Welches Material eignet sich für die Herstellung eines einfachen Dauermagneten?

Ordnet man viele drehbar gelagerte Magnete auf einer Fläche an, ergeben sich interessante Muster. Diese Muster können ein anschauliches Modell vom inneren Aufbau ferromagnetischer Stoffe und von Magneten geben. Wie ist ein ferromagnetischer Körper im Inneren aufgebaut?

6.3 Im Inneren von ferromagnetischen Körpern

Da wir nicht sehen können, was beim Magnetisieren im Inneren eines ferromagnetischen Körpers passiert, wollen wir eine Modellvorstellung vom speziellen Aufbau ferromagnetischer Körper entwickeln.

Versuch 1: Immer weiter teilen

Magnetisiere einen gekerbten Stahlstab. Überprüfe seine Magnetisierung, indem du die Enden einer drehbaren Magnetnadel annäherst. Brich den Stahlstab auseinander und überprüfe die Magnetisierung der Bruchstücke. Brich die Bruchstücke wiederum auseinander und überprüfe deren Magnetisierung abermals.

Wir sehen:
Die Bruchstücke sind immer vollständige Magnete mit einem Nord- und einem Südpol. ↗1 Die magnetische Kraftwirkung der Bruchstücke wird immer kleiner.

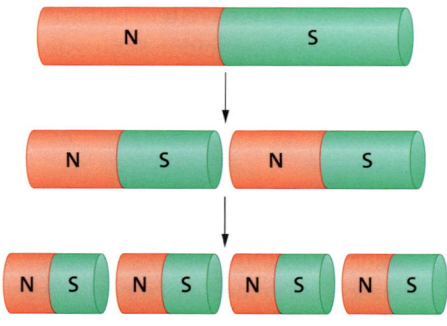

1 *Mehrfache Teilung eines Magneten*

Wenn wir den magnetisierten Stabmagneten in Gedanken immer weiter teilen, sollte jedes noch so kleine Teilstück wieder ein vollständiger Magnet sein. Die Beobachtungen legen somit die Vermutung nahe, dass ein Magnet selbst aus vielen kleinen Magneten aufgebaut sein könnte.

Versuch 2: Magnetnadelbrett

Betrachte ein Magnetnadelbrett, auf dem viele drehbar gelagerte Magnetnadeln regelmäßig angeordnet sind:
a im Ausgangszustand
b nach Bestreichen mit einem schwachen Magneten
c nach Bestreichen mit einem starken Magneten

Wir sehen:

a Die Magnetnadeln richten sich in bestimmten Bereichen in die gleiche Richtung aus. ↗ 2

b Viele Magnetnadeln haben sich in die gleiche Richtung ausgerichtet.

c Alle Magnetnadeln haben sich in die gleiche Richtung ausgerichtet. ↗ 3

Ergebnis:

Unsere Beobachtungen führen zu folgender **Modellvorstellung** vom Aufbau ferromagnetischer Körper:

- Jeder ferromagnetische Körper besteht aus kleinsten, nicht weiter teilbaren Magneten. Wir nennen sie **Elementarmagnete.**

- Die Elementarmagnete besitzen immer einen Nord- und einen Südpol. Man nennt sie deshalb **Dipole.** Es gibt keine magnetischen Einzelpole.

- In einem **unmagnetisierten ferromagnetischen Körper** sind die Elementarmagnete in einzelnen Bereichen gleichsinnig orientiert. Die Magnetisierungsrichtung all dieser Bereiche ist unterschiedlich, sodass sich die magnetische Wirkung nach außen aufhebt.

- Ein **Magnet** ist ein Körper, in dem alle Elementarmagnete gleichsinnig ausgerichtet sind.

Durch spezielle Verfahren ist es möglich, Bilder von der Struktur des Inneren eines ferromagnetischen Körpers zu erstellen. In diesen Bildern erkennt man ähnliche Strukturen, wie sie beim Magnetnadelbrett in den verschiedenen Magnetisierungszuständen zu sehen sind. Damit wird unsere Modellvorstellung bestätigt.

Mit dem Modell der Elementarmagnete kann man die Magnetisierung von Körpern anschaulich erklären. In einem ferromagnetischen Körper wie einem Eisennagel sind die Elementarmagnete nur bereichsweise gleichsinnig ausgerichtet. Ihre Wirkung hebt sich nach außen hin auf. Wenn du mit einem Magneten mehrmals in gleicher Richtung über den Nagel streichst, richten sich die Elementarmagnete gleichsinnig in Richtung des Magneten aus. ↗ 4 Der Eisennagel ist nun selbst ein Magnet.

- **Jeder ferromagnetische Körper besteht aus Elementarmagneten.**

- **In ferromagnetischen Körpern sind die Elementarmagnete in bestimmten Bereichen gleichsinnig ausgerichtet.**

- **In einem Magneten sind die Elementarmagnete überall gleichsinnig ausgerichtet.**

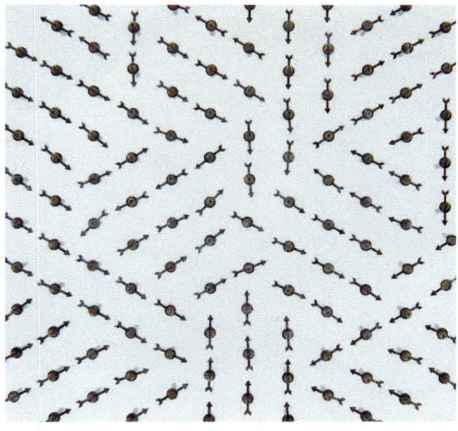

2 *Magnetnadelbrett im Ausgangszustand*

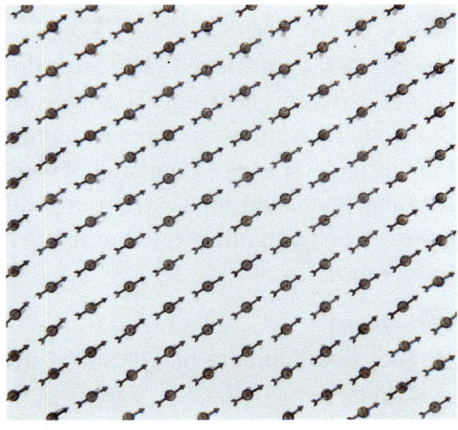

3 *Magnetnadelbrett nach Bestreichen mit einem starken Magneten*

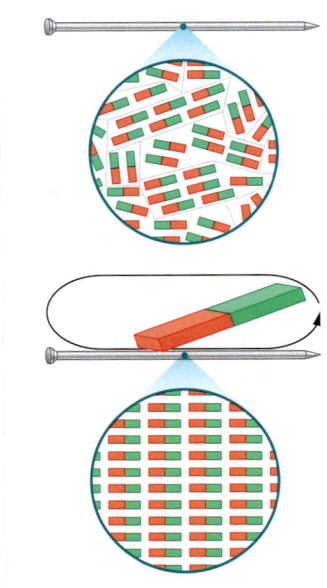

4 *Ein Nagel wird magnetisiert.*

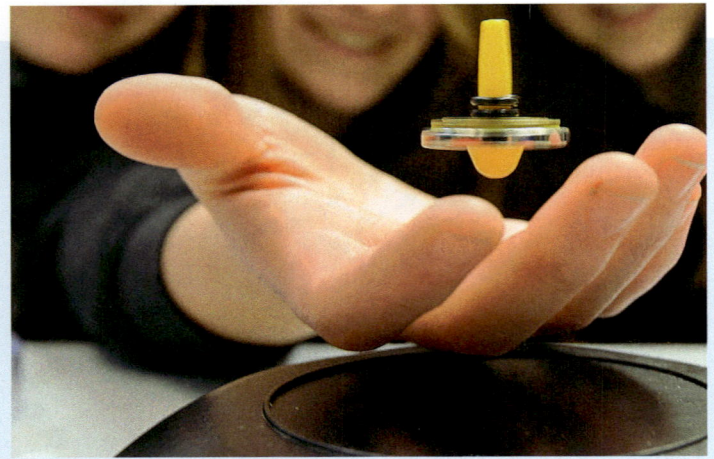

Ein Magnetkreisel schwebt über einer Magnetplatte. Der Raum um einen Magneten scheint sich in einem besonderen Zustand zu befinden.
Wie kann man eine Vorstellung von diesem Zustand bekommen?

6.4 Das Magnetfeld

Versuch 1: Magnetische Kräfte auch im Vakuum

Deine Lehrkraft stellt eine drehbare Magnetnadel unter ein Glasgefäß, das mit einer Vakuumpumpe evakuiert wurde. Der Magnetnadel nähert sie von außen einen Magneten.
Achtung: Versuche im Vakuum erfordern besondere Schutzmaßnahmen und müssen daher von deiner Lehrkraft durchgeführt werden!

Wir sehen:
Magnet und drehbare Magnetnadel üben aufeinander Kräfte aus. ↗1

Ergebnis:
Magnetische Kräfte wirken durch nicht ferromagnetische Stoffe hindurch und auch im Vakuum.
Der Raum um einen Magneten befindet sich in einem besonderen Zustand. Dieser Zustand ist dadurch gekennzeichnet, dass dort Kräfte auf ferromagnetische Körper ausgeübt werden. Diesen Raum nennt man **Magnetfeld.**

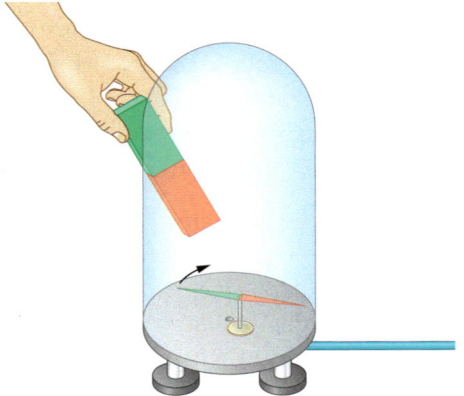

1 *Magnetische Kräfte im Vakuum*

Versuch 2: Besonderer Schwimmer

Befestige einen Stabmagneten außen an einer mit Wasser gefüllten Wanne in Höhe des Wasserspiegels. Stecke einen magnetisierten Stahlnagel in einen bereits durchgebohrten Korken, sodass er mit dem Korken auf der Wasseroberfläche schwimmen kann. Setze den Stahlnagel in der Nähe des Nordpols des Stabmagneten in das Wasser, wobei der Nordpol des Stahlnagels nach oben zeigt. Wiederhole den Vorgang mehrmals.

Wir sehen:
Der Schwimmmagnet bewegt sich auf verschiedenen bogenförmigen Bahnen in Richtung des Südpols des Magneten. ↗2

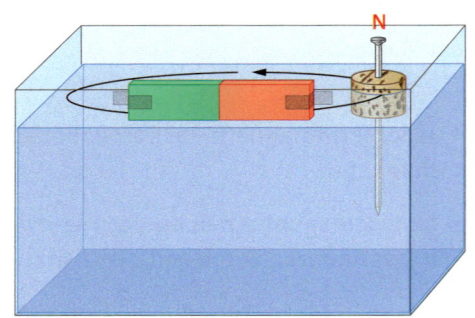

2 *Magnetischer Schwimmer*

Ergebnis:

Die magnetischen Kräfte auf einen magnetischen Nordpol haben in der Nähe eines Stabmagneten eine ganz bestimmte Richtung. Sie verlaufen in bogenförmigen Bahnen zwischen den Polen des Magneten. Außerhalb des Magneten verlaufen sie vom Nordpol zum Südpol. Ein Testmagnet würde sich entlang dieser Bahnen mit Nordpol in Feldlinienrichtung ausrichten.

Versuch 3: Fingerabdruck eines Magneten

Lege eine nicht ferromagnetische Platte auf einen Stabmagneten und streue gleichmäßig Eisenfeilspäne auf die Platte. ↗ 3

Wir sehen:

Die Eisenfeilspäne bilden ein Linienmuster, in dem die bogenförmigen Bahnen des Schwimmmagneten aus Versuch 2 wiederzuerkennen sind. An den Polen des Magneten liegen die Linien eng beieinander.

Erklärung:

Die Eisenfeilspäne werden in der Nähe des Magneten durch magnetische Influenz selbst zu Magneten. Eisenfeilspäne, die auf einer Linie verlaufen, ziehen sich untereinander an, auf benachbarten Linien stoßen sie sich ab. Die gedachten Linien, auf denen die Eisenspäne zu liegen scheinen, nennt man **Feldlinien.** Feldlinien sind Modellvorstellungen und veranschaulichen die Struktur von Magnetfeldern. Sie schneiden und verzweigen sich nicht und sind geschlossen. ↗ 4

Feldlinienbilder liefern wichtige Informationen über die magnetischen Kräfte, die im Raum um einen Magneten auf magnetische Körper wirken. Sie geben die **Richtung der Kraftwirkung** auf magnetische Körper an einer bestimmten Stelle im Raum an. Die **Dichte der Feldlinien** ist ein Maß für den Betrag der magnetischen Kraftwirkung: Je größer die Feldliniendichte ist, desto größer ist der **Betrag** der magnetischen Kraftwirkung.

Das Feldlinienbild aus Versuch 3 ist zweidimensional. Tatsächlich ist das Magnetfeld um einen Magneten jedoch dreidimensional, was durch besondere Versuchsanordnungen sichtbar gemacht werden kann. ↗ 5

- Im Raum um einen Magneten wirken immer magnetische Kräfte auf magnetische Körper. Man nennt diesen Raum **Magnetfeld.**

- Das Feldlinienbild eines Magneten gibt Auskunft über Richtung und Betrag der magnetischen Kraft auf magnetische Körper an einem bestimmten Ort. Die Richtung der Feldlinien wurde außerhalb des Magneten vom Nord- zum Südpol festgelegt.

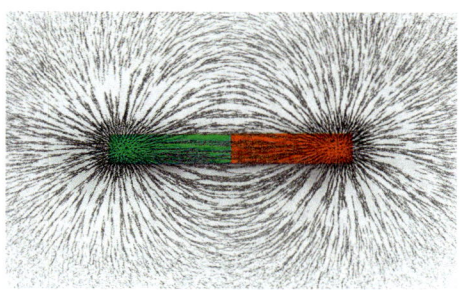

3 *Eisenfeilspäne und ein Stabmagnet*

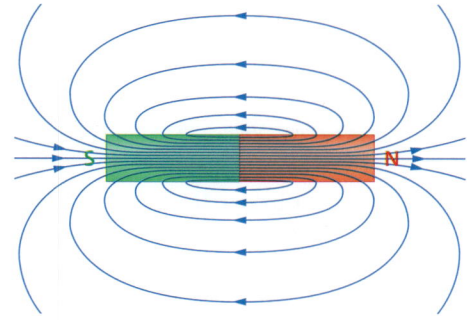

4 *Feldlinienbild*

5 *Räumliche Anordnung von Eisenfeilspänen um einen Magneten*

↗ **NEWTON AKTIV**   Seite 148/149   Aufgabe 2, 8, 10, 11 c–f

Besondere Magnetfeldstrukturen

Für bestimmte technische Anwendungen sind im Laufe der Geschichte unterschiedliche Magnetformen entwickelt worden.

Eine besondere Bedeutung hat dabei der **Hufeisenmagnet.** ↗ 1 Betrachtet man die Struktur des Magnetfelds zwischen seinen Schenkeln, erkennt man, dass dort die Feldlinien parallel und in gleichem Abstand zueinander verlaufen. Dies hat zur Folge, dass dort die Kraftwirkung auf ferromagnetische Körper und andere Magnete an jeder Stelle gleich ist. Ein solches Magnetfeld nennt man homogen.

Magnetische Kräfte können die Funktion bestimmter Geräte wie beispielsweise Herzschrittmacher nachteilig beeinflussen oder zerstören. Deshalb ist es wichtig, magnetische Kräfte abschirmen zu können. Dies gelingt durch **ferromagnetische Hohlkörper.** ↗ 2

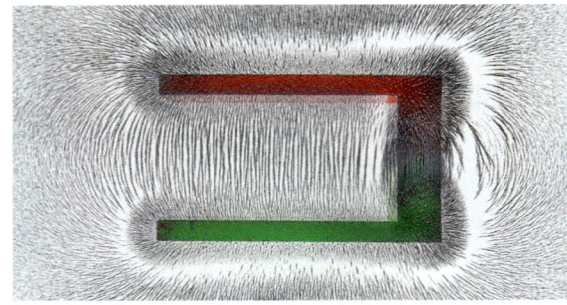

1 *Magnetfeld eines Hufeisenmagneten*

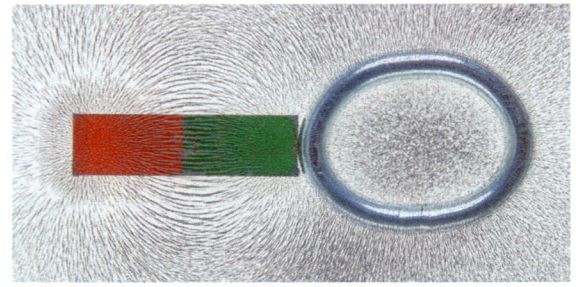

2 *Abschirmung von Magnetfeldern*

↗ **NEWTON AKTIV** Seite 148 Aufgabe 3, 4

Magnetismus in der Medizin

Magnetische Kräfte sind mit den menschlichen Sinnesorganen nicht wahrnehmbar. Dies führte dazu, dass der Magnetismus in früheren Jahrhunderten mit Magie in Verbindung gebracht wurde. In der Medizin wird ihm zum Teil bis heute heilende Wirkung zugeschrieben. Auch wenn Magnetismus mit Magie natürlich nichts zu tun hat, ist er dennoch ein Phänomen, ohne das die moderne Medizin nicht mehr auskommt. So ist die Magnetresonanztomografie (kurz MRT) neben dem Röntgen und dem Ultraschall das wichtigste Bildgebungsverfahren. ↗ 3 Bei einer MRT wird der Patient auf einer Liege in eine Röhre geschoben. Mithilfe von ringförmigen Magneten mit sehr großer Kraftwirkung werden medizinische Bilder der inneren Organe und Gewebe erstellt. Bei diesem Verfahren kann der gesamte Körper dargestellt werden, aber auch einzelne Körperbereiche wie der Kopf. ↗ 4

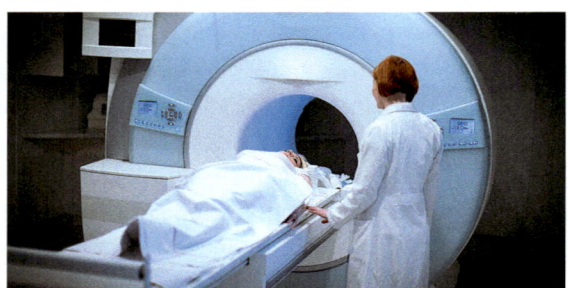

3 *Magnetresonanztomograf*

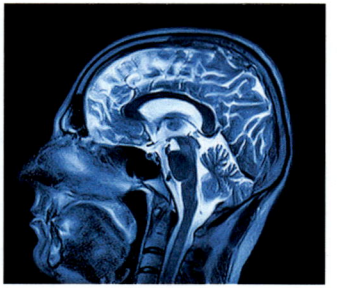

4 *Magnetresonanztomografisches Bild*

↗ **NEWTON AKTIV** Seite 148 Aufgabe 5

Erdmagnetismus

Lange Zeit konnten sich die Menschen nicht erklären, warum sich die Magnetnadel eines Kompasses auf der Erde immer gleich orientiert. Im
16. Jahrhundert entwickelte sich in Europa die
Vorstellung vom **Magnetberg**. Laut dieser Theorie sei ein riesiger Magnetberg am Nordpol der
Erde für die Orientierung der Kompassnadel verantwortlich.

Heute weiß man, dass der Erdmagnetismus
mit relativ komplizierten Vorgängen im Inneren
der Erde zu erklären ist. Die Erde ist demnach
selbst ein riesiger Magnet. Der **magnetische
Südpol** der Erde liegt in der Nähe des geografischen Nordpols und der **magnetische Nordpol**
in der Nähe des geografischen Südpols. ↗ 5
Die magnetischen und geografischen Pole sind
mehr als 1000 km voneinander entfernt. Die magnetischen Pole ändern im Laufe der Zeit ihre
Position, sie wandern.

Heutzutage erfolgt die Ortsbestimmung wie
zum Beispiel beim GPS (Global Positioning Sys-
tem) überwiegend über Satelliten. Seefahrer
müssen dennoch die Navigation mithilfe eines
Magnetkompasses beherrschen. Dazu benutzen
sie Seekarten, die den Winkel zwischen dem magnetischen Pol, dem geografischen Pol und einem bestimmten Ort angeben. Diesen Winkel
nennt man **Deklination.**

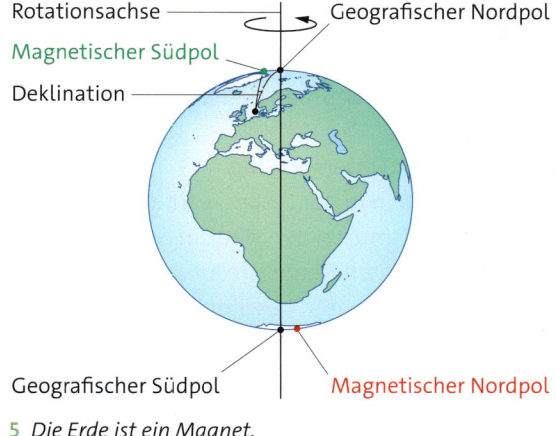

5 *Die Erde ist ein Magnet.*

↗ **NEWTON AKTIV** Seite 149 Aufgabe 6

Struktur des Erdmagnetfelds

Wie alle Magnete besitzt auch die Erde ein Magnetfeld. Mit einer **Inklinationsnadel** kann man
feststellen, in welchem Winkel φ die Feldlinien
an einem bestimmten Ort auf die Erdoberfläche
treffen. ↗ 6 Eine Inklinationsnadel ist eine Magnetnadel, deren Rotationsebene in magnetischer Nord-Südrichtung senkrecht auf der Erdoberfläche steht. An den magnetischen Polen
beträgt der Inklinationswinkel 90°, in der Nähe
des Äquators etwa null. Aus derartigen Messungen und mit satellitengestützten Daten ergibt
sich die Struktur des Erdmagnetfelds. In Bild 7
erkennst du, dass das Erdmagnetfeld in Erdnähe
(innerhalb von 40 000 km) annähernd dem Magnetfeld eines Stabmagneten ähnelt.

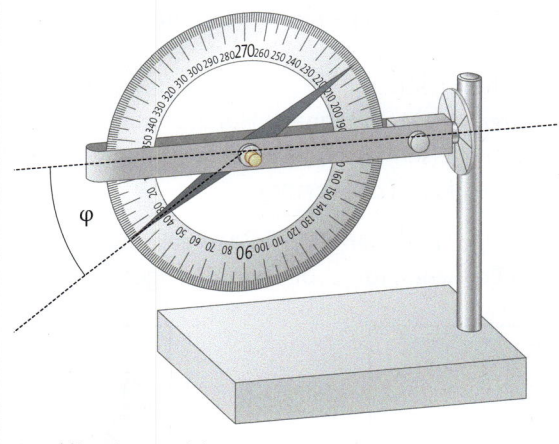

6 *Inklinationsnadel*

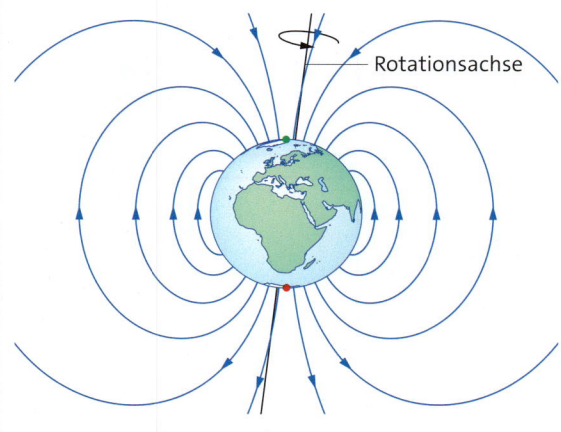

7 *Erdmagnetfeld*

↗ **NEWTON AKTIV** Seite 149 Aufgabe 7

Experimentieren

1 Entmagnetisieren ↗ S. 142/143
Material: Stahlstab, Magnet, Hammer, stabile Unterlage, drehbar gelagerter Magnet

- Magnetisiere den Stahlstab dauerhaft, indem du ihn mehrmals mit dem Magneten in einer Richtung überstreichst. Überprüfe die Magnetisierung mit dem drehbar gelagerten Magneten.
- Lass den Stahlstab auf den Boden fallen.
Achtung: Schütze dich vor dem entstehenden Lärm mit einem Ohrenschutz.
Überprüfe anschließend erneut die magnetischen Eigenschaften des Stahlstabs.

a ☐ Beschreibe deine Beobachtung.
b ■ Erkläre die Beobachtungen mit der Modellvorstellung zum Ferromagnetismus.

2 Feldlinienbilder ↗ S. 144/145
Material: 2 Stabmagnete, Hufeisenmagnet, Eisenring, Eisenfeilspäne, nicht ferromagnetische dünne Platte (z. B. Karton)

- Erzeuge Feldlinienbilder in den gekennzeichneten Bereichen folgender Anordnungen:

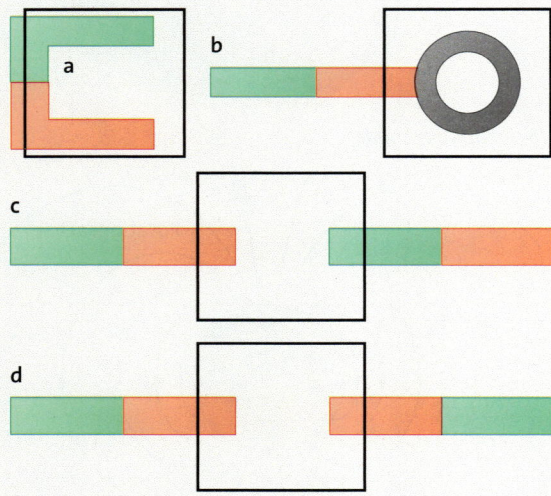

◩ Zeichne jeweils das idealisierte Feldlinienbild für den gekennzeichneten Bereich.
Vergleiche die erhaltenen Feldlinienbilder mit Bildern aus geeigneten Quellen.

Nachdenken & Kombinieren

3 Magnetfeld eines Hufeisenmagneten ↗ S. 146

Das Magnetfeld zwischen den Schenkeln eines Hufeisenmagneten nennt man homogenes Magnetfeld.

a ☐ Nenne die beiden geometrischen Besonderheiten des Feldlinienverlaufs bei einem homogenen Magnetfeld.
b ◩ Interpretiere das Feldlinienbild zwischen den Schenkeln eines Hufeisenmagneten hinsichtlich des Betrags der magnetischen Kraftwirkung. Begründe deine Aussage.

4 Sicherer Versand von Magneten ↗ S. 146
Magnetfelder von nicht sachgemäß verpackten Magneten können Navigationsgeräte von Flugzeugen oder Sortiergeräte von Paketsortieranlagen beeinflussen.

a ◩ Entwirf eine mögliche Verpackung für Magnete mit großer Kraftwirkung, sodass die von ihnen ausgehenden Gefahren minimiert werden. Erstelle dazu eine beschriftete Skizze.
b ■ Begründe den Aufbau deiner Verpackung.

5 Medizinische Untersuchung ↗ S. 146
Informiere dich in der Leseecke über die Nutzung des Magnetismus in der Medizin. Vor der Untersuchung in einem Magnetresonanztomografen müssen die Patienten bestimmte Gegenstände in der Umkleidekabine belassen.

a ☐ Erstelle eine Liste von zehn alltäglichen Gegenständen, die in der Umkleidekabine bleiben müssen.
b ◩ Begründe deine Auswahl.

6 Orientierung mit einem Kompass ↗ S. 147

Auf einer Wanderkarte befindet sich der folgende Hinweis:

„Die Nadelabweichung beträgt für die Mitte des Kartenblatts im Jahr 2017 ca. 1,5° westlich. Sie nimmt jährlich um ca. 0,1° ab."

a ☑ Gib an, von welcher Abweichung hier die Rede ist und erkläre sie.

b ■ Beschreibe die Eigenschaft der magnetischen Pole, die sich aus dem zweiten Teil des Hinweises ergibt.

7 Magnetisierung im Erdmagnetfeld ↗ S. 147

Informiere dich in der Leseecke über das Magnetfeld der Erde.

Wenn ferromagnetische Körper schon längere Zeit an einem bestimmten Ort stehen (z. B. Heizkörper, Tisch- oder Stuhlbeine), kannst du eine interessante Entdeckung machen. Näherst du den Gegenständen eine Kompassnadel und bewegst sie von oben nach unten, wirst du feststellen, dass diese Körper magnetisiert sind.

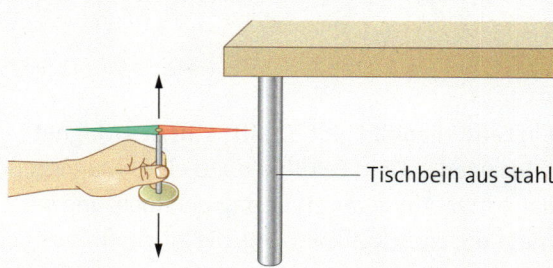

Tischbein aus Stahl

a ☑ Gib die magnetische Polung der ferromagnetischen Körper auf der Nordhalbkugel der Erde an und begründe deine Angabe.

b ■ Erkläre, warum in der Nähe des Äquators vermutlich keine Magnetisierung der genannten Körper auftritt.

In Worte fassen

8 Feldlinienmuster ↗ S. 144/145

☑ Erkläre die Entstehung des Feldlinienbilds eines Magneten durch Eisenfeilspäne mit der magnetischen Influenz.

Recherchieren

9 Entmagnetisieren durch starke Erwärmung ↗ S. 142/143

Einen Magneten kann man auch durch starkes Erhitzen entmagnetisieren.

a ☑ Stelle durch Recherche in geeigneten Quellen die wichtigsten Informationen zum Entmagnetisieren durch Erhitzen zusammen.

b ■ Recherchiere nach einem Demonstrationsversuch, mit dem das Verschwinden der magnetischen Eigenschaften ferromagnetischer Stoffe durch Erhitzen gezeigt werden kann. Erstelle eine beschriftete Versuchsskizze und beschreibe die Beobachtung.

c ☑ Präsentiere deine Nachforschungen aus Aufgabenteil **a** und **b** deinen Mitschülern.

10 Gefahren durch Magnete

a ☑ Recherchiere, wovor dieses Gefahrensymbol warnt.

b ☑ Nenne Gefahren, die beim Umgang mit Magneten großer Kraftwirkung auftreten.

Einfach lernen

11 Modellvorstellung vom Ferromagnetismus ↗ S. 142–147

a Wie stellen wir uns das Magnetisieren eines ferromagnetischen Körpers in der Modellvorstellung vor?

b Wie kann ein magnetisierter Körper entmagnetisiert werden?

c Was versteht man unter Magnetfeld?

d Wie ist die magnetische Feldrichtung festgelegt worden?

e Wie schaut die Struktur des Magnetfelds eines Stab- bzw. Hufeisenmagneten aus?

f Wie lassen sich magnetische Felder abschirmen?

Magnetismus

Magnete

Magnete üben Kräfte auf ferromagnetische Stoffe (Eisen, Kobalt, Nickel, spezielle Legierungen) aus. Ein frei drehbar gelagerter Magnet dreht sich auf der Erde annähernd in die geografische Nord-Süd-Richtung.

Magnetpole

Jeder Magnet besitzt Stellen größter Kraftwirkung: die Pole. Die Pole eines Magneten sind verschieden und werden **Nord-** und **Südpol** genannt. Gleichnamige Pole stoßen sich ab, ungleichnamige Pole ziehen sich an.

Südpol: grün   Nordpol: rot

zeigt in Richtung des geografischen Südpols*

zeigt in Richtung des geografischen Nordpols*

*bei einem frei drehbaren Magneten

Modellvorstellung

Ferromagnetische Körper bestehen aus kleinsten **Elementarmagneten,** die jeweils einen Nord- und einen Südpol besitzen.
In ferromagnetischen Körpern sind die Elementarmagnete in einzelnen Bereichen gleichsinnig ausgerichtet. In einem Magneten sind die Elementarmagnete überall gleichsinnig ausgerichtet.

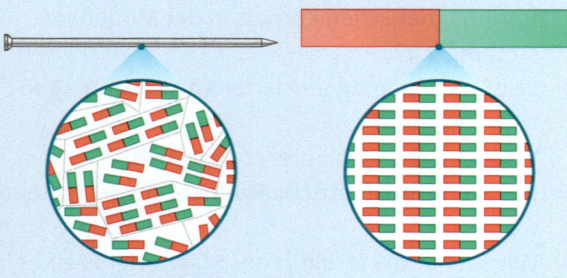

Magnetische Influenz

Ein ferromagnetischer Stoff wird in der Nähe eines Magneten selbst zu einem Magneten. Weichmagnetische Materialien werden kurzzeitig magnetisiert. Hartmagnetische Materialien können dauerhaft magnetisiert werden.
Beim Magnetisieren werden die Elementarmagnete gleichsinnig ausgerichtet.

Magnetfeld

Im Raum um einen Magneten wirken magnetische Kräfte auf magnetische Körper.
Die räumliche Struktur des Magnetfelds kann mit Eisenfeilspänen veranschaulicht werden:

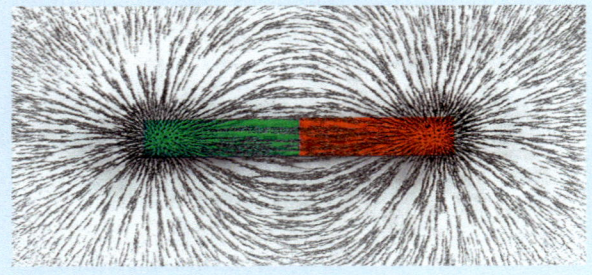

Ein **Feldlinienbild** gibt die Struktur des Magnetfelds wieder. Dem Feldlinienbild eines Magneten kann man Aussagen zu Betrag und Richtung der magnetischen Kraftwirkung, die an einem bestimmten Ort auf magnetische Körper wirkt, entnehmen. Die Dichte der Feldlinien ist ein Maß für den Betrag der Kraftwirkung auf magnetische Körper an dieser Stelle. Feldlinien verlaufen außerhalb des Magneten vom Nord- zum Südpol.

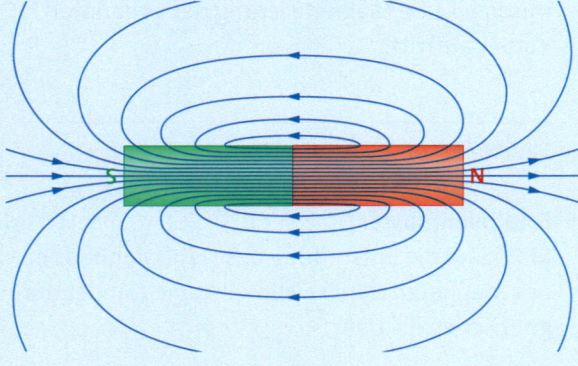

1 Grundeigenschaften

Magnete sind Gegenstände, die Kräfte auf ferromagnetische Stoffe ausüben.

a ☐ Nenne drei ferromagnetische Stoffe.

b ☐ Zwei Stabmagnete werden einander angenähert. Beschreibe mögliche Beobachtungen und begründe diese mit passenden Fachbegriffen.

c ☑ Pierre sagt: „Pluspol und Pluspol von Magneten stoßen sich ab."
Nimm Stellung zu dieser Aussage und korrigiere sie gegebenenfalls.

2 Modellvorstellung

Ein Stahlnagel kann mithilfe eines Stabmagneten dauerhaft magnetisiert werden.

a ☐ Beschreibe die Vorgehensweise zum Magnetisieren.

b ☑ Beschreibe mithilfe der Modellvorstellung zum Ferromagnetismus die Vorgänge, die im Inneren des Nagels ablaufen.

c ■ Nenne die zwei Möglichkeiten zum Entmagnetisieren des magnetisierten Stahlnagels und erkläre das Entmagnetisieren in der Modellvorstellung.

3 Magnetfeld

Der Raum um einen Magneten befindet sich in einem besonderen Zustand: Dort wirken magnetische Kräfte.

a ☐ Nenne Hilfsmittel, mit denen man das Magnetfeld nachweisen kann.

b ☑ Beschreibe, welche Informationen einem Feldlinienbild entnommen werden können.

c ☐ Gib an, wodurch sich magnetische Felder abschirmen lassen.

4 Stabmagnet

☑ Stelle zeichnerisch die Struktur des Magnetfelds eines Stabmagneten mit großer und eines mit kleiner Kraftwirkung dar. Gib dabei auch die vereinbarte Richtung mit Pfeilen an.

5 Hufeisenmagnet

Das Magnetfeld eines Hufeisenmagneten hat eine besondere Struktur.

a ☑ Übertrage das Bild in dein Heft und zeichne die Struktur des Magnetfelds zwischen den beiden Schenkeln ein.

b ■ Beschreibe die Besonderheiten des Magnetfelds eines Hufeisenmagneten.

6 Magnetfeld der Erde

Unsere Erde ist ein Magnet.

a ☑ Beschreibe das Magnetfeld der Erde. Fertige dazu eine passende Skizze an.

b ☑ Beschreibe, was man unter Deklination und was unter Inklination versteht.

7 Kompass

Mit einem Kompass kann man sich orientieren.

a ☐ Beschreibe den Aufbau eines Kompasses.

b ☑ Erkläre, wie man sich mithilfe eines Kompasses orientieren kann.

7

Elektrostatik

Bei Gewitter ist es gefährlich, in der Nähe
eines frei stehenden Baums zu stehen.
Im Auto ist man dagegen sicher vor der
Gefahr eines Blitzes.

In diesem Kapitel lernst du

- Arten und Eigenschaften elektrischer
  Ladungen kennen.

- wie sich Metalle und Nichtmetalle in der
  Nähe von elektrisch geladenen Körpern
  verhalten und wie man dies mit geeigneten Modellvorstellungen erklären kann.

- ein Modell kennen, das die Kräfte um einen
  elektrisch geladenen Körper veranschaulicht.

Manchmal stehen einem die Haare zu Berge. Das kann zum Beispiel passieren, wenn man einen Woll-pullover überzieht und dieser dabei über die Haare reibt.
Warum ist das so?

7.1 Elektrische Ladung

Versuch 1: Elektrische Kräfte nach Reibung

a Reibe einen Luftballon mit einem Wolltuch. Nähere das Wolltuch nach dem Reiben erneut dem Luftballon an.

b Verbinde zwei Luftballons an ihrer Verknotungsstelle mit je einem Faden. Reibe beide mit einem Wolltuch. Halte dann die Ballons nur an den Fäden und verringere langsam ihren Abstand.

c Wiederhole die Versuchsteile **a** und **b**. Sprühe aber diesmal vorher Wasser auf die Luftballons.

Wir sehen:

a Der Luftballon und das Wolltuch ziehen sich gegenseitig an.

b Die geriebenen Luftballons stoßen sich gegenseitig ab. ↗ 1

c Die geriebenen, angefeuchteten Luftballons üben keine Kräfte aus.

1 *Zwischen den Ballons wirken abstoßende Kräfte.*

Erklärung in der Modellvorstellung:

Wir stellen uns vor, dass jeder Körper Träger sogenannter elektrischer Ladung ist.

a Beim Reiben berühren sich die Körper auf einer großen Kontaktfläche. Dabei kann elektrische Ladung von einem auf den anderen Körper übergehen. Die Körper sind dann elektrisch geladen und üben Kräfte auf andere Körper aus.

b Da man anziehende und abstoßende Kräfte zwischen elektrisch geladenen Körpern beobachtet, kann man auf das Vorhandensein zweier unterschiedlicher Ladungsarten schließen. Man nennt sie positive (+) und negative (–) Ladung. Nur die negative Ladung ist beweglich und kann übertragen werden. ↗ 2

Ungleichnamig geladene Körper ziehen sich gegenseitig an. Gleichnamig geladene Körper stoßen sich ab. ↗ 3

c Wasser verhindert den dauerhaften Übergang von Ladung.

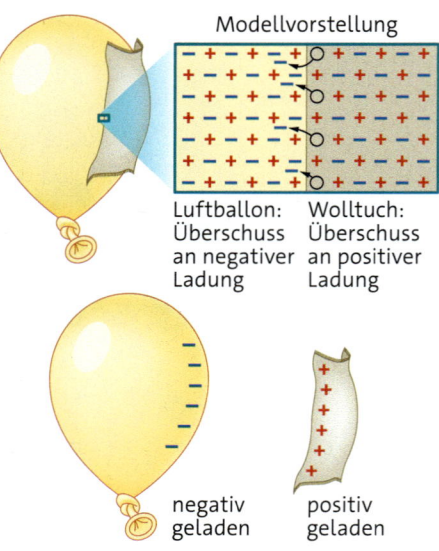

Modellvorstellung

Luftballon: Überschuss an negativer Ladung

Wolltuch: Überschuss an positiver Ladung

negativ geladen

positiv geladen

2 *Übergang elektrischer Ladung*

Ergebnis:

Jeder Körper ist Träger **positiver und negativer elektrischer Ladung.** Sind in einem Körper beide Ladungsarten in gleichen Teilen enthalten, sagt man: Der Körper ist **elektrisch neutral.** Zwei nichtmetallische, trockene Körper können durch engen Kontakt elektrisch geladen werden. Dabei geht negative Ladung von einem auf den anderen Körper über. Überwiegt in einem der Körper die positive Ladung, ist er **elektrisch positiv geladen.** Überwiegt die negative Ladung, ist der Körper **elektrisch negativ geladen.** Diese Erscheinung nennt man **Kontaktelektrizität.** Elektrisch geladene Körper üben **elektrische Kräfte** aufeinander aus. In der **Elektrostatik** erforscht man das Verhalten ruhender elektrischer Ladung.

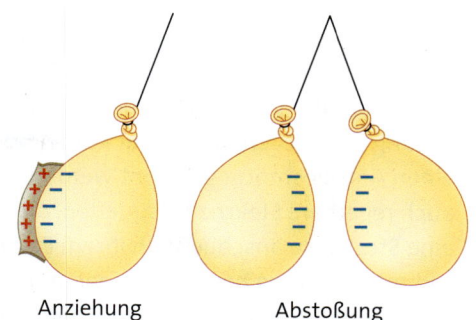

Anziehung   Abstoßung

3 *Elektrisch geladene Körper üben Kräfte aufeinander aus.*

Versuch 2: Nachweis negativer und positiver Ladung

a Reibe einen PVC-Stab mit einem Wolltuch. Berühre den Stab an verschiedenen Stellen jeweils einmalig mit einer der beiden Metallkappen einer Glimmlampe.

b Wiederhole Versuchsteil **a** mit einem Acrylglasstab, der mit einem Seidentuch gerieben wurde.

c Berühre mit der Glimmlampe die in Versuchsteil **b** bereits abgetasteten Stellen erneut.

Wir sehen:

a Das Gas um der dem Stab zugewandten Elektrode leuchtet auf. ↗ 4

b Das Gas um der dem Stab abgewandten Elektrode leuchtet auf. ↗ 5

c Beim erneuten Abtasten blitzt das Gas nicht mehr auf.

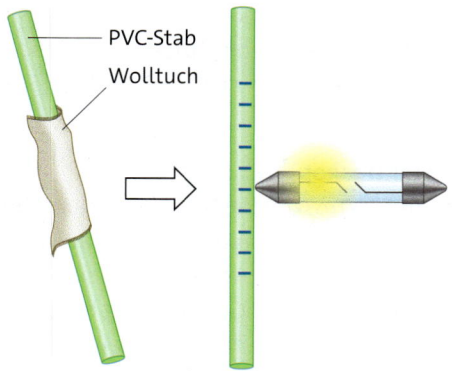

4 *Nachweis negativer Ladung*

Ergebnis:

Berührt ein ungeladener Körper einen geladenen Körper, kann dieser entladen werden. Dabei findet kurzzeitig eine Bewegung negativer elektrischer Ladung statt.

Wir bezeichnen einen Körper als **negativ geladen,** wenn die ihm zugewandte Elektrode einer Glimmlampe beim Berühren aufleuchtet. Leuchtet die gegenüberliegende Elektrode der Glimmlampe bei Berührung auf, bezeichnen wir den Körper als **positiv geladen.**

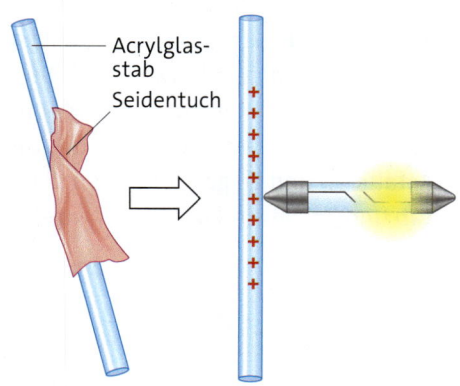

5 *Nachweis positiver Ladung*

- **Körper sind Träger positiver und negativer Ladung.**

- **Durch enge Berührung zweier Körper kann negative Ladung von einem auf den anderen übergehen.**

- **Ungleichnamig geladene Körper ziehen sich gegenseitig an. Gleichnamig geladene Körper stoßen sich ab.**

Elektrizitätsquellen

Durch spezielle Vorrichtungen, zum Beispiel einen Bandgenerator oder eine Influenzmaschine, kann Ladung durch Drehen an einer Kurbel oder durch einen Antriebsmotor getrennt werden. ↗ 1 Es gibt auch regelbare Elektrizitätsquellen, die man an eine Steckdose anschließt. In ihrem Fall hat die Ladungstrennung bereits an einer anderen Stelle stattgefunden, zum Beispiel in einem Kraftwerk, das über Leitungen mit der Steckdose verbunden ist. Durch einen Drehknopf kann man die „elektrische Spannung" einstellen und dadurch den Ladungsunterschied auf den angeschlossenen Metallkugeln beeinflussen. Die Einheit der elektrischen Spannung ist 1 Volt (1 V).

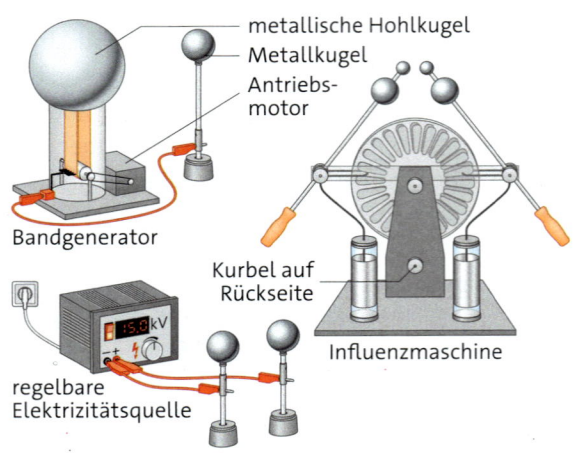

1 *Verschiedene Elektrizitätsquellen*

Elektroskop

Ein Elektroskop besteht aus einem Metallzeiger, der drehbar an einem Metallstab gelagert ist. Der Metallstab ist über einen isolierenden Kunststoffkörper an einem Gehäusering befestigt. Auf den Metallstab kann zum Beispiel ein Metallteller aufgesteckt werden. ↗ 2

Bringt man einen negativ geladenen Körper mit dem Metallteller in Kontakt, fließt negative Ladung auf das Elektroskop und verteilt sich auf dem Metallstab und dem beweglichen Zeiger. Bringt man einen positiv geladenen Körper mit dem Metallteller in Kontakt, fließt negative Ladung vom Metallstab und Zeiger auf diesen Körper. Metallstab und Zeiger sind dann positiv geladen. ↗ 3

Da sich gleichnamig geladene Körper abstoßen, wird der Zeiger in beiden Fällen ausgelenkt. Je mehr gleichnamige Ladung sich auf dem Elektroskop befinden, desto größer ist die Kraftwirkung und damit die Auslenkung des Zeigers.

Berührt man den Metallteller eines geladenen Elektroskops mit der Hand oder mit einem metallischen Leiter, der mit der Erde verbunden ist (Erdung), fließt überschüssige negative Ladung zur Erde ab bzw. so viel negative Ladung von der Erde auf das Elektroskop, bis positive und negative Ladung ausgeglichen sind. Der ausgelenkte Zeiger geht in seine Ruhelage zurück. Das Elektroskop wurde elektrisch entladen.

2 *Aufbau eines Elektroskops*

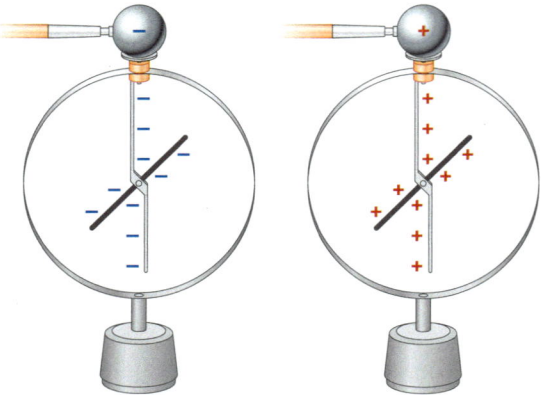

3 *Aufladen eines Elektroskops*

↗ **NEWTON AKTIV**   Seite 157   Aufgabe 3

Experimentieren

1 Anziehende und abstoßende Kräfte ↗ S. 154/155
Material: 2 PVC-Stäbe, 2 Acrylglasstäbe, Wolltuch, Seidentuch, drehbare Lagerung für die Stäbe

- Reibe den PVC-Stab mit dem Wolltuch und lege ihn auf das Drehlager. Achte dabei darauf, den Stab zuletzt mit dem Wolltuch und nicht mit den Händen zu berühren.
- Reibe den Acrylglasstab mit dem Seidentuch.
- Nähere das geriebene Ende des Acrylglasstabs einem Ende des PVC-Stabs.

a ☐ Wiederhole die Vorgänge mit allen möglichen Stab-Tuch-Kombinationen. Erstelle eine Tabelle nach folgendem Muster und notiere jeweils die Beobachtung:

Stab 1	Tuch 1	Stab 2	Tuch 2	Beobachtung
PVC	Wolle	Acrylglas	Seide	?
PVC	Wolle	PVC	Wolle	?
PVC	Wolle	Acrylglas	Wolle	?
?	?	?	?	?

b ◨ Formuliere ein Ergebnis.

c ■ Erkläre die Beobachtung für die beiden ersten Zeilen in der Tabelle aus Aufgabenteil **a**. Übertrage dazu jeweils folgende Skizze in dein Heft und beschrifte die Stäbe und die Tücher mit dem verwendeten Material. Ergänze jeweils die Modellvorstellung, mit der die Beobachtung erklärt werden kann.

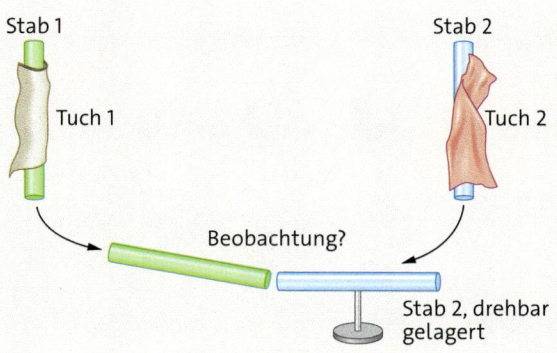

Stab 1
Tuch 1
Stab 2
Tuch 2
Beobachtung?
Stab 2, drehbar gelagert

In Worte fassen

2 Geladener Luftballon ↗ S. 154/155
Ein elektrisch neutraler Luftballon aus PVC kann durch Reiben an einem Wollpullover elektrisch aufgeladen werden.

a ◨ Beschreibe unter Verwendung der Fachbegriffe und mithilfe einer Skizze, was in der Modellvorstellung beim Reiben passiert.

b ◨ Beschreibe, was man beobachten wird, wenn der durch Reiben elektrisch aufgeladene Luftballon in die Nähe des Pullovers gebracht wird.

c ◨ Gib eine Erklärung für die Beobachtung in Aufgabenteil **b**.

d ■ Timo sagt: „Ein elektrisch neutraler Körper besitzt keine Ladung." Nimm Stellung zu seiner Aussage.

3 Elektroskop ↗ S. 156
Informiere dich in der Leseecke über das Elektroskop.

a ☐ Beschreibe den Aufbau und die Funktionsweise eines Elektroskops.

b ◨ Ein elektrisch geladener Körper wird am Metallteller eines Elektroskops abgestreift. Beschreibe eine mögliche Vorgehensweise, um herauszufinden, wie der Körper geladen war.

c ■ Wenn man einen Metallkörper elektrisch aufladen möchte, benötigt man zum Halten des Metallkörpers einen Isolierstiel, zum Beispiel aus Kunststoff. Begründe, warum diese Maßnahme notwendig ist.

Einfach lernen

4 Elektrische Ladung ↗ S. 154/155
a Was versteht man unter Kontaktelektrizität?

b Was kann über die Richtung der Kräfte zwischen elektrisch geladenen Körpern ausgesagt werden?

c Wie kann man negativ geladene Körper von positiv geladenen Körpern unterscheiden?

5 Erzeugung großer Ladungsunterschiede ↗ S. 156
Nenne verschiedene Elektrizitätsquellen.

7.2 Ladungsmengen messen

Versuch 1: Ladung ist portionierbar

Deine Lehrkraft verbindet eine Metallkugel A mit einer Elektrizitätsquelle und stellt eine Spannung von 5,0 kV ein. Eine Metallkugel B wird durch Berührung mit Metallkugel A elektrisch aufgeladen. Anschließend wird der Metallteller eines Elektroskops mit Metallkugel B berührt. ↗ 1 Deine Lehrkraft wiederholt den Vorgang mehrmals, wobei sie das Elektroskop vor jeder Wiederholung entlädt.

Wir sehen:
Das Elektroskop zeigt jedes Mal dieselbe Ladungsmenge an.

Erklärung:
Die elektrisch geladene Metallkugel nimmt eine bestimmte Ladungsmenge auf und gibt diese nahezu vollständig an das Elektroskop ab.

Ergebnis:
Ein Metallkörper kann mit einer bestimmten Ladungsmenge geladen werden. Ladung kann also portioniert werden.

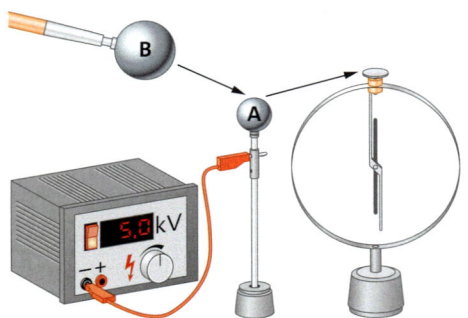

1 *Laden eines Elektroskops mit einer Metallkugel*

Versuch 2: Verschieden große Metallkugeln

Deine Lehrkraft lädt unterschiedlich große Metallkugeln wie in Versuch 1 und überprüft deren Ladungsmenge mit dem Elektroskop.

Wir sehen:
Je kleiner die Oberfläche der Metallkugel ist, desto kleiner ist die jeweils übertragene Ladungsmenge. ↗ 2

Ergebnis:
Die auf einem metallischen Körper befindliche Ladungsmenge ist umso kleiner, je kleiner die Oberfläche des Körpers ist.

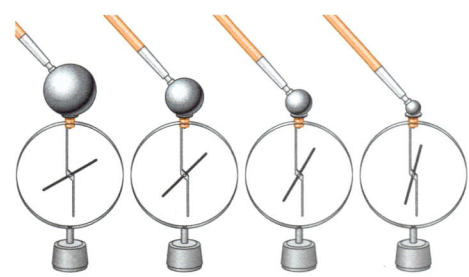

2 *Verschieden große Ladungsträger*

Versuch 3: Ladungsmengen können aufgeteilt werden

Deine Lehrkraft lädt eine große Metallkugel B wie in Versuch 1 auf. Diesmal stellt sie eine Spannung von 25 kV an der Elektrizitätsquelle ein. Anschließend berührt sie mit dieser Kugel eine zweite, gleich große ungeladene Metallkugel C. Sie vergleicht die Ladungsmengen der beiden Metallkugeln B und C mit einem Elektroskop.

Wir sehen:

Das Elektroskop zeigt für beide Metallkugeln dieselbe Ladungsmenge an. ↗ 3

Ergebnis:

Eine bestimmte Ladungsmenge kann gleichmäßig in immer kleinere Portionen aufgeteilt werden.

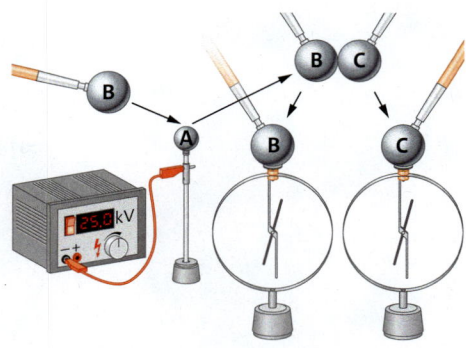

3 *Ladungsmengen können aufgeteilt werden.*

Elementarladung und Ladungsmenge

Ist in einem Körper die Menge an positiver und negativer Ladung nicht gleich, trägt er nach außen hin eine überschüssige Ladung. Diese überschüssige Ladung bezeichnen wir als **Ladungsmenge** des Körpers. Wenn wir eine bestimmte Ladungsmenge in Gedanken immer weiter teilen, kommen wir zum Ladungsträger, der die kleinstmöglich vorkommende Ladungsmenge trägt. Diesen Ladungsträger nennt man **Elektron**. Es ist negativ geladen. Die Ladungsmenge des Elektrons nennt man **Elementarladung e.**

Positive und negative Ladungsmengen Q treten immer als ganzzahlige Vielfache der Elementarladung auf: $Q = n \cdot e$.

Die Elementarladung ist so klein, dass für die Festlegung der Einheit der Ladungsmenge eine große Anzahl an Elementarladungen zusammengefasst wurde.

4 *Ladungsmessgerät*

> Die physikalische Grundgröße **Ladungsmenge Q** (lat. Quantum: wie viel) wird in der Einheit **Coulomb** angegeben:
> $[Q] = 1\,C$
> 1 C ist die Ladungsmenge von $6{,}242 \cdot 10^{18}$ Elektronen.
> Aus dieser Festlegung folgt für die **Elementarladung:**
> $e = 1{,}602 \cdot 10^{-19}\,C$

Die Ladungsmenge kann mit einem Ladungsmessgerät wie in Bild 4 abgebildet, gemessen werden. ↗ 4

	Ladungs-menge	Anzahl an Elektronen
Entladung bei einem Blitz	≈10 C	≈10^{19}
Entladung an einer Metall-klinke	≈10^{-6} C	≈10^{13}

5 *Beispiele für die Größenordnungen von Ladungsmengen*

- **Elektrische Ladung hat Portionscharakter.**

- **Die Ladungsmenge ist eine physikalische Grundgröße, die in der Einheit Coulomb angegeben wird.**

- **Elektronen tragen die kleinste vorkommende negative Ladungsmenge.**

↗ **NEWTON AKTIV** Seite 163 Aufgabe 1, 3–5, 7

Bei einem Blitz handelt es sich um eine elektrostatische Entladung, bei der kurzzeitig große Ladungsmengen fließen.
In einem Auto ist man vor einem Blitzeinschlag sicher. In der Nähe eines frei stehenden Baums ist es bei einem Gewitter dagegen gefährlich.
Warum ist das so?

7.3 Ladungsverteilung

Versuch 1: „Blitzeinschlag" in einen metallischen Hohlkörper

a Deine Lehrkraft nutzt ein zu einer Autokarosserie verformtes Metalldrahtnetz als Modellauto. An der Innen- und Außenseite des Modells sind kleine Aluminiumstreifen beweglich eingehakt. Das Automodell wird über ein Experimentierkabel mit einer Influenzmaschine verbunden und elektrisch aufgeladen. ↗1

b Deine Lehrkraft lädt einen Metallbecher auf einem Isolierfuß mit einer regelbaren Elektrizitätsquelle (25 kV) negativ auf. Mit einer Metallkugel auf einem Isolierstiel berührt sie die Becheraußenseite und anschließend den Metallteller eines Ladungsmessgeräts. ↗2 Sie wiederholt den Vorgang, berührt aber diesmal die Becherinnenseite.

Wir sehen:

a Die Aluminiumstreifen auf der Außenseite drehen sich nach außen. Die Streifen im Inneren bewegen sich nicht.

b Das Ladungsmessgerät zeigt nur Ladungen an, wenn die Metallkugel die Außenseite des Bechers berührt hat.

Erklärung:

Die Außenseite eines Körpers besitzt die größte Oberfläche. Da sich gleichnamig geladene Ladungsträger abstoßen, verteilen sie sich auf dem größten ihnen zur Verfügung stehenden Raum, also auf der Außenfläche.

Ergebnis:

Elektrische Ladung befindet sich auf geladenen metallischen Körpern auf der Außenfläche, das **Innere ist ladungsfrei.**
Die Karosserie eines Autos ist ein metallischer Hohlkörper. Trifft ein Blitz auf ein Auto, befinden sich die Ladungen auf der Außenseite der Karosserie. Daher ist man im Inneren geschützt.

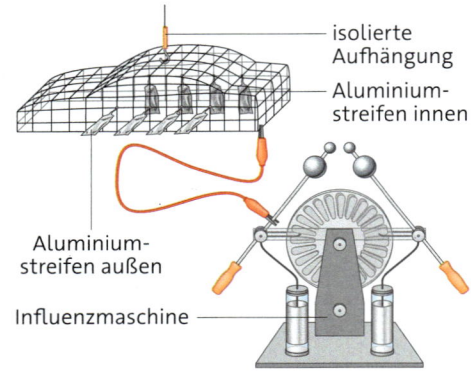

isolierte Aufhängung
Aluminiumstreifen innen
Aluminiumstreifen außen
Influenzmaschine

1 „Blitzeinschlag" im Experiment

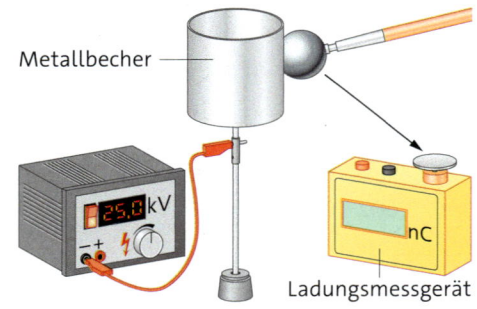

Metallbecher
nC
Ladungsmessgerät

2 Untersuchung der Ladungsverteilung bei einem metallischen Hohlkörper

Versuch 2: Spitzenwirkung

a Deine Lehrkraft befestigt einen etwa 6 cm langen Nagel auf einem Isolierfuß und richtet seine Spitze auf eine etwa 0,5 cm entfernte Flamme einer Kerze. Den Nagel lädt sie mit einer Influenzmaschine elektrisch auf. ↗ 3

b Deine Lehrkraft lädt einen Metallkörper, der die Form eines Nagels vergrößert nachbildet, mit einer regelbaren Elektrizitätsquelle (25 kV) negativ auf. Mit einer Metallkugel auf einem Isolierstiel berührt sie nacheinander den Zylinder, die Kante zwischen Zylinder und Kegel sowie die Spitze des Kegels. Die Ladung der Metallkugel überprüft sie im Anschluss jeweils mit einem Ladungsmessgerät. ↗ 4

Wir sehen:

a Die Spitze der Kerzenflamme richtet sich von der Nagelspitze weg.

b Das Ladungsmessgerät zeigt unterschiedliche Ladungsmengen an: $Q_{\text{Zylinder}} < Q_{\text{Kante}} < Q_{\text{Spitze}}$.

Erklärung:

a An der Spitze des Nagels sammelt sich viel Ladung an. Die Ladung lagert sich an den Gasteilchen der Luft an. Die gleichnamig geladenen Gasteilchen werden aufgrund der abstoßenden Kräfte zur Flamme hin beschleunigt. Die Kerze wird zur Seite gedrückt.

b Je stärker die Krümmung einer Oberfläche ist, desto dichter kann die gleichnamige Ladung an dieser Stelle liegen, weil die resultierenden abstoßenden Kräfte kleiner sind.

Ergebnis:

Die Verteilung von elektrischer Ladung auf einem metallischen Körper hängt von der Form seiner Oberfläche ab. An Stellen mit größerer Krümmung, also an Kanten und Spitzen, ist mehr Ladung vorhanden als an weniger gekrümmten Stellen. An Spitzen oder Kanten kann es ab einer bestimmten Ladungsdichte zur **Spitzenentladung** kommen.

Bei einem Gewitter stellt ein Baum auf einem freien Feld im Prinzip eine Spitze dar, an der sich viel Ladung der Erdoberfläche ansammelt. ↗ 5 Es ist deshalb wahrscheinlicher, dass ein entgegengesetzt geladener Blitz im Baum einschlägt als in eine weniger gekrümmte Fläche.

- **Elektrische Ladung befindet sich auf geladenen metallischen Körpern auf der Außenseite, das Innere ist ladungsfrei.**

- **Bei ungleichmäßig geformten Oberflächen ist die Ladungsdichte umso größer, je größer die Krümmung ist.**

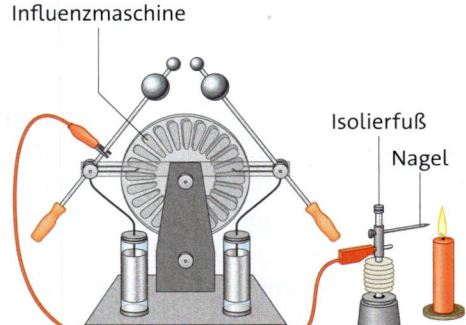

3 Versuchsaufbau

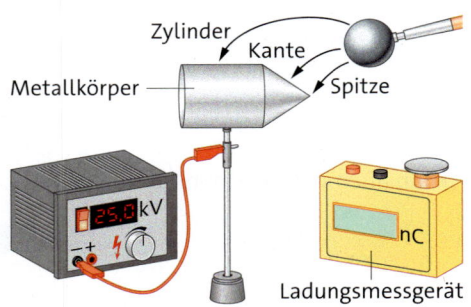

4 *Untersuchung der Ladungsverteilung auf einem Modellnagel*

5 *Ladungsverteilung bei Gewitter*

Suche nach dem Ursprung der Elektrizität

Nach dem einfachen Teilchenmodell nach John Dalton (1766–1844) bestehen alle Körper und Stoffe aus kleinsten Teilchen, die wir Atome nennen. Die Erscheinungen der Elektrizität können mit dem Teilchenmodell nach Dalton jedoch nicht erklärt werden. Im Laufe des 20. Jahrhunderts wurden neue Modellvorstellungen entwickelt. Allen gemeinsam war die Erkenntnis, dass Atome aus noch kleineren geladenen Teilchen aufgebaut sein müssen.

Der britische Physiker Joseph John Thomson (1856–1940) stellte sich vor, dass Atome aus einer positiv geladenen Masse bestehen, in der gleichmäßig die negativ geladenen Elektronen verteilt sind. ↗ 1 Da die Verteilung der Elektronen an die von Rosinen in einem Kuchen erinnert, spricht man auch vom **Rosinenkuchenmodell.**

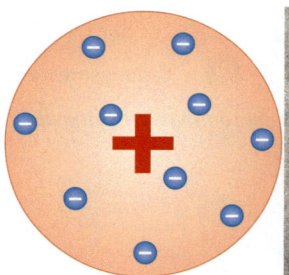 

1 *Rosinenkuchenmodell (links) nach Thomson (rechts)*

Der neuseeländische Physiker Ernest Rutherford (1871–1937) untersuchte im Jahr 1911 zusammen mit seinen Mitarbeitern den Aufbau der Atome mit einem berühmt gewordenen Experiment. Dabei wurde eine 0,5 µm dünne Goldfolie in einer luftleeren Apparatur mit kleinen positiv geladenen Teilchen bestrahlt. Die Dicke der Goldfolie entspricht etwa 2000 Goldatomen hintereinander. Um die Goldfolie wurde ein Leuchtschirm angebracht. Trafen die positiv geladenen Teilchen auf diesen Leuchtschirm, erkannte man dies mithilfe eines Mikroskops durch ein Aufleuchten an dieser Stelle. So konnte ermittelt werden, wie sich die positiv geladenen Teilchen nach dem Auftreffen auf die Goldfolie bewegten. ↗ 2

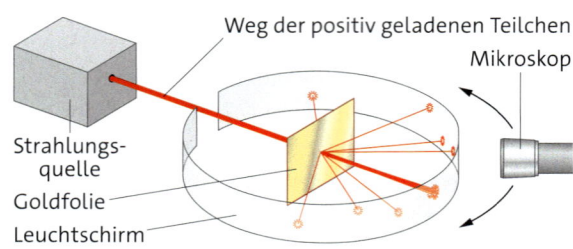

2 *Prinzip des Experiments von Rutherford*

Rutherford und seine Mitarbeiter machten folgende Beobachtungen:

1. Fast alle positiv geladenen Teilchen gehen durch die Goldfolie hindurch, als wäre die Folie gar nicht da.
2. Einige wenige Teilchen werden geringfügig aus ihrer geradlinigen Bahn abgelenkt.
3. Sehr wenige Teilchen (etwa 1 von 20 000) werden in einem Winkel von mehr als 90° abgelenkt, also „zurückgeworfen".

Anhand dieser Beobachtungen wurde das **Kern-Hülle-Modell** entwickelt. Diesem Modell liegt folgende Vorstellung zugrunde:
Ein Atom besteht zum größten Teil aus leerem Raum. In der Mitte befindet sich ein kleiner Atomkern ($d \approx 10^{-14}$ m), der fast die gesamte Masse des Atoms ausmacht. Er enthält positiv geladene Teilchen, sogenannte Protonen. Der Atomkern ist von einer Atomhülle ($d \approx 10^{-10}$ m) umgeben, in der sich die negativ geladenen Elektronen um den Atomkern bewegen. In einem Atom ist die Anzahl an Protonen im Kern genauso groß wie die Anzahl an Elektronen in der Hülle, sodass Atome nach außen hin elektrisch neutral sind. ↗ 3

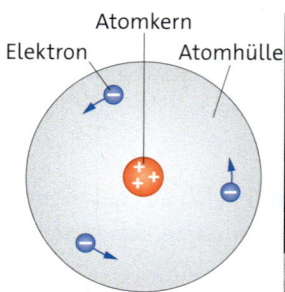 

3 *Kern-Hülle-Modell (links) nach Rutherford (rechts)*

↗ **NEWTON AKTIV**   Seite 163   Aufgabe 6

Nachdenken & Kombinieren

1 Ladungsausgleich $\quad$ ↗ S. 158/159

In einem Experiment sind zwei Tischtennisbälle mit Metallüberzug jeweils an einem etwa 50 cm langen Faden aufgehängt. Einer der Tischtennisbälle wird mit einer elektrisch geladenen Metallkugel negativ aufgeladen und der andere mit der gleichen positiven Ladungsmenge. Die Tischtennisbälle werden langsam einander angenähert.

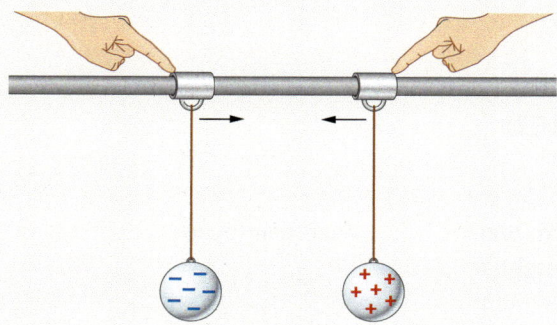

Klara und Oskar stellen Vermutungen darüber an, was man beobachten wird.

Klara: „Nach Unterschreiten eines bestimmten Abstands haften die beiden Tischtennisbälle dauerhaft aneinander."

Oskar: „Nach Unterschreiten eines bestimmten Abstands berühren sich die beiden Tischtennisbälle kurz und hängen dann nebeneinander."

a ☐ Entscheide, wer von beiden recht hat.

b ◪ Begründe deine Entscheidung, indem du die Beobachtung auf der Modellebene erklärst.

2 Sicherer Ort bei einem Gewitter $\quad$ ↗ S. 160/161

◪ Erläutere mit deinen Kenntnissen über die Verteilung von Ladung auf metallischen Körpern, warum man im Inneren eines Autos vor der tödlichen Wirkung eines Blitzeinschlags geschützt ist.

Lösungen finden

3 Ein Coulomb $\quad$ ↗ S. 158/159

☐ Zeige, dass $6{,}242 \cdot 10^{18}$ Elektronen eine Ladungsmenge von 1,0 C ergeben.

4 Elektronenüberschuss $\quad$ ↗ S. 158/159

☐ Ein Ladungsmessgerät zeigt, dass eine negativ geladene Metallkugel eine Ladungsmenge von 12 nC trägt. Berechne den Elektronenüberschuss auf dieser Kugel.

5 Ladungsausgleich $\quad$ ↗ S. 158/159

☐ Ein positiv geladener Körper hat eine Ladungsmenge von 15 nC.
Berechne die Anzahl der Elektronen, die der Körper aufnehmen müsste, damit er elektrisch neutral wird.

6 Aufbau der Atome $\quad$ ↗ S. 162

Informiere dich in der Leseecke über die Atommodelle von J. J. Thomson und E. Rutherford.

a ◪ Das Goldfolien-Experiment von Rutherford lieferte neue Erkenntnisse über den Aufbau von Atomen. Beschreibe, welche Beobachtung man nach dem Rosinenkuchenmodell von Thomson erwartet hätte.

b ☐ Beschreibe, wie ein Atom nach dem Kern-Hülle-Modell aufgebaut ist.

c ■ Laut dem Kern-Hülle-Modell ist der Atomkern im Verhältnis zum ganzen Atom sehr klein und das Atom besteht zum größten Teil aus leerem Raum. Erkläre, wie Rutherford und seine Mitarbeiter diese Erkenntnis aus ihren Beobachtungen ableiteten.

Einfach lernen

7 Ladungsmengen messen $\quad$ ↗ S. 158/159

a Was versteht man unter dem Portionscharakter elektrischer Ladung?

b Was ist das Größensymbol für die Ladungsmenge und in welcher Einheit wird sie angegeben?

c Was ist ein Elektron?

d Was versteht man unter der Elementarladung?

8 Ladungsverteilung $\quad$ ↗ S. 160/161

a Wo befindet sich elektrische Ladung bei metallischen Hohlkörpern?

b Wo befindet sich besonders viel Ladung bei Körpern mit nicht ebener Oberfläche?

Johanna bringt eine leere metallische, ungeladene Getränkedose mit einem elektrisch negativ geladenen PVC-Stab zum Rollen. Obwohl die Dose nicht geladen ist, wirken zwischen dem PVC-Stab und der Getränkedose anziehende Kräfte.
Warum verhält sich die Getränkedose so, als wäre sie positiv geladen?

7.4 Elektrische Influenz in Metallen

Versuch 1: Drehbarer Aluminiumstreifen

Deine Lehrkraft lagert einen etwa 10 cm langen und 1 cm breiten Streifen aus mehreren Schichten Aluminiumfolie drehbar mittig auf einer Nadelspitze. Im Abstand von etwa 6 cm zur Nadel werden zwei große Metallplatten so aufgestellt, dass ihre Flächen parallel zueinander ausgerichtet sind. Der Aluminiumstreifen wird ebenfalls parallel zu den Flächen der Metallplatten ausgerichtet. Die Platten werden jeweils mit einem der Pole einer regelbaren Elektrizitätsquelle (25 kV) verbunden und entgegengesetzt aufgeladen. ↗ 1

Wir sehen:
Der Aluminiumstreifen dreht sich so lange, bis die Längsachse senkrecht zu den Platten steht.

Erklärung – Aufbau von Metallen in der Modellvorstellung:
Wir stellen uns vor, dass Metalle aus Atomen bestehen, die nur wenige Elektronen in der äußersten Schale besitzen. Diese sind nur schwach an das Atom gebunden und können sich leicht vom Atom lösen. Die zurückbleibenden Atomrümpfe sind somit positiv geladen. Sie schwingen um **ortsfeste** Gitterplätze und werden als **Gitterionen** bezeichnet. Die abgegebenen **Elektronen** sind keinem bestimmten Atom zugeordnet und können sich zwischen den Gitterionen **frei bewegen.** ↗ 2

Mit dieser Modellvorstellung können wir die Beobachtung wie folgt erklären:
Bringt man einen elektrisch positiv geladenen Körper in die Nähe eines metallischen Körpers, werden die freien negativ geladenen Elektronen vom positiv geladenen Körper angezogen. Sie bewegen sich in seine Richtung. Im metallischen Körper entsteht ein Bereich mit einem Elektronenüberschuss. Auf der

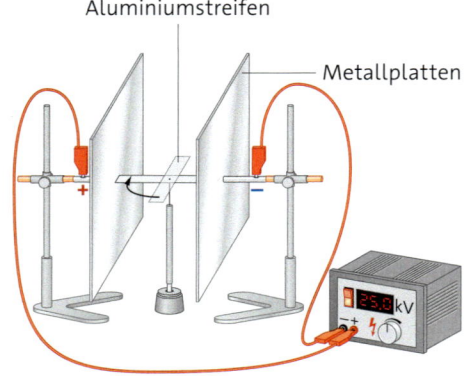

1 *Aluminiumstreifen zwischen elektrisch geladenen Platten*

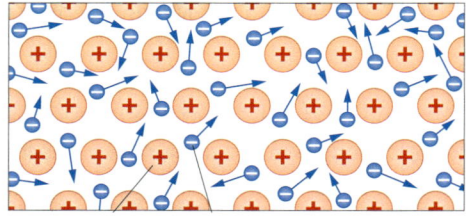

2 *Modellvorstellung vom Aufbau der Metalle*

gegenüberliegenden Seite entsteht ein Elektronenmangel, sodass dort die positiven Ladungen der Gitterionen überwie-
gen. ↗ 3
Der Aluminiumstreifen dreht sich im Experiment so, dass der
Bereich mit Elektronenüberschuss zur positiv geladenen Platte
gerichtet ist und der Bereich des Elektronenmangels zur negativ geladenen Platte.

Ergebnis:
Werden durch den Einfluss eines elektrisch geladenen Körpers
die Ladungen in einem anderen Körper verschoben, verhält
sich dieser dann so, als wäre er entgegengesetzt geladen. Man
nennt dies **elektrische Influenz.**

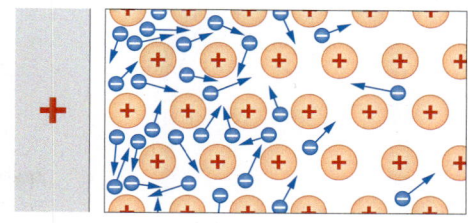

3 *Metall in der Nähe eines positiv geladenen Körpers in der Modellvorstellung*

Versuch 2: Ladungstrennung

Deine Lehrkraft stellt die beiden elektrisch geladenen Metallplatten aus Versuch 1 in einem Abstand von etwa 7 cm parallel
zueinander auf. In den Zwischenraum bringt sie zwei kleine
Metallplatten, die an Isolierstielen befestigt sind und sich an
den Flächen berühren. Die beiden Platten werden dabei parallel zu den großen Platten ausgerichtet. Deine Lehrkraft trennt
die kleinen Platten, noch während sich diese zwischen den großen Platten befinden, und überprüft ihre Ladungen mit einem
Ladungsmessgerät. ↗ 4

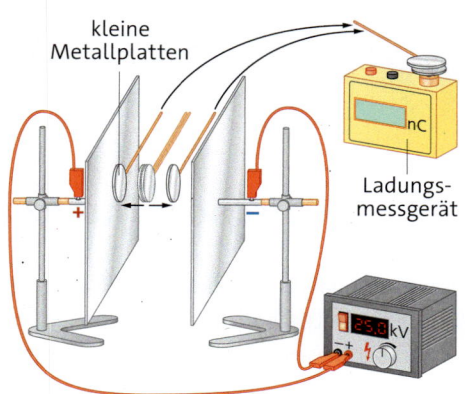

4 *Versuch zur Ladungstrennung*

Wir sehen:
Die kleinen Metallplatten sind entgegengesetzt geladen. Die
Platte, die sich näher an der positiv geladenen Platte befand,
ist negativ geladen und die andere entsprechend positiv. Die
Ladungsmengen sind jeweils gleich.

Ergebnis:
Elektrische Ladung kann in Metallen durch elektrische Influenz getrennt werden.

- Wir stellen uns vor, Metalle sind aus ortsfesten, positiv
  geladenen Gitterionen aufgebaut, die um ihre Gleichge-
  wichtslage schwingen. Zwischen den Gitterionen bewegen sich freie Elektronen.

- Beim Annähern von elektrisch geladenen Körpern an Metalle werden innerhalb des Metalls die frei beweglichen
  Elektronen verschoben. Metallische Körper verhalten sich
  deshalb in der Nähe eines elektrisch geladenen Körpers
  wie entgegengesetzt geladen.

- Wird durch den Einfluss eines elektrisch geladenen Körpers die Ladung in einem anderen Körper verschoben,
  spricht man von elektrischer Influenz.

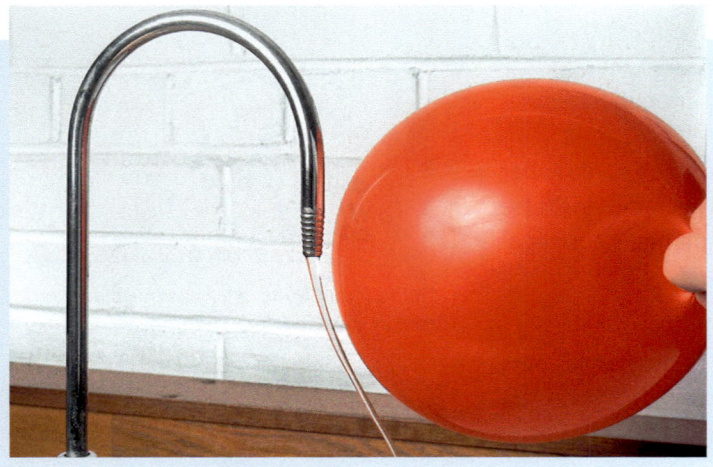

Bringt man einen elektrisch geladenen Körper in die Nähe eines Wasserstrahls, wird der Strahl abgelenkt. Warum wird der Wasserstrahl vom geladenen Körper angezogen?

7.5 Elektrische Influenz in Nichtmetallen

Versuch 1: Wasser in der Nähe eines geladenen Körpers
Reibe einen Luftballon mit einem Wolltuch. Halte den Luftballon anschließend in die Nähe eines feinen Wasserstrahls.

Wir sehen:
Der Wasserstrahl wird in Richtung Luftballon abgelenkt.

Erklärung – Aufbau von Wasser in der Modellvorstellung:
Wasser besteht aus Molekülen, die jeweils aus zwei Wasserstoffatomen und einem Sauerstoffatom aufgebaut sind. In den Wassermolekülen sind die elektrischen Ladungen räumlich nicht gleichmäßig verteilt. Es gibt einen Bereich, in dem die negative Ladung, und einen Bereich, in dem die positive Ladung überwiegt. Solche Moleküle bezeichnet man als **elektrische Dipole.** ⌐1
Zwischen dem geladenen Körper und den elektrischen Dipolen treten elektrische Kräfte auf. In der Nähe eines elektrisch geladenen Körpers ordnen sich die Dipole deshalb so an, dass sich ungleichnamige Ladung gegenüberliegt. ⌐2 Zwischen den positiv geladenen Bereichen der Dipole und dem negativ geladenen Luftballon wirken anziehende Kräfte. Daher wird der Wasserstrahl in unserem Experiment in Richtung Luftballon abgelenkt.

Ergebnis:
Manche Nichtmetalle (z. B. Wasser) sind aus elektrischen Dipolen aufgebaut. Die Dipole richten sich in der Nähe eines elektrisch geladenen Körpers so aus, dass sich ungleichnamige Ladung gegenübersteht.

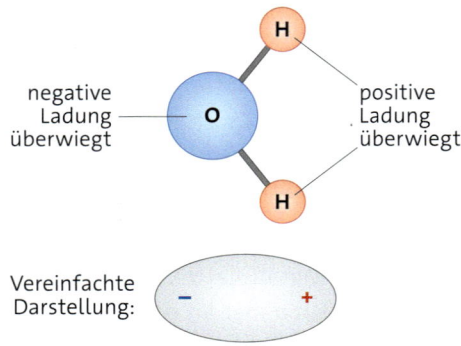

1 *Wassermoleküle sind elektrische Dipole.*

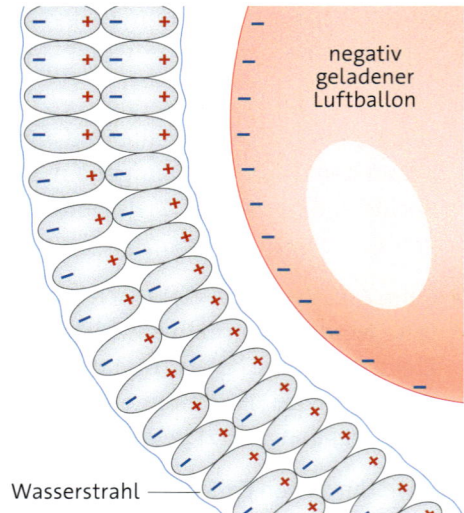

2 *Die Dipole richten sich so aus, dass sich ungleichnamige Ladungen gegenüberliegen.*

Versuch 2: Papier in der Nähe eines geladenen Körpers

Reibe einen Luftballon mit einem Wolltuch. Halte den Luftballon anschließend in die Nähe von Papierschnipseln.

Wir sehen:
Die Papierschnipsel werden vom Luftballon angezogen. ↗ 3

3 *Die Papierschnipsel haften am Luftballon.*

Erklärung:
Der Hauptbestandteil von Papier sind langkettige Cellulose-moleküle. Sie sind aus Kohlenstoff-, Wasserstoff- und Sauer-stoffatomen aufgebaut. In Cellulosemolekülen ist die elektrisch positive und negative Ladung nach außen hin weitgehend gleichmäßig verteilt. In der Nähe eines elektrisch geladenen Körpers verschiebt sich die Ladung im Inneren der Moleküle, sodass diese zu elektrischen Dipolen werden. Zwischen den elektrischen Dipolen und dem geladenen Körper wirken elektrische Kräfte und die Dipole ordnen sich so an, dass sich ungleichnamige Ladung gegenüberliegt. ↗ 4 Daher werden die Papierschnipsel in unserem Experiment vom Luftballon angezogen.

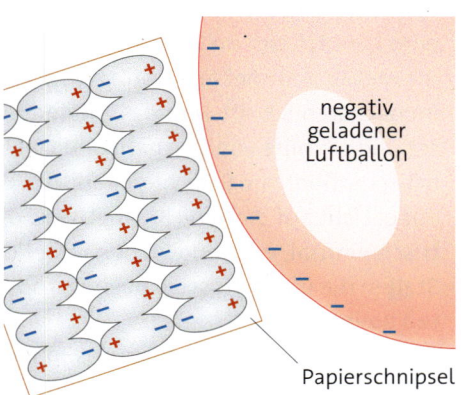

4 *Ausrichtung der Dipolmoleküle in den Papier-schnipseln (stark vereinfachte Darstellung)*

Ergebnis:
Auch Moleküle, in denen die negative und positive Ladung gleichmäßig verteilt ist, können in der Nähe von elektrisch geladenen Körpern zu elektrischen Dipolen werden.

- **Elektrisch geladene Körper können auch auf ungeladene, nichtmetallische Körper elektrische Kräfte ausüben.**

- **Manche Nichtmetalle sind aus elektrischen Dipolen aufgebaut oder ihre Moleküle werden in der Nähe elektrisch geladener Körper zu elektrischen Dipolen.**

- **In der Nähe elektrisch geladener Körper richten sich die Dipole so aus, dass sich ungleichnamige Ladung gegenübersteht.**

Elektrische Kräfte als Folge elektrischer Influenz sind für das Funktionsprinzip moderner Fotokopierer von Bedeutung. Erfahre mehr darüber in der folgenden Leseecke.

5 *Fotokopierer*

6 *C. F. Carlson – Erfinder des modernen Fotokopierers*

↗ **NEWTON AKTIV** Seite 169 Aufgaben 2, 7

Fotokopierer

Der amerikanische Physiker Chester F. Carlson (1906–1968) entwickelte 1938 einen Fotokopierer, bei dem die Farbpartikel unter Nutzung elektrischer Kräfte auf das Papier aufgetragen werden. Das Verfahren nennt man Xerografie und stellt im Grunde auch das Funktionsprinzip aktueller Kopierer und Laserdrucker dar.

Das zentrale Bauteil ist eine Metalltrommel mit einer lichtempfindlichen Beschichtung. Die Spitzenentladung eines dünnen Metalldrahts wird genutzt, um im Dunkeln positive Ladung auf die Metalltrommel aufzubringen. ↗ 1
Im nächsten Schritt wird das Originalbild belichtet und mithilfe von Spiegeln und Linsen auf die lichtempfindliche Schicht abgebildet. Dort, wo dabei Licht auf die Schicht trifft, wird diese elektrisch neutral, während an den unbelichteten Stellen die überschüssige positive Ladung erhalten bleibt. ↗ 2
Werden nun die Farbpartikel des Toners aufgebracht, lagern sie sich aufgrund elektrischer Influenz an den positiv geladenen Stellen an. ↗ 3
Auf der Metalltrommel befindet sich nun ein Spiegelbild des Originalbilds, das auf Papier übertragen werden kann. Dazu wird das Papier durch Spitzenentladung stärker positiv aufgeladen als die Schicht auf der Trommel. Wenn das Papier dann an der Trommel vorbeiläuft, werden die Farbpartikel auf das Papier übertragen. ↗ 4

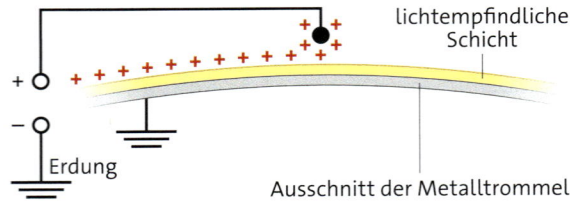

lichtempfindliche Schicht

Erdung

Ausschnitt der Metalltrommel

1 *Aufladung der Metalltrommel durch Spitzenentladung*

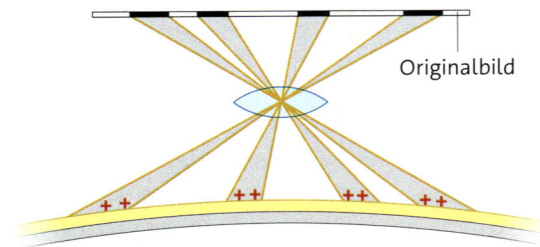

Originalbild

2 *Abbildung des Originals auf die lichtempfindliche Schicht*

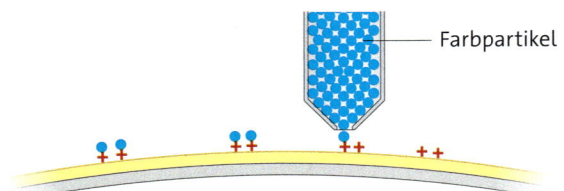

Farbpartikel

3 *Aufbringen der Farbpartikel*

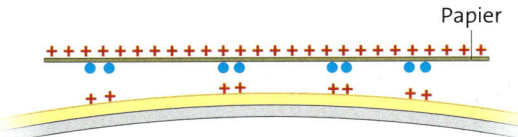

Papier

4 *Übertragung der Farbpartikel auf das Papier*

Rauchgasentstaubungsanlagen

In Kohlekraftwerken wird Kohle zermahlen und als Kohlenstaub verbrannt. Die dabei entstehenden Rauchgase enthalten gesundheitsschädliche Staubpartikel, die nicht in die Umwelt gelangen dürfen. Deshalb sind Kraftwerke mit Entstaubungsanlagen ausgestattet, die Staubpartikel mit Durchmessern zwischen 0,01 µm und 40 µm weitestgehend herausfiltern. Das Prinzip dieser Anlagen basiert auf den Kräften, die zwischen elektrisch geladenen Körpern wirken.

An Metalldrähten werden Elektronen durch Spitzenentladung freigesetzt, die sich an den vorbeiströmenden Staubpartikeln anlagern. Die nun negativ geladenen Staubpartikel werden von positiv geladenen Platten angezogen, an denen sie haften bleiben. Durch Rütteln oder Klopfen werden die Staubteilchen von dort entfernt und in einem Behälter gesammelt.

↗ **NEWTON AKTIV**   Seite 169   Aufgabe 5

Experimentieren

1 Metalldose ↗ S.164/165
Material: leere Getränkedose aus Metall, Acrylglasstab, Seidentuch, PVC-Stab, Wolltuch

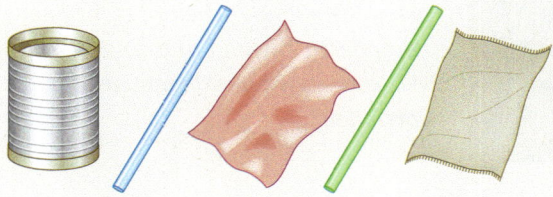

- Lege die Getränkedose so auf einen Tisch, dass
  sie rollen kann. Reibe den Acrylglasstab mit dem
  Seidentuch. Bringe den geriebenen Acrylglasstab
  in die Nähe der Dose, berühre sie aber nicht.
- Wiederhole den Versuch mit dem PVC-Stab, den
  du zuvor mit dem Wolltuch gerieben hast.

a ☐ Beschreibe deine Beobachtungen.
b ☑ Erkläre das Verhalten der Dose in beiden Fällen mit der Modellvorstellung vom Aufbau der
Metalle.

2 Salz und Pfeffer ↗ S.166/167
Material: grobkörniges Salz, Pfeffer, kleiner Teller, Gegenstand aus Kunststoff (z.B. Plastiklöf-
fel), Gegenstand aus Wolle (z.B. Wollpullover)

- Vermische auf dem Teller einen Teelöffel Salz
  mit ebenso viel Pfeffer.
- Überlege, wie du Salz und Pfeffer mithilfe des
  Kunststoffgegenstands und dem Gegenstand
  aus Wolle voneinander trennen kannst. Überprüfe, ob deine Idee funktioniert.

a ☐ Beschreibe die Vorgehensweise.
b ■ Gib eine Erklärung mit einer geeigneten Modellvorstellung.

Nachdenken & Kombinieren

3 Kontaktfreier Ladungsvergleich ↗ S.164/165
Du sollst die Ladungsmenge zweier Metallkugeln
mithilfe eines Elektroskops miteinander vergleichen, ohne es mit den Kugeln zu berühren.
a ■ Beschreibe die Vorgehensweise.
b ☑ Erkläre diese Form des Ladungsvergleichs.

4 Kunststoffe und Metalle ↗ S.164–167
☑ Wenn man einen elektrisch geladenen Gegenstand aus Kunststoff vollständig entladen möchte, muss man ihn zum Beispiel mit einem geerdeten Leiter an zahlreichen Stellen berühren.
Einen elektrisch geladenen metallischen Körper
kann man durch einmaliges Berühren mit dem
geerdeten Leiter entladen. Erkläre dies mit einem geeigneten Modell.

In Worte fassen

5 Spitzenwirkung ↗ S.168
An Metallspitzen kommt es ab einer bestimmten Ladungsdichte zu elektrostatischen Entla-
dungen. Informiere dich in der Leseecke über Anwendungen solcher Spitzenentladungen.
a ☑ Beschreibe, wofür die Spitzenentladung prin-
zipiell genutzt wird.
b ☑ Erkläre, warum in einem Fotokopierer die
Farbpartikel des Toners an der positiv geladenen
Metalltrommel haften können.

Einfach lernen

6 Elektrische Influenz in Metallen ↗ S.164/165
a Welche Modellvorstellung machen wir uns vom
Aufbau der Metalle, um damit elektrische Vorgänge erklären zu können?
b Welche Vorgänge finden bei der elektrischen Influenz in Metallen statt?

7 Elektrische Influenz in Nichtmetallen ↗ S.166/167
Wie kann man sich die elektrische Influenz bei
Nichtmetallen vorstellen?

Hält man einen Wattebausch in die Nähe eines elektrisch geladenen Luftballons, richten sich die Wattefasern radial zur Oberfläche des Luftballons hin aus. Der Raum um einen elektrisch geladenen Körper scheint sich in einem besonderen Zustand zu befinden. Wie können wir uns diesen Zustand vorstellen?

7.6 Elektrisches Feld

Versuch 1: Elektrische Kräfte auch im Vakuum

Eine Lichtmühle ist eine evakuierte Glaskugel, in der vier Glimmerplättchen leicht drehbar an einem dünnen Draht befestigt sind. Nähere von außen einen elektrisch geladenen PVC-Stab und bewege ihn langsam kreisend parallel zur Drehachse. ↗ 1

Wir sehen:
Die Glimmerplättchen können in Bewegung gesetzt werden.

Ergebnis:
Elektrische Kräfte wirken durch nichtmetallische Körper hindurch und auch im Vakuum. Der Raum um einen elektrisch geladenen Körper ist dadurch gekennzeichnet, dass dort Kräfte auf geladene Körper ausgeübt werden oder elektrische Influenz auftritt. Diesen Raum nennt man **elektrisches Feld.**

1 *Elektrische Kräfte im Vakuum*

Glimmerplättchen

PVC-Stab

evakuierte Glaskugel

Lichtmühle

Versuch 2: Watteflöckchen fliegen

Schalte einen Bandgenerator ein. Halte kleine Watteflöckchen aus verschiedenen Richtungen etwa 15 cm von der Haube des Bandgenerators entfernt und lass sie anschließend los.

Wir sehen:
Die Watteflöckchen werden radial zur Haube des Bandgenerators hin beschleunigt. Nachdem sie die Haube berührt haben, werden sie radial von ihm weggeschleudert. ↗ 2

Ergebnis:
Elektrische Kräfte haben in der Umgebung kugelförmiger elektrisch geladener Körper eine bestimmte Richtung: Sie verlaufen zum bzw. vom geladenen Körper aus radial. Verkleinert man in Gedanken einen kugelförmig geladenen Körper bis auf einen kleinen Punkt, spricht man von einer **Punktladung.**

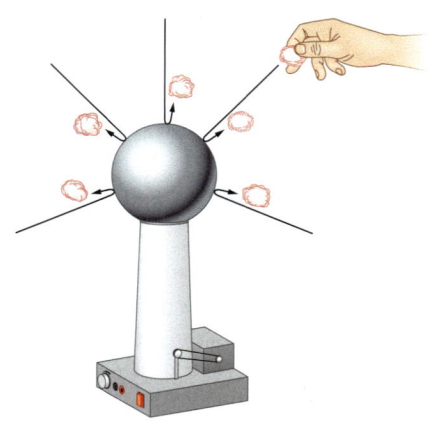

2 *Watteflöckchen fliegen.*

Versuch 3: Fingerabdruck eines geladenen Körpers

a Deine Lehrkraft verbindet eine kleine Metallscheibe mit dem Pluspol einer regelbaren Elektrizitätsquelle, die hohe Spannungen zur Verfügung stellt. Sie platziert die Scheibe mittig in einer mit Rizinusöl gefüllten, flachen Glasschale und streut fein verteilt Grießkörner in das Öl. ↗ 3

b Sie wiederholt das Vorgehen und platziert diesmal zwei ungleichnamig geladene Metallscheiben in der Glasschale.

Wir sehen:

Die Grießkörnchen bilden jeweils ein bestimmtes Linienmuster. Die Linien verlaufen in Versuchsteil **a** radial von der Scheibe aus. ↗ 4 In Versuchsteil **b** verlaufen die Linien bogenförmig zwischen den beiden Scheiben. ↗ 5

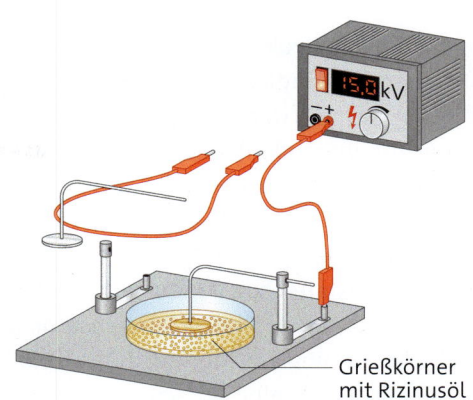

Grießkörner mit Rizinusöl

3 *Versuchsaufbau zu Versuch 3*

Erklärung:

Die Grießkörnchen werden in der Nähe der elektrisch geladenen Metallscheibe durch elektrische Influenz zu elektrischen Dipolen. Elektrische Dipole auf einer Linie ziehen sich untereinander an, auf benachbarten Linien stoßen sie sich ab. Die gedachten Linien, auf denen die Grießkörner zu liegen scheinen, nennt man **Feldlinien.** Sie sind Modellvorstellungen und veranschaulichen die Struktur des elektrischen Felds. Die Feldlinienbilder sind durch den Versuchsaufbau bedingt zweidimensional. Tatsächlich ist das elektrische Feld um einem elektrisch geladenen Körper dreidimensional.

In idealisierten Feldlinienbildern schneiden und verzweigen sich die Feldlinien nicht. Sie beginnen bzw. enden senkrecht auf der Oberfläche der elektrisch geladenen Körper. ↗ 6

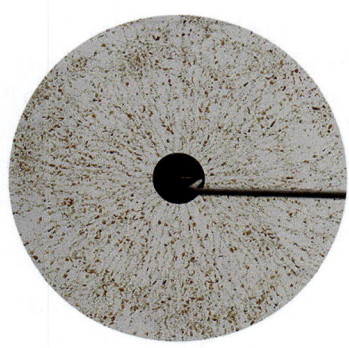

4 *Anordnung der Grießkörner in Versuchsteil a*

Feldlinienbilder erlauben Aussagen über die elektrischen Kräfte, die im Raum um einen elektrisch geladenen Körper auf andere elektrische geladene Körper wirken. Sie geben die **Richtung dieser Kraftwirkungen** an einer bestimmten Stelle im Raum an. Man hat festgelegt, dass die Feldlinien in die Richtung der Kraft zeigen, die auf einen positiv geladenen Testkörper wirkt.

Die **Dichte der Feldlinien** ist ein **Maß für den Betrag** der elektrischen Kraftwirkung: Je größer die Feldliniendichte ist, desto größer ist der Betrag der elektrischen Kraftwirkung auf einen elektrisch geladenen Körper an dieser Stelle.

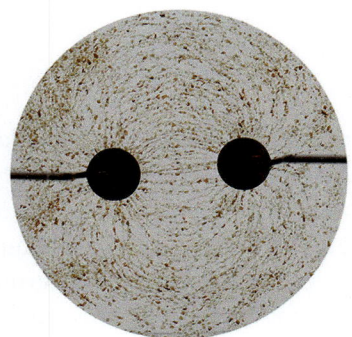

5 *Anordnung der Grießkörner in Versuchsteil b*

- **Im Raum um einen elektrisch geladenen Körper wirken elektrische Kräfte auf andere elektrisch geladene Körper. Man nennt diesen Raum elektrisches Feld.**

- **Feldlinienbilder geben Auskunft über Richtung und Betrag der elektrischen Kraft auf elektrisch geladene Testkörper an einem bestimmten Ort.**

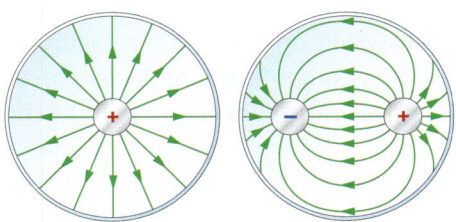

6 *Idealisierte Feldlinienbilder für Versuchsteil a (links) und b (rechts)*

↗ **NEWTON AKTIV** Seite 173 Aufgaben 1, 2, 4, 5

Besondere Strukturen elektrischer Felder

Neben dem Radialfeld einer punktförmigen Ladung, bei dem der Betrag der elektrischen Kraft mit zunehmendem Abstand kleiner wird, sind zwei weitere Feldstrukturen von Bedeutung:

Zwei entgegengesetzt geladene metallische Platten, die parallel zueinander aufgestellt sind, bezeichnet man als **Plattenkondensator.** Bild 1 zeigt die Anordnung von Pfefferflocken in Öl in einem zweidimensionalen Ausschnitt eines Plattenkondensators. ↗ 1, links Die idealisierten Feldlinien verlaufen zwischen den beiden Platten parallel und in gleichem Abstand zueinander. ↗ 1, rechts Durch diese Darstellung wird verdeutlicht, dass die Kraftwirkung auf einen geladenen Probekörper zwischen den beiden Platten an jeder Stelle gleich ist. Ein solches elektrisches Feld nennt man **homogen.** Am Rand und außerhalb der beiden Platten ist das Feld nicht homogen.

Magnetische Felder können durch **metallische Hohlkörper** abgeschirmt werden. Im Inneren eines geladenen metallischen Hohlkörpers existiert kein elektrisches Feld. ↗ 2

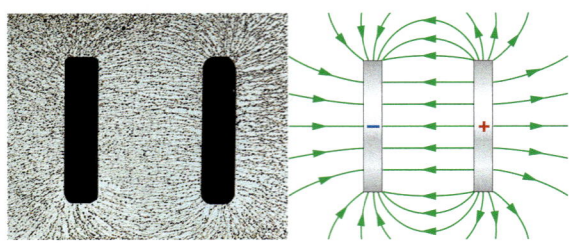

1 *Anordnung von Pfefferflocken in Öl um zwei entgegengesetzt geladene Metallplatten (links) und das idealisierte Feldlinienbild (rechts)*

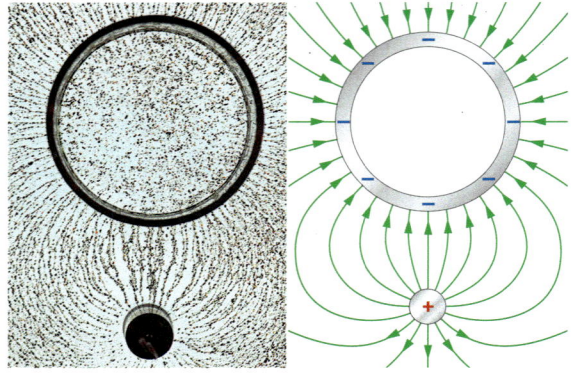

2 *Anordnung von Pfefferflocken in Öl um einen geladenen Körper und einen entgegengesetzt geladenen Hohlkörper (links) und das idealisierte Feldlinienbild (rechts)*

↗ **NEWTON AKTIV**   Seite 173   Aufgabe 1, 2

Metallische Umhüllungen von Signalkabeln

Die Grundlage der Kommunikationstechnologie ist die Übertragung von Informationen über elektromagnetische Wellen (z. B. Funkwellen oder Radiowellen). Es handelt sich um die Ausbreitung einer schnellen Abfolge magnetischer und elektrischer Felder. Die mit elektromagnetischen Wellen übertragenen Signale können durch andere elektrische oder magnetische Felder gestört werden. Für die ungestörte Übertragung von Signalen ist es wichtig, elektrische Felder abschirmen zu können. Dies gelingt durch metallische Hohlkörper. In einem Antennenkabel beispielsweise sind die Signalkabel durch eine umliegende metallische Umhüllung von elektrischen Feldern abgeschirmt. ↗ 3

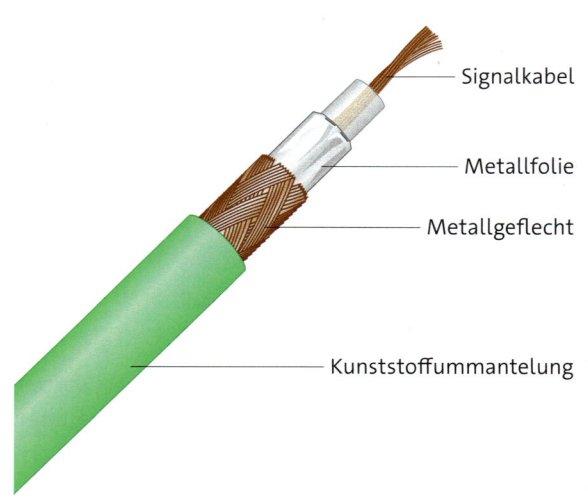

Signalkabel

Metallfolie

Metallgeflecht

Kunststoffummantelung

3 *Aufbau eines Antennenkabels*

↗ **NEWTON AKTIV**   Seite 173   Aufgabe 3

Nachdenken & Kombinieren

1 Feldlinienbilder ↗ S. 170/171, 172

☑ Die vier folgenden Bilder zeigen verschiedene Anordnungen elektrisch geladener metallischer Körper. Übertrage die Darstellungen in dein Heft und ergänze jeweils das Feldlinienbild.

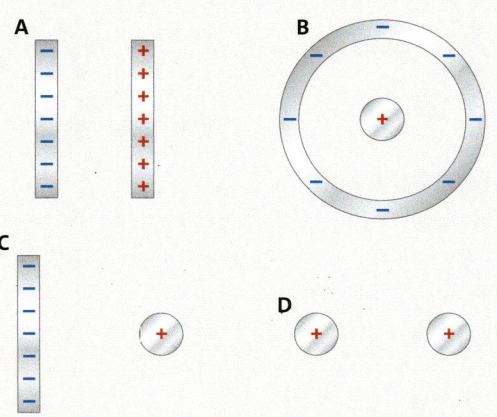

2 Magnetische und elektrische Feldlinien ↗ S. 170/171, 172

■ Erstelle eine Tabelle zur Gegenüberstellung der Gemeinsamkeiten und Unterschiede elektrischer und magnetischer Felder:

	Elektrisches Feld	Magnetisches Feld
Kraftwirkung auf …	?	?
Eigenschaften der Feldlinien	?	?
Bedeutung der Feldlinienrichtung	?	?
Bedeutung der Feldliniendichte	?	?
Abschirmung durch …	?	?
Beispiele für Feldlinienbilder	Punktladung ?	Stabmagnet ?
	Plattenkondensator ?	Hufeisenmagnet ?

3 Telefonkabel ↗ S. 172

☑ In Telefonkabeln sind die Signalkabel mit einer Aluminiumfolie umwickelt. Beschreibe und erkläre die Funktion der Aluminiumfolie. Informiere dich dazu in der Leseecke.

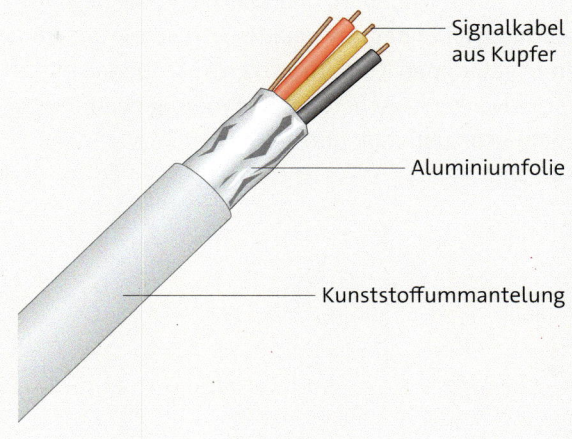

Signalkabel aus Kupfer

Aluminiumfolie

Kunststoffummantelung

In Worte fassen

4 Feldlinienmuster ↗ S. 170/171

a ☐ Zeichne ein nicht zu kleines Bild, welches das idealisierte Feldlinienmuster einer negativen Punktladung zeigt.

b ☑ Zeichne in das Bild zu Aufgabenteil a auf zwei benachbarte Feldlinien modellhaft und stark vergrößert jeweils drei Grießkörnchen ein. Kennzeichne in diesen Grießkörnchen jeweils die Lage der positiv und negativ geladenen Bereiche der im elektrischen Feld entstandenen Dipole ein.

c ■ Erkläre die Entstehung des Feldlinienbilds eines elektrisch geladenen Körpers durch Grießkörner mit der elektrischen Influenz.

Einfach lernen

5 Elektrisches Feld ↗ S. 170/171

a Was versteht man unter dem elektrischen Feld?

b Wie ist die elektrische Feldrichtung festgelegt?

c Wie schaut die Struktur des elektrischen Felds einer Punktladung bzw. zwischen den Platten eines Plattenkondensators aus?

d Wie lassen sich elektrische Felder abschirmen?

Elektrostatik

Elektrische Ladungen

Körper sind Träger **positiver** und **negativer Ladung.** Überwiegt die positive Ladung auf einem Körper, ist er positiv geladen, und überwiegt die negative Ladung, ist er negativ geladen. Zwischen gleichnamig geladenen Körpern wirken abstoßende elektrische Kräfte, zwischen ungleichnamig geladenen wirken anziehende Kräfte:

In **Elektrizitätsquellen** (z. B. Bandgenerator, Influenzmaschine) wird Ladung getrennt.

Ladung ist **portionierbar.** Elektronen sind die Träger der kleinstmöglichen Ladungsmenge – der **Elementarladung:** $e = 1{,}602 \cdot 10^{-19}$ C (Coulomb) **Ladungsmengen** Q treten als ganzzahlige Vielfache der Elementarladung auf: $Q = n \cdot e$

Kern-Hülle-Modell

Wir stellen uns vor, dass Atome aus einer **Atomhülle** und einem **Atomkern** bestehen. Der Atomkern enthält positiv geladene

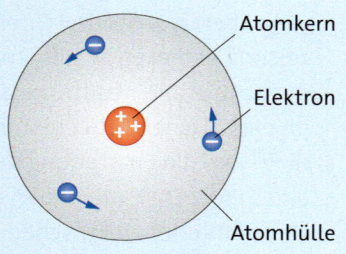

Teilchen (Protonen). In der Atomhülle bewegen sich negativ geladene Elektronen um den Atomkern. Ein Atom ist nach außen elektrisch neutral, denn es enthält gleich viel negative und positive Ladung.

Atome (und Moleküle) können durch Auf- bzw. Abgabe von Elektronen zu **negativ** bzw. **positiv geladenen Ionen** werden.

Aufbau von Metallen

Wir stellen uns vor, dass sich in Metallen freie Elektronen zwischen den ortfesten Gitterionen bewegen können.

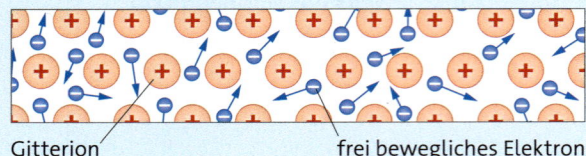

Gitterion   frei bewegliches Elektron

Elektrische Influenz

Ungeladene Körper verhalten sich in der Nähe von geladenen Körpern wie entgegengesetzt geladen. Influenz in **Metallen:**

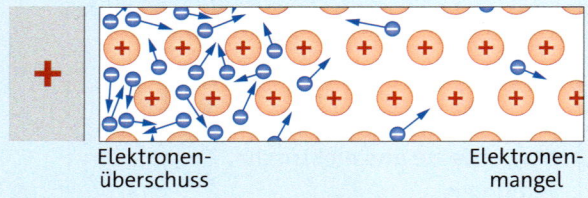

Elektronen-   Elektronenüberschuss   mangel

In **Nichtmetallen** richten sich die dauerhaft vorhandenen oder durch den Einfluss des geladenen Körpers erzeugten Dipole in eine Vorzugsrichtung aus.

Elektrisches Feld

Im Raum um einen elektrisch geladenen Körper wirken elektrische Kräfte auf andere geladene Körper. Man spricht vom **elektrischen Feld.** **Feldlinienbilder** veranschaulichen die Struktur elektrischer Felder:

Elektrische Feldlinien beginnen und enden senkrecht auf den Oberflächen der geladenen Körper. Sie zeigen die **Richtung der Kraftwirkung** auf eine positive Testladung an. Je dichter die Feldlinien liegen, umso größer ist der **Betrag der Kraft** auf eine Testladung an dieser Stelle. Das Innere eines elektrisch geladenen Hohlkörpers ist feldfrei.

1 Teppichboden

Nachdem Herr Tietze in seinem Büro über den Teppichboden gelaufen ist, trägt er kurz vor der Tür eine positive Ladungsmenge von 3 μC.

a ☑ Berechne die Anzahl der Elektronen, die Herr Tietze an den Teppichboden abgegeben hat, unter der Annahme, dass er vor dem Laufen auf dem Teppichboden keine überschüssige Ladung besaß.

b ☐ Beim Berühren der Türklinke bekommt er einen „elektrischen Schlag". Erkläre, was dabei physikalisch geschieht.

c ■ Herr Tietze stellt den Antrag, den Teppich in seinem Büro durch einen antistatischen Teppichboden zu ersetzen, dessen Kunstfasern bei der Herstellung geringe Mengen Metallfasern zugemischt wurden. Erkläre die Wirksamkeit dieser Maßnahme.

2 Elektroskop

Das Bild zeigt ein Elektroskop und einen noch weit entfernten negativ geladenen PVC-Stab.

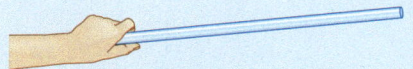

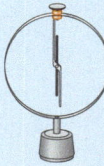

a ☑ Beschreibe, was geschieht, wenn der PVC-Stab dem Teller des Elektroskops weiter angenähert wird, ohne ihn zu berühren.

b ☑ Gib eine Erklärung für dieses Verhalten.

c ☑ Wenn man den Teller des Elektroskops nur so lange erdet, wie sich der negativ geladene PVC-Stab in der Nähe des Tellers befindet, ist das Elektroskop anschließend positiv aufgeladen. Gib hierfür eine Erklärung.

d ☑ Wird das positiv geladene Elektroskop mit einem negativ geladenen Metallkörper berührt, wird der Zeigerausschlag kleiner. Erkläre dies.

3 Falschaussagen

Die folgenden Aussagen sind falsch. Formuliere die Sätze unter Verwendung einer jeweils geeigneten Modellvorstellung so um, dass physikalisch sinnvolle Aussagen entstehen.

a ☐ „Eine metallische Kugel ist deswegen neutral, weil sie keine elektrische Ladung besitzt."

b ☑ „Berührt man eine elektrisch neutrale Metallkugel, die an einem Kunststoffstiel befestigt ist, mit dem Pluspol einer Elektrizitätsquelle, geht positive Ladung auf die Kugel über."

c ■ „Ziehen sich ein negativ geladener Körper 1 und ein Körper 2 gegenseitig an, dann muss Körper 2 positiv geladen sein."

4 Elektrostatisches Pendel

Eine Metallplatte und eine Spitzenelektrode werden über eine Elektrizitätsquelle ungleichnamig elektrisch aufgeladen. Das folgende Bild zeigt den Versuchsaufbau und die Struktur des elektrischen Felds zwischen den beiden Metallkörpern:

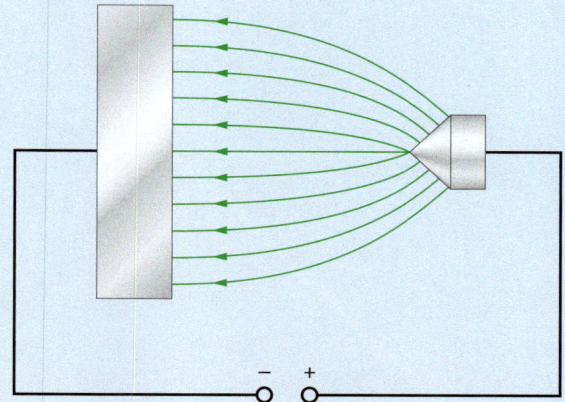

a ☑ Ein mit einer Metallschicht überzogener Tischtennisball wird an einem nichtmetallischen Faden aufgehängt und in den Raum zwischen den beiden Metallkörpern gebracht. Beschreibe, was man beobachten wird.

b ■ Gib möglichst unter Verwendung geeigneter Fachbegriffe und Nutzung einer geeigneten Modellvorstellung eine Erklärung für die Beobachtung.

c ☐ Nenne zwei Beispiele für die technische Anwendung elektrischer Influenz.

8

Elektrischer Stromkreis

Elektrischer Strom bringt Städte zum Leuchten.

In diesem Kapitel lernst du

- *die Bestandteile eines elektrischen Strom-kreises kennen.*

- *unter welchen Bedingungen Strom fließt und welche Stoffe den elektrischen Strom gut leiten.*

- *welche Wirkungen der elektrische Strom hat und wofür man diese nutzen kann.*

- *welche Gefahren von elektrischem Strom ausgehen und wie man sich vor ihnen schützt.*

Strom aus Obst – zwei Zitronen betreiben eine Uhr.
Was braucht man, damit ein elektrisches Gerät funktioniert?

8.1 Elektrische Stromkreise

Versuch 1: Zitronenbatterie

Stecke jeweils einen Kupfer- und einen Zinknagel in zwei frische Zitronen. Verbinde nun den Kupfernagel der einen Zitrone und den Zinknagel der anderen mit einem Metalldraht. Verbinde den freien Zinknagel mit dem kürzeren und den freien Kupfernagel mit dem längeren Anschluss eines LED-Lämpchens. ↗ 2 Trenne die Verbindungsleitung an unterschiedlichen Stellen.

Achtung: Entsorge die Zitronen im Anschluss! Sie werden durch die Versuchsdurchführung ungenießbar.

Wir sehen:
Sind alle Bauteile verbunden, so leuchtet das LED-Lämpchen.

Erklärung:
Die Zitronen mit den beiden Nägeln wirken wie eine Batterie mit zwei Anschlüssen. ↗ 3 Sie bilden die **Elektrizitätsquelle** des Stromkreises. Der Metalldraht dient als **Verbindungsleitung**. Das LED-Lämpchen ist ein **elektrisches Gerät**. Um den elektrischen Stromkreis leicht zu unterbrechen oder zu schließen, kann man zusätzlich einen **Schalter** in den Stromkreis einbauen. ↗ **METHODE** Zeichnen eines Schaltplans, Seite 183

Ergebnis:
Eine doppelte Verknüpfung von Elektrizitätsquelle, Verbindungsleitungen und elektrischem Gerät, wie sie beispielsweise Bild 3 zeigt, bildet einen **elektrischen Stromkreis**.

Versuch 2: Passende Elektrizitätsquellen

a Ersetze im Versuchsaufbau aus Versuch 1 das LED-Lämpchen durch einen Gewindesockel, in den du ein Glühlämpchen mit der Aufschrift „4,5 V" drehst. ↗ 4

Führe Versuche niemals an Steckdosen aus!
Führe die Versuche nur unter Aufsicht deiner Lehrkraft durch!

1 *Sicherheitshinweis*

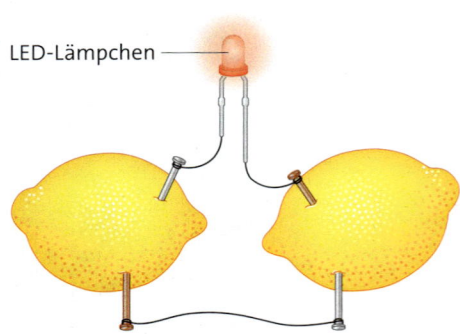

LED-Lämpchen

2 *Zitronenbatterie mit angeschlossener LED*

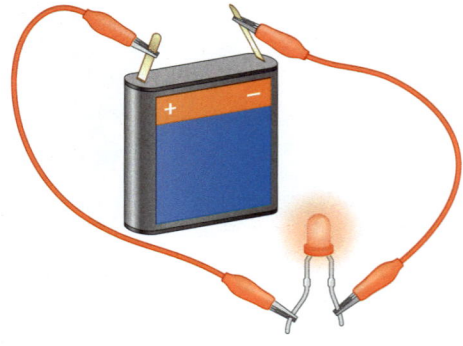

3 *Ein einfacher Stromkreis*

b Verbinde das Glühlämpchen zuerst mit einer 1,5-V-Batterie und dann mit einer 4,5-V-Flachbatterie. ↗ 5

c Deine Lehrkraft verbindet das Glühlämpchen mit einer 9-V-Blockbatterie.

Wir sehen:

a Das Glühlämpchen leuchtet nicht.

b Das Glühlämpchen leuchtet unterschiedlich hell.

c Das Glühlämpchen leuchtet kurze Zeit sehr hell und brennt anschließend durch.

Erklärung:

Das V in der Aufschrift „4,5 V" auf der Elektrizitätsquelle steht für Volt. Dies ist die Einheit der physikalischen Größe **Spannung.** Die Aufschrift auf dem elektrischen Gerät gibt an, mit welcher Spannung es betrieben werden kann. Verbindet man nicht zueinanderpassende Bauteile zu einem Stromkreis, so können elektrische Geräte und Elektrizitätsquellen zerstört werden!

Ergebnis:

Ein elektrisches Gerät kann korrekt funktionieren, wenn es mit einer Elektrizitätsquelle verbunden ist, die eine zum elektrischen Gerät passende Spannung liefert.

Versuch 3: Kurzschluss

Deine Lehrkraft verbindet die beiden Anschlüsse einer Flachbatterie kurzzeitig durch ein 10 cm langes Experimentierkabel. *Achtung:* Beim Verbinden der Anschlüsse kann es zu gefährlichen Funken kommen!

Wir fühlen:

Das Experimentierkabel und die Batterie erhitzen sich stark.

Ergebnis:

Wenn man kein elektrisches Gerät in den Stromkreis einbaut, erhitzen sich die Verbindungsleitung und die Elektrizitätsquelle stark und können zerstört werden. Das nennt man einen **Kurzschluss.** ↗ 6

- **Elektrische Geräte und Elektrizitätsquellen können durch Verbindungsleitungen zu Stromkreisen verknüpft werden.**

- **Die Spannung der Elektrizitätsquelle muss an das elektrische Gerät angepasst werden.**

- **Kurzschlüsse sind gefährlich und müssen unbedingt vermieden werden.**

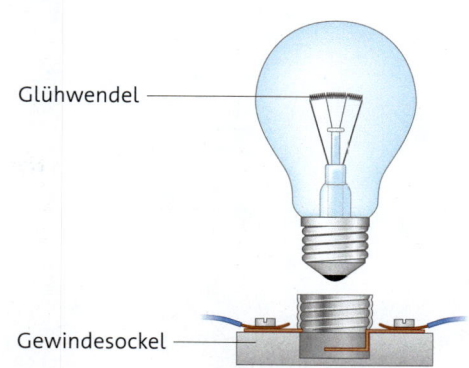

4 *Gewindesockel und Glühlampe*

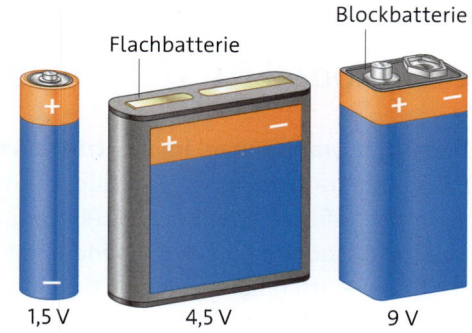

5 *Verschiedene Batterien*

6 *Kurzschluss einer Flachbatterie*

↗ **NEWTON AKTIV**   Seite 184/185   Aufgabe 1–5

Im Alltag spricht man davon, dass elektrischer Strom „durch die Leitungen fließt".
Was ist elektrischer Strom?

8.2 Modell für den elektrischen Stromkreis

Versuch 1: Graphitkugel im elektrischen Feld

Deine Lehrkraft stellt zwei Metallplatten in 5 cm Abstand zueinander auf. Sie verbindet eine Platte mit dem Pluspol einer Elektrizitätsquelle (15 kV), die andere mit dem Minuspol. Zwischen die Platten hängt sie eine Graphitkugel. ↗1 Die Elektrizitätsquelle wird ein- und später wieder ausgeschaltet.

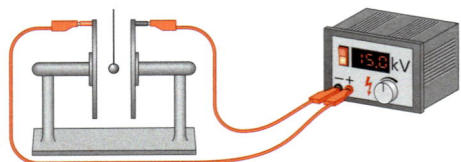

1 *Graphitkugel im Plattenkondensator*

Wir sehen:

Wird die Elektrizitätsquelle eingeschaltet, so bewegt sich die Kugel zuerst zu einer Seite, berührt die Platte und pendelt danach zur anderen Platte. Diese Pendelbewegung wiederholt sich, aber nur solange die Elektrizitätsquelle eingeschaltet ist.

Erklärung in der Modellvorstellung:

Zu Beginn sind die Kugel und die Platten neutral. ↗2a Wird der Schalter geschlossen, fließen Elektronen auf die Platte, die mit dem Minuspol verbunden ist. Auf ihr befindet sich nun ein **Elektronenüberschuss.** Von der anderen Platte fließen Elektronen Richtung Pluspol ab. Auf ihr herrscht deshalb ein Elektronenmangel. Zwischen den ungleichnamig geladenen Platten bildet sich ein **elektrisches Feld** und in der Kugel bewegen sich die freien Elektronen in Richtung der positiv geladenen Platte. ↗2b Es treten anziehende und abstoßende Kräfte auf, die die Kugel in Richtung einer Platte bewegen. Bei Berührung der negativ geladenen Platte werden Elektronen auf die Kugel übertragen. ↗2c Vom Minuspol fließen weitere Elektronen auf die Platte und füllen die entstandenen „Lücken". Die nun negativ geladene Kugel wird von der negativ geladenen Platte abgestoßen. Die Kugel bewegt sich zur positiv geladenen Platte und gibt dort bei Berührung Elektronen ab, die zum Pluspol fließen. ↗2d Die nun positiv geladene Kugel bewegt sich wieder zur negativ geladenen Platte. Der Vorgang beginnt von Neuem.

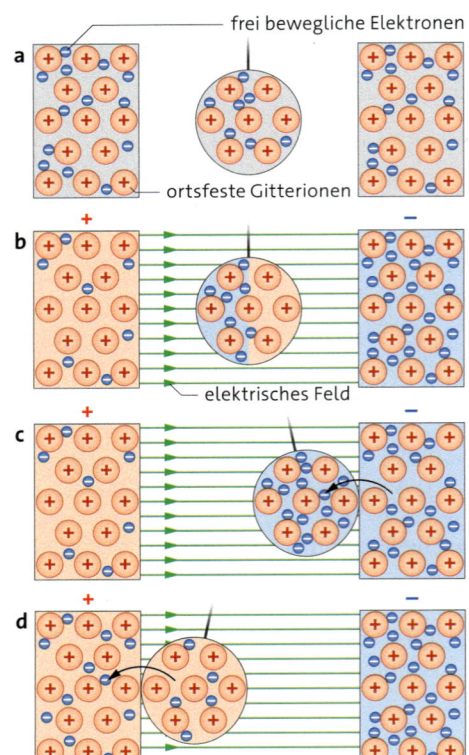

2 *Vorgänge in der Modellvorstellung*

Versuch 2: Überbrückung der Platten

Deine Lehrkraft wiederholt Versuch 1. Sie verbindet die Platten aber diesmal über eine Glimmlampe miteinander.

Wir sehen:

Sobald die Elektrizitätsquelle eingeschaltet ist, leuchtet der mit dem Minuspol verbundene Draht der Glimmlampe dauerhaft auf. Die Kugel bewegt sich nicht. ↗ 3

Erklärung:

Verbindet man die Platten mit einer Glimmlampe, so breitet sich das elektrische Feld in der Glimmlampe aus und es fließen dauerhaft Elektronen vom Minuspol über die Platten und die Glimmlampe zum Pluspol der Elektrizitätsquelle. Die leuchtende Glimmlampe zeigt den Ladungsfluss an. Da sich nun auf den Platten kein Elektronenüberschuss und kein Elektronenmangel bildet, entsteht auch kein elektrisches Feld. Deshalb führt die Kugel keine Schwingbewegung aus.

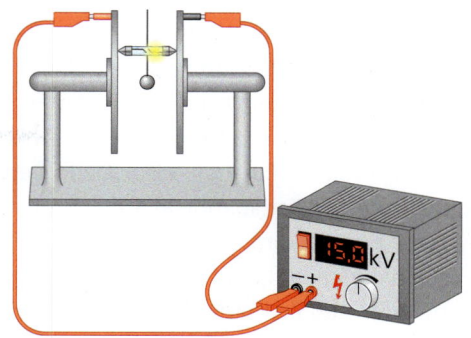

3 *Die Platten sind über eine Glimmlampe miteinander verbunden.*

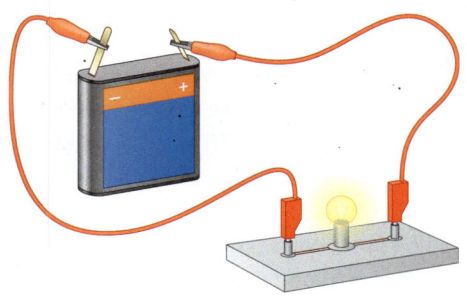

in der Modellvorstellung

Modellvorstellung vom elektrischen Stromkreis

Wir stellen uns die Vorgänge in einem Stromkreis wie folgt vor: In der Elektrizitätsquelle wird Ladung getrennt. Dadurch entsteht ein Ort mit Elektronenüberschuss, der **Minuspol**, und einer mit Elektronenmangel, der **Pluspol.** Zwischen Minus- und Pluspol entsteht ein **elektrisches Feld**, das sich im metallischen Leiter ausbreitet. Die freien Elektronen im Leiter werden alle gleichzeitig im elektrischen Feld beschleunigt und driften vom Minuspol zum Pluspol mit einer mittleren Geschwindigkeit von etwa $0{,}1\,\frac{mm}{s}$. Dieser Ladungsfluss wird **Elektronenstrom** oder **elektrischer Strom** genannt. Die Elektronen bewegen sich eigentlich viel schneller. Da sie auf ihrem Weg durch den metallischen Leiter aber ständig gegen die ortsfesten Gitterionen stoßen, bewegen sie sich in Wirklichkeit nicht geradlinig durch den Leiter, sondern sie führen eine Art Zick-Zack-Bewegung aus. Die gerichtete Driftbewegung in Richtung Pluspol erfolgt deshalb viel langsamer. ↗ 4

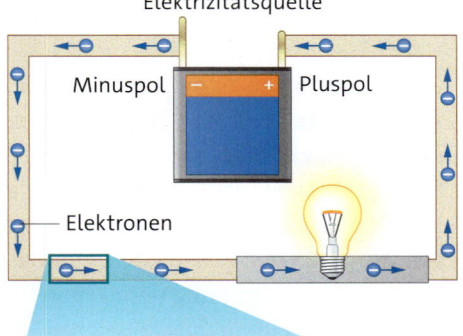

- In der Elektrizitätsquelle wird Ladung getrennt. Dadurch entsteht ein elektrisches Feld zwischen Minus- und Pluspol.

- Die Elektronen driften im elektrischen Feld des Leiters vom Minus- zum Pluspol.

- Auf ihrem Weg durch den metallischen Leiter stoßen die Elektronen ständig gegen die ortsfesten Gitterionen.

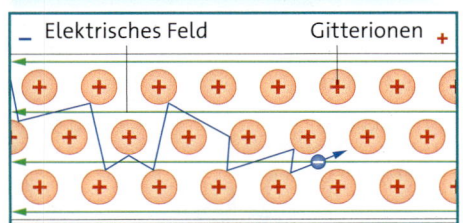

4 *Ein einfacher Stromkreis (oben) in einer vereinfachten Modellvorstellung (unten)*

Elektrische Stromstärke

Es gibt viele Arten von Strömen. Die Rolltreppe in Bild 1 transportiert zum Beispiel einen „Menschenstrom" nach oben. Um die Stromstärke zu messen, zählt man, wie viele Menschen in einer bestimmten Zeitspanne an einer Stelle der Rolltreppe vorbeikommen. ↗ 2

Auch die Anzahl der Ladungsträger, die in einer bestimmten Zeit durch eine Stelle des Stromkreises fließen, kann ermittelt werden. Die elektrische Stromstärke *I* gibt an, welche Ladungsmenge sich in einer Sekunde durch den Leiterquerschnitt an einer bestimmten Stelle bewegt. Man hat festgelegt, dass eine Ladungsmenge von 1 C pro Sekunde einer Stromstärke von 1 Ampere (1 A) entspricht. Bei einer Stromstärke von 1 Ampere bewegen sich $6{,}242 \cdot 10^{18}$ (etwa 6 Trillionen) Elektronen pro Sekunde an einer bestimmten Messstelle vorbei.

Fließt in einer bestimmten Zeit *t* eine bestimmte Ladungsmenge *Q* durch eine Stelle im Stromkreis, so gilt für die Stromstärke:

$$\text{Stromstärke} = \frac{\text{Ladungsmenge}}{\text{Zeit}}$$

$$I = \frac{Q}{t}$$

$$[I] = \frac{[Q]}{[t]} = 1\,\frac{C}{s} = 1\,A\ (1\,\text{Ampere})$$

Um Stromstärken zu messen, fügt man Stromstärkemessgeräte in den Stromkreis ein. Dazu wird der Stromkreis an einer Stelle geöffnet und das Stromstärkemessgerät so eingefügt, dass sich die Elektronen durch das Messgerät bewegen müssen. Man sagt: Es wird in Reihe zur Messstelle geschaltet. Die Anordnung nennt man Reihenschaltung. ↗ 3, 4 In einem unverzweigten Stromkreis ist die Stromstärke an jeder Stelle gleich groß.

Gerät	Typische Stromstärke
Kopfhörer	1 mA
Glühlampe	bis zu 0,5 A
Bügeleisen	2 – 5 A
Elektrisches Schweißgerät	100 – 500 A
Motor einer Straßenbahn	bis 600 A

↗ **NEWTON AKTIV** Seite 185 Aufgabe 6, 7

1 *Menschenstrom auf einer Rolltreppe*

Wasserstrom

Menschenstrom

Verkehrsstrom

elektrischer Strom

2 *Verschiedene Ströme*

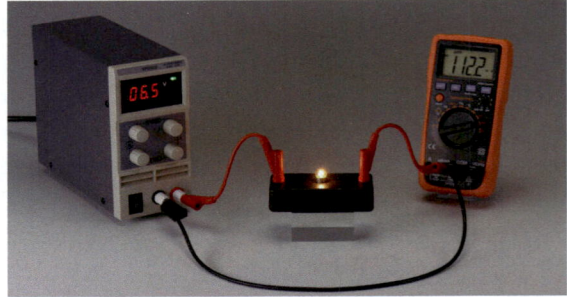

3 *Reihenschaltung eines Stromstärkemessgeräts*

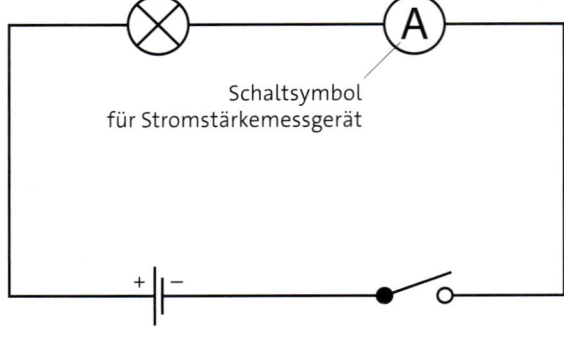

Schaltsymbol für Stromstärkemessgerät

4 *Schaltplan mit Stromstärkemessgerät*

Zeichnen eines Schaltplans

Elektrische Stromkreise können sehr kompliziert werden. Um den Aufbau eines Stromkreises zu dokumentieren, könntest du eine Fotografie oder eine genaue Zeichnung anfertigen. Dies ist jedoch sehr aufwendig. Um den Überblick zu bewahren, zeichnet man Schaltpläne.

Aufgabenstellung

Du sollst von diesem abgebildeten Stromkreis einen Schaltplan erstellen.

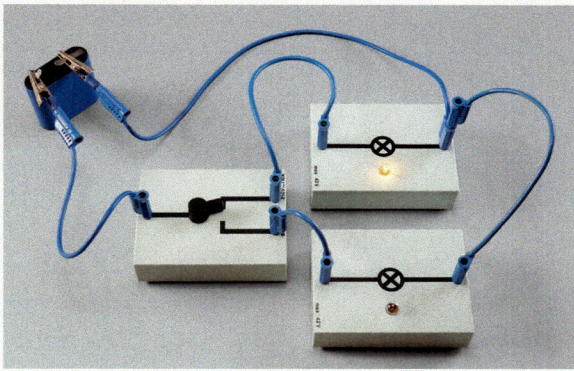

Erinnere dich

Elektrische Geräte und Elektrizitätsquelle können durch Verbindungsleitungen zu Stromkreisen verknüpft werden.

Hinweise

Für das Zeichnen von Schaltplänen gelten folgende Regeln:
- Zeichne mit Bleistift und Lineal.
- Geräte werden durch Schaltsymbole dargestellt.
- Leitungsdrähte werden durch waagerechte oder senkrechte Strecken dargestellt.
- Elektrizitätsquellen und elektrische Geräte haben immer zwei Anschlüsse.
- Zeichne die Schaltsymbole nicht in die Ecken.
- Vermeide Kreuzungen von Leitungen.

Übersicht wichtiger Schaltsymbole:

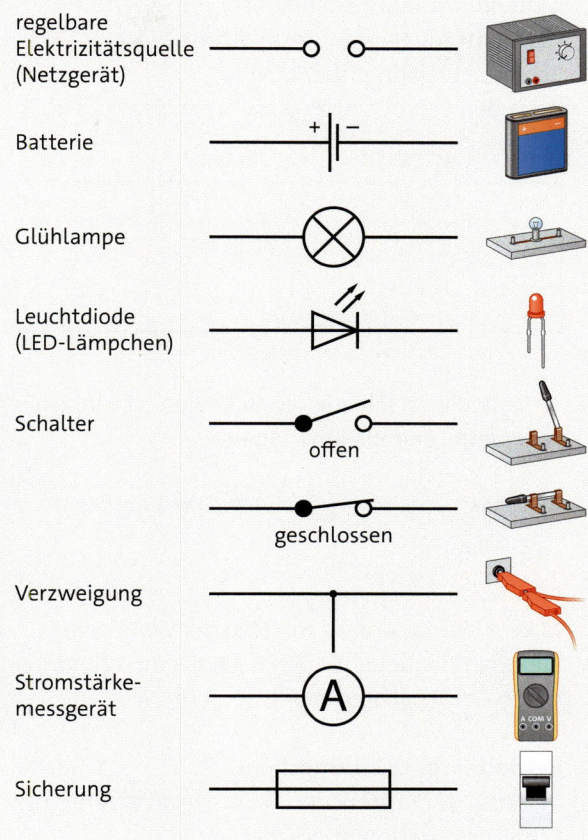

Tipps zum Zeichnen des Schaltplans

1 Zeichne zuerst die Elektrizitätsquelle.
2 Stelle Leitungen als gerade Strecken dar und zeichne sie in den Ecken rechtwinklig.
3 Zeichne die elektrischen Geräte und den Schalter ein.
4 Verbinde die Leitungen zu einem Stromkreis.

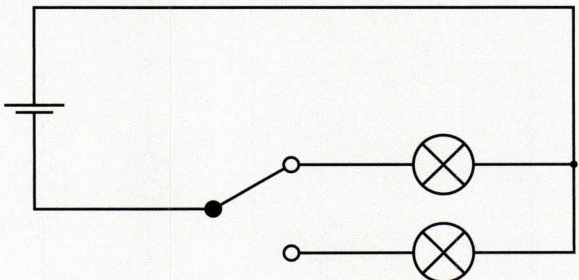

Experimentieren

1 Verschiedene Elektrizitätsquellen ↗ S. 178/179
Material: Glühlämpchen (4,5 V), 1,5-V-Batterie, Flachbatterie (4,5 V), Blockbatterie (9 V), Schalter, Experimentierkabel
- Baue den Versuch nach diesem Schaltplan auf:

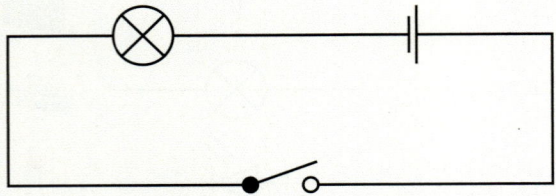

a ☑ Teste die verschiedenen Batterien als Elektrizitätsquelle. Erstelle eine Tabelle:

Batterie	Helligkeit des Lämpchens
1,5-V-Batterie	...

b ■ Beschreibe, worauf man bei der Wahl einer Elektrizitätsquelle für den Betrieb eines elektrischen Geräts achten muss.

2 Betrieb eines LED-Lämpchens ↗ S. 178/179
Material: LED-Lämpchen, 4,5-V-Flachbatterie, Schalter, Experimentierkabel
- Baue aus den Materialien einen Stromkreis und bringe das Lämpchen zum Leuchten.
a ☑ Zeichne einen Schaltplan zu deinem Versuchsaufbau.
b ☑ Beschreibe, was du beim Einbau des LED-Lämpchens in den Stromkreis beachten musst, damit das Lämpchen aufleuchtet.

3 Schaltungen aufbauen ↗ S. 178/179
- Baue folgende Schaltungen auf

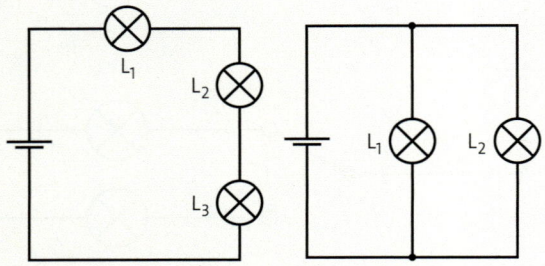

a ☑ Überprüfe, was passiert, wenn man die Lämpchen L_1, L_2 oder L_3 aus der Fassung dreht. Beschreibe deine Beobachtungen.
b ☑ Nenne jeweils eine Alltagsanwendung, in der die abgebildeten Schaltungen zur Beleuchtung verwendet werden.

Nachdenken und Kombinieren

4 Folgen eines defekten Lämpchens ↗ S. 178/179
☑ Beschreibe jeweils, was geschieht, wenn Glühlämpchen L_1, L_2, L_3 oder L_4 durchbrennt. Begründe deine Antwort.

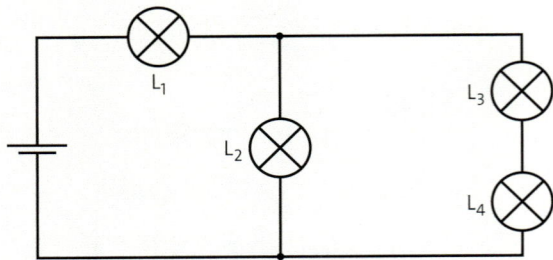

5 Finde den Fehler! ↗ S. 178/179
a ☐ Begründe, warum das Lämpchen in den Bildern 1–4 jeweils nicht leuchtet.
b ☑ Fertige eine Schaltskizze zu jedem Bild an.

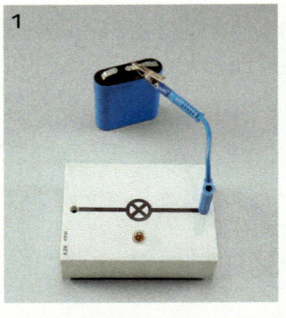

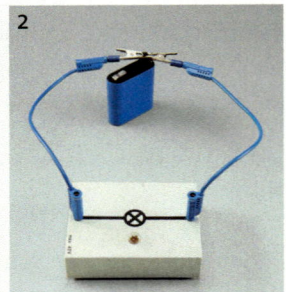

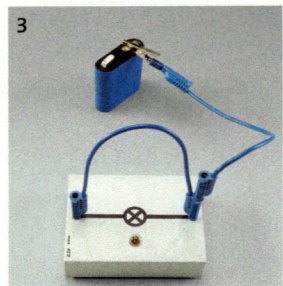

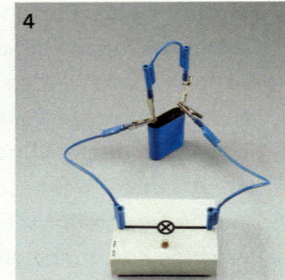

6 Handyakku ↗ S.182

Ein wichtiges Herstellermerk-
mal eines Akkus ist seine
Kapazität. Sie gibt an, welche
maximale Ladungsmenge Q
der Akku durch ein elektrisches
Gerät fließen lassen kann. Diese Ladungsmenge wird in der
Einheit Milliamperestunde (1 mAh) angegeben:
1 mAh = 1 mA · 1 h = 0,001 A · 3600 s = 3,6 C

Musteraufgabe:
Berechne, wie lange man die Kopfhörer aus Tabelle 4
(S.182) mit dem oben gezeigten Akku betreiben
könnte.

Geg.: Q = 3000 mAh, I = 1 mA;

Ges.: t

$$I = \frac{Q}{t} \mid \cdot t, :I$$
$$t = \frac{Q}{I}$$
$$t = \frac{3000 \text{ mAh}}{1 \text{ mA}} = 3000 \text{ h}$$

*Man könnte die Kopfhörer 3000 h Stunden mit dem
Akku betreiben.*

In einem Prospekt wird ein Handy beworben:

Das neue **E-Handy 3000** – der Dauerläufer unter den Smartphones! Telefoniere 12 h mit nur
einer Akkuladung. Lade es in nur 1 h wieder zu
70 % auf.

Kapazität des Akkus: 1000 mAh, Stromstärke beim
Telefonieren: 90 mA

a ☐ Entnimm der Werbeanzeige alle physikalischen Angaben und notiere sie in der Form:
Größensymbol = Zahlenwert · Einheit.
b ◪ Berechne mithilfe der Angaben im Kleinge-
druckten, ob man wirklich 12 Stunden mit einer
Akkuladung telefonieren kann.
c ◪ Berechne die Ladungsmenge, die das Ladegerät laut Anzeige in einer Stunde in den Akku
übertragen kann. Gib die Ladungsmenge auch in
der Einheit Coulomb an.
d ◼ Das Ladegerät arbeitet mit einem Ladestrom
von 0,75 A. Berechne, wie lange es tatsächlich
dauert, den Akku zu 70 % aufzuladen?

7 Umrechnung von Messergebnissen ↗ S.182

◪ Gib die folgenden Messergebnisse in der nebenstehenden Einheit an. Ändere nicht die Messgenauigkeit beim Einheitenwechsel. Verwende
hierzu Zehnerpotenzen, wenn erforderlich.

a	8,12 A	mA
b	127,3 A	kA
c	10250 mA	A
d	5,2 kA	A
e	0,0175 kA	mA
f	$0,15 \cdot 10^3$ kA	A
g	$2,77 \cdot 10^{-2}$ A	mA

8 Wasserstromkreismodell ↗ S.180/181

Mit einem Wasserstromkreis kann man sich die
Vorgänge in einem elektrischen Stromkreis veranschaulichen.

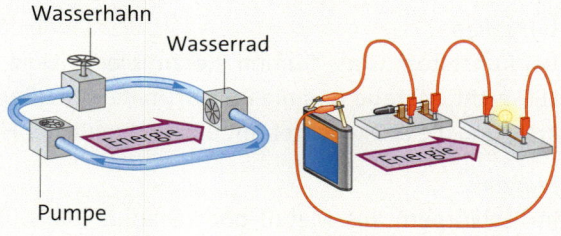

a ☐ Vergleiche die beiden Stromkreise und stelle
die Bestandteile in einer Tabelle gegenüber.
b ◪ Begründe, dass die Stromstärke im gezeigten
Wasserstromkreis und im gezeigten elektrischen
Stromkreis an jeder Stelle gleich ist.

Einfach Lernen

9 Elektrische Stromkreise ↗ S.180/181
a Wie ist ein elektrischer Stromkreis aufgebaut?
b Wie stellen wir uns die Vorgänge in einem elektrischen Stromkreis im Modell vor?

Die Leitungskabel aus deinen Experimenten bestehen aus Metall, in der Regel aus Kupfer.
Welche weiteren Materialien leiten den elektrischen Strom?

8.3 Wo elektrischer Strom fließt

Versuch 1: Elektrischer Strom in Festkörpern

Baue einen Stromkreis, mit dem du prüfen kannst, welche festen Stoffe den elektrischen Strom leiten. ↗1 Bringe verschiedene Gegenstände (z. B. Bleistiftmine, Schere, Radiergummi) oder Stoffe (z. B. Zucker, Salz, Mehl) in die Teststrecke.

Wir sehen:
Bei Kunststoff, Glas, Gummi, Keramik oder Holz leuchtet die LED nicht. Metalle und die Bleistiftmine schließen den Stromkreis und die LED leuchtet mit unterschiedlicher Helligkeit. ↗2

Ergebnis:
In Festkörpern aus Metall oder Graphit (Bleistiftmine) kann elektrischer Strom fließen. Verschiedene Gegenstände aus diesen Stoffen leiten den elektrischen Strom unterschiedlich gut.

Versuch 2: Elektrischer Strom in Flüssigkeiten

Wandle den Versuchsaufbau so ab, dass verschiedene Flüssigkeiten (z. B. destilliertes Wasser, Leitungswasser, Zuckerwasser, Salzwasser, Seifenwasser, Essig) in der Teststrecke untersucht werden können. Benutze dazu ein Glas und zwei Aluminiumstreifen als Leiter, die du so über den Rand hängst, dass sie sich nicht berühren. ↗3

Wir sehen:
Bei destilliertem Wasser und Zuckerwasser leuchtet die LED nicht. Bei Verwendung von Leitungswasser leuchtet sie schwach, bei Salz- und Seifenwasser sowie Essig hell.

Ergebnis:
In bestimmten Flüssigkeiten wie Salzwasser kann elektrischer Strom fließen, in anderen wie destilliertem Wasser nicht.

Teststrecke

1 *Schaltplan für Versuch 1*

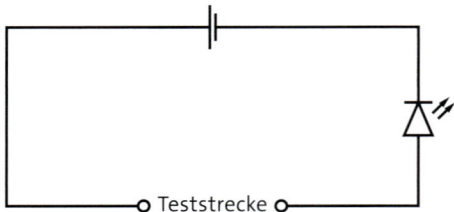

2 *Eine Metallschere schließt den Stromkreis.*

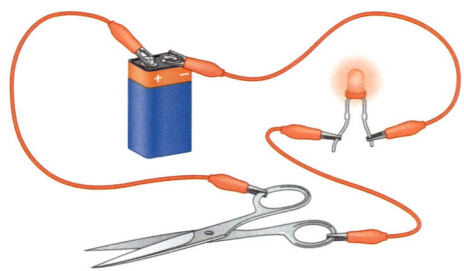

3 *Flüssigkeit in der Teststrecke*

Versuch 3: Elektrischer Strom in Gasen

Deine Lehrkraft verwendet den Aufbau aus Versuch 1. Sie entfernt die LED und ersetzt die Batterie durch eine Elektrizitätsquelle, die eine hohe Spannung zur Verfügung stellt.

Achtung: Die verwendeten hohen Spannungen sind lebensgefährlich!

a In die Teststrecke wird eine mit Neongas gefüllte Glimmlampe eingesetzt. ↗ 4

b In die Teststrecke werden zwei Metallnägel in etwa 5 mm Abstand mit den Spitzen zueinander aufgestellt.

Wir sehen:

a Ab einer bestimmten Spannung beginnt das Gas um einen Metalldraht in der Glimmlampe rot aufzuleuchten. ↗ 5

b Zwischen den Spitzen der Nägel sehen wir einen Blitz.

Ergebnis:

Auch in Gasen kann unter bestimmten Umständen elektrischer Strom fließen.

> Die Eigenschaft, wie gut ein Stoff den elektrischen Strom leitet, nennt man **elektrische Leitfähigkeit.** Stoffe mit guter Leitfähigkeit nennt man **Leiter,** Stoffe mit schlechter Leitfähigkeit nennt man **Nichtleiter** oder **Isolatoren.**

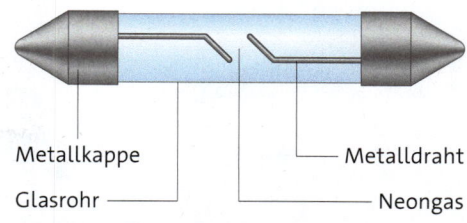

Metallkappe — Metalldraht
Glasrohr — Neongas

4 *Aufbau einer Glimmlampe*

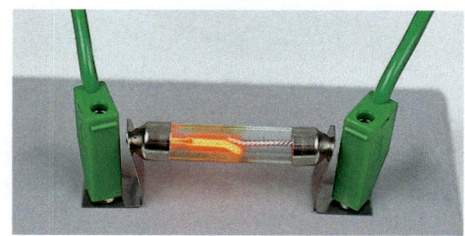

5 *Das Gas um einen Metalldraht leuchtet auf.*

Versuch 4: Menschlicher Körper

Deine Lehrkraft verwendet den Versuchsaufbau aus Versuch 1. Sie berührt die Enden der Teststrecke mit den Händen. Anschließend wiederholt sie den Versuch mit feuchten Händen.

Achtung: Bei der Berührung stromführender elektrischer Leiter können gefährliche Stromschläge verursacht werden!

Wir sehen:

Die LED leuchtet auf. Je stärker man zudrückt, umso heller leuchtet die LED. Mit feuchten Händen leuchtet sie am hellsten.

Ergebnis:

Der menschliche Körper ist ein Leiter. Hohe Spannungen können zu Verletzungen oder sogar zum Tod führen. ↗ 6

- Alle Metalle und Graphit sind gute elektrische Leiter. Glas, Keramik, Kunststoffe und Holz sind Nichtleiter.

- Flüssigkeiten können Leiter oder Nichtleiter sein.

- Bei hohen Spannungen können Gase unter bestimmten Voraussetzungen auch zu Leitern werden.

- Der menschliche Körper ist ein Leiter.

6 *Warnschild vor Gefahren durch hohe Spannungen*

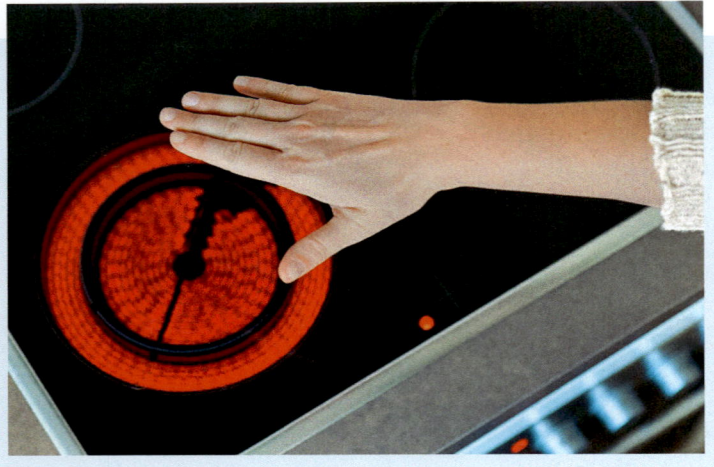

Ein Elektroherd wird mit elektrischem Strom betrieben. Er sorgt dafür, dass die Herdplatte warm wird.
Was macht elektrischer Strom noch?

8.4 Was elektrischer Strom macht

Versuch 1: Wärmewirkung

Baue einen Stromkreis auf, der aus einer 4,5-V-Batterie, zwei Experimentierkabeln, einem Schalter und einem dünnen Eisendraht (l = 10 cm, d = 0,2 mm) besteht. Falte einen dünnen Papierstreifen und hänge ihn über den Draht. Schließe den Schalter. ↗1
Achtung: Führe den Versuch auf einer feuerfesten Unterlage, an einem aufgeräumten Platz und niemals zu Hause durch! Heißen Draht nicht berühren!

Wir sehen:
Der Draht wird heiß und beginnt hell zu glühen. Der Papierstreifen beginnt zu brennen.

Ergebnis:
Der elektrische Strom hat in metallischen Leitern und Graphit eine **Wärmewirkung.**

Im Elektroherd durchziehen die Leiter ringförmig die Herdplatten. Sobald Strom durch einen Leiter fließt, erwärmt sich die entsprechende Platte.

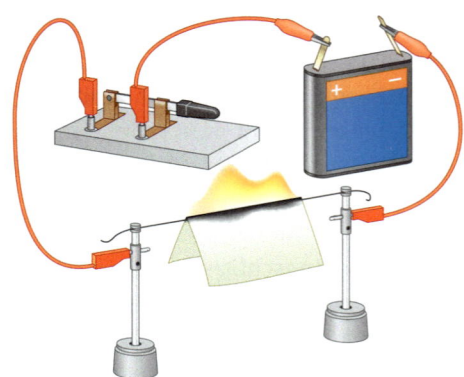

1 Untersuchung der Wärmewirkung

Versuch 2: Chemische Wirkung

Deine Lehrkraft verbindet die Pole einer Batterie über zwei Experimentierkabel mit zwei Graphitstiften. Die beiden Graphitstifte werden in ein Glas mit einer wässrigen Zinkiodidlösung getaucht.
Achtung: Zinkiodid ist ätzend und korrosiv!

Wir sehen:
An einem Graphitstift bildet sich eine braune „Wolke". Dort ist bei vorsichtigem Zufächeln ein Iodgeruch feststellbar. Am anderen Graphitstift entsteht ein schwarzer Niederschlag. ↗2

2 Veränderungen an den Graphitstiften

Ergebnis:
Aufgrund des elektrischen Stroms verändern sich die Eigenschaften des Stoffs Zinkiodid. Der elektrische Strom hat in bestimmten Flüssigkeiten eine stoffverändernde Wirkung. Man sagt: Er hat eine **chemische Wirkung.**

Versuch 3: Leuchtwirkung

Schließe eine mit Quecksilberdampf gefüllte Leuchtstoffröhre ↗ 3, die in eine passende Fassung eingesetzt ist, an die Steckdose und schalte sie ein. Berühre anschließend die Röhre mit der Hand.

Wir sehen:
Die Leuchtstoffröhre leuchtet. Dabei ist keine nennenswerte Temperaturerhöhung feststellbar.

3 *Leuchtstoffröhre*

Ergebnis:
Der elektrische Strom hat in Gasen unter bestimmten Bedingungen eine **Leuchtwirkung.**

Versuch 4: Magnetische Wirkung

Stelle einen Elektromagneten (Spule mit Weicheisenkern) her, indem du eine große Eisenschraube (Weicheisenkern) mehrmals mit einem dicken ($d = 0{,}8$ mm) isolierten Kupferdraht umwickelst (Spule). Schließe die überstehenden Enden des Kupferdrahts an die beiden Pole einer 4,5-V-Batterie an.

a Nähere dem Elektromagneten Gegenstände aus verschiedenen Materialien, z. B. Büroklammern, Glasmurmeln …

b Trenne den Elektromagnet von der Batterie und wiederhole Versuchsteil **a**.

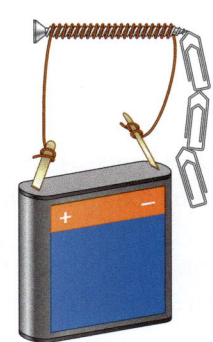

Wir sehen:

a Der Elektromagnet und ferromagnetische Stoffe ziehen sich gegenseitig an. ↗ 4

b Sobald der Elektromagnet von der Batterie getrennt wurde, ist keine gegenseitige Anziehung mehr feststellbar.

4 *Untersuchung der magnetischen Wirkung*

Ergebnis:
Der elektrische Strom hat eine **magnetische Wirkung.**

- **Der elektrische Strom hat in metallischen Leitern und Graphit eine Wärmewirkung.**

- **In bestimmten Flüssigkeiten hat der elektrische Strom eine chemische Wirkung.**

- **In Gasen hat der elektrische Strom unter bestimmten Bedingungen eine Leuchtwirkung.**

- **Der elektrische Strom hat eine magnetische Wirkung.**

↗ **NEWTON AKTIV** Seite 192/193 Aufgabe 1–5, 9 b, c

Sicherer Umgang mit elektrischen Geräten

Elektrische Geräte begleiten uns ständig in unserem Alltag. Sie können aus sehr komplizierten Stromkreisen aufgebaut sein. Ausgeklügelte Schutzmechanismen sollen verhindern, dass der menschliche Körper tödlichen Gefahren ausgesetzt wird. Die Sicherheit und Qualität der Geräte erkennt man zum Beispiel am VDE-Prüfzeichen. ↗1 Diese Kennzeichnung soll garantieren, dass alle Richtlinien, Normen und Gesetze eingehalten werden.

Trotz aller Sogfalt bei der Herstellung können elektrische Geräte manchmal durch einen plötzlichen Defekt kaputtgehen. Vielleicht hast du schon einmal so etwas Ähnliches erlebt: Ein lauter Knall und plötzlich funktioniert der Toaster nicht mehr. Normalerweise wird der elektrische Stromkreis sofort und automatisch unterbrochen, indem eine Sicherung ausgelöst wird. Dies stellt allerdings keinen hundertprozentigen Schutz dar. Besonders gefährlich sind defekte elektrische Geräte in feuchten Umgebungen, zum Beispiel im Bad.

Da von defekten elektrischen Geräten Lebensgefahren ausgehen können, ist es sehr wichtig, vorsichtig zu sein und folgende **Sicherheitsregeln** zu beachten:

- Halte dich von defekten elektrischen Geräten fern, die noch Strom führen oder unter Spannung stehen.
- Öffne keine elektrischen Geräte.
- Elektrische Geräte dürfen nur von Fachpersonen repariert werden. ↗2

Für die **Experimente** im Physikunterricht gilt:

- Benutze nur regelbare Elektrizitätsquellen (Netzteile) oder Batterien. Führe Versuche nie an Steckdosen durch!.
- Mit „Deine Lehrkraft" gekennzeichnete Experimente dürfen nur durch deine Lehrerin oder deinen Lehrer durchgeführt werden.

↗ **NEWTON AKTIV** Seite 191 Aufgabe 6

1 *VDE-Prüfzeichen auf einem technischem Gerät*

2 *Defekte Geräte niemals selbst reparieren.*

Solltest du trotz aller Vorsichtsmaßnahmen Zeuge eines **Elektrounfalls** werden, dann halte dich an folgende Regeln:

- Berühre die verletzte Person nicht, solange der Stromkreis nicht unterbrochen ist. Meide besonders offene stromführende Leitungen.
- Unterbrich den Stromkreis, ohne dich selbst zu gefährden, beispielsweise über einen Schalter, die Sicherung oder indem du den Stecker ziehst.
- Hole Hilfe und wähle den Notruf (112).
- Wenn keine Gefahr vom defekten Stromkreis mehr ausgeht, dann leiste sofort Erste Hilfe.

Schutzmaßnahmen im Haushaltsstromkreis

Die Elektroinstallation im Haushalt ist ein umfangreicher Stromkreis, der im Prinzip aus zwei Leitungen besteht: dem stromführenden **Außenleiter** und dem **Neutralleiter,** der mit dem Erdboden verbunden ist. Die elektrischen Geräte sind über die Steckdosen mit dem Außenleiter und dem Neutralleiter verbunden. ↗ 3

Die Verbindungsleitungen im Haushaltsstromkreis erwärmen sich umso stärker, je mehr Geräte an eine Steckdose angeschlossen sind. Wenn die Leitungen zu heiß werden, kann es anfangen zu brennen. Damit es nicht so weit kommt, ist der Außenleiter mit einer Sicherung verbunden. Sie unterbricht den Haushaltsstromkreis, sobald ein festgelegter maximaler Strom überschritten wird. Die Leitungen des Haushaltsstromkreises werden so vor zu starker Erwärmung und Beschädigung geschützt. Man nennt die Sicherung auch **Leitungsschutzschalter.**

Der menschliche Körper besteht zum großen Teil aus salzhaltigem Wasser. Aus diesem Grund leitet unser Körper den elektrischen Strom. Der menschliche Körper wird zum Teil des Haushaltsstromkreises, wenn er in direkten Kontakt mit dem Außenleiter kommt. Ist zum Beispiel die isolierende Kunststoffummantelung des Außenleiters defekt und berührt er leitend das Metallgehäuse eines elektrischen Geräts, besteht für einen Menschen bei Berührung des Metallgehäuses Lebensgefahr. Sind die elektrischen Geräte über einen **Schutzleiter** und über einen **Schutzkontakt** an der Steckdose mit der Erde verbunden, dann entsteht in diesem Fall ein Kurzschluss und der Leitungsschutzschalter unterbricht den Stromkreis. ↗ 4

Als zusätzlicher Schutz ist in modernen Haushaltsstromkreisen ein **Fehlerstrom-Schutzschalter** (FI-Schalter) installiert. Dieser überwacht ständig den Stromfluss im Außen- und Neutralleiter und unterbricht den Außenleiter bereits bei geringen Abweichungen. So wird sichergestellt, dass der Strom nicht auf ungewolltem Weg zum Beispiel durch den menschlichen Körper fließt. Auch der FI-Schalter garantiert keinen absoluten Schutz vor Stromunfällen, weshalb jeder Körperkontakt mit dem Stromnetz eine tödliche Gefahr darstellt.

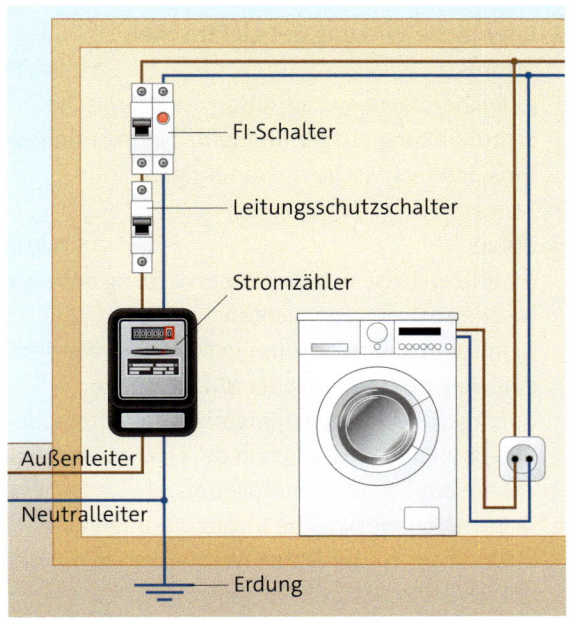

3 *Modell einer Elektroinstallation im Haushalt*

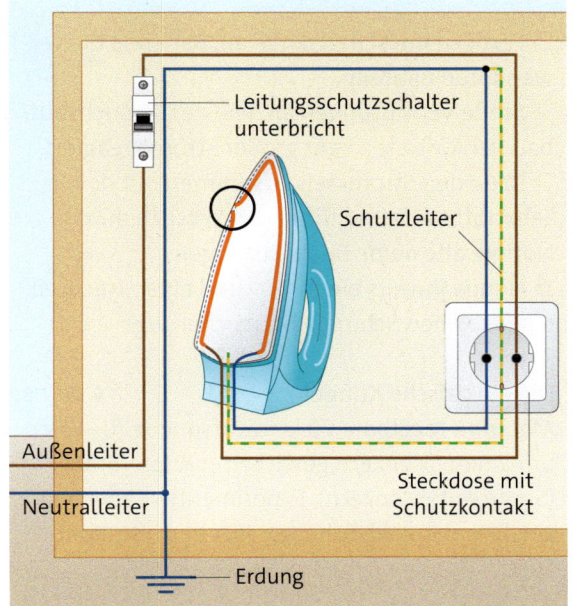

4 *Bügeleisen mit Schutzleiter*

↗ **NEWTON AKTIV**   Seite 193   Aufgabe 7

Experimentieren

1 Die Schmelzdrahtsicherung ↗ S.188/189

Sicherungen in Haushaltsstromkreisen minimieren die Gefahren im Fall eines Defekts oder Kurzschlusses. Mit folgendem Versuchsaufbau kann das Prinzip einer Schmelzdrahtsicherung gezeigt werden.

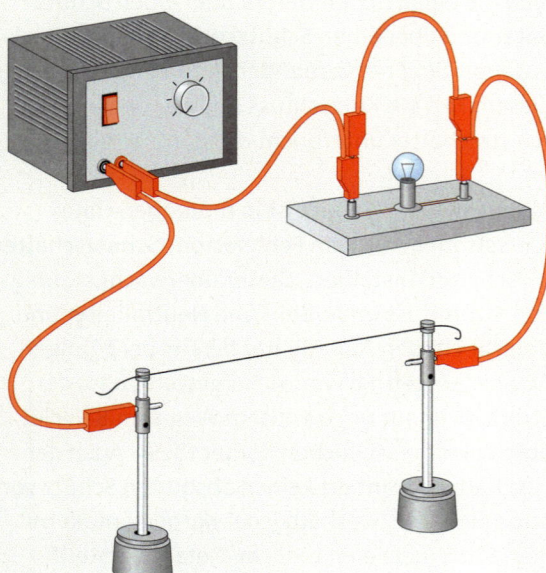

a ☐ Fertige eine Schaltskizze an. Benenne die verwendeten Bauteile.

b ◩ Stelle Vermutungen an, wie der Versuchsaufbau bei Auftreten sehr großer Ströme reagiert.

c ◩ Baue den Stromkreis zusammen mit deiner Lehrkraft nach und führe den Versuch durch. Notiere alle deine Beobachtungen.

d ■ Nenne jeweils einen Vor- und einen Nachteil einer solchen Schmelzdrahtsicherung.

2 Die elektrische Klingel ↗ S.188/189

Material: regelbare Elektrizitätsquelle (0–12 V), um einen Eisenkern gewickelter Kupferdraht (Spule mit Eisenkern), Experimentierkabel, Klingel, Eisenklöppel, Schalter, 3 Isolierfüße, Kontaktstift

• Baue die elektrische Klingel anhand der Abbildung nach. Schließe den Schalter und erhöhe langsam die Spannung von 0 auf 12 V.

a ☐ Beschreibe deine Beobachtungen. Achte besonders auf Klingel und Klöppel.

b ☐ Nenne die Wirkung des elektrischen Stroms, die in diesem Versuch ausgenutzt wird.

c ◩ Erkläre, wie die Klingel funktioniert.

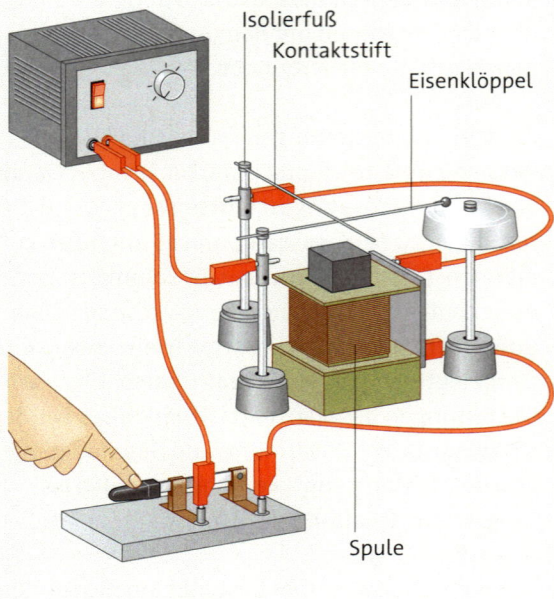

Isolierfuß
Kontaktstift
Eisenklöppel
Spule

Recherchieren

3 Chemische Wirkung des elektrischen Stroms ↗ S.188/189

☐ Recherchiere, wo im Alltag die chemische Stromwirkung ausgenutzt wird. Nenne mindestens drei technische Anwendungen.

4 Blitze ↗ S.188/189

An Blitzen lässt sich die Leuchtwirkung des elektrischen Stroms beobachten.

a ☐ Im Deutschen Museum in München werden eine Reihe eindrucksvoller Blitzversuche durchgeführt. Recherchiere nach Berichten oder Videos zu den Versuchen in der Hochspannungsanlage des Deutschen Museums.

b ◩ Recherchiere, welche Stromwirkungen die Blitze in der Natur zeigen. Vergleiche sie mit den Blitzen im Deutschen Museum.

c ◩ Recherchiere nach Verhaltensregeln und konkreten Anweisungen bei einem plötzlich auftretenden Gewitter. Erstelle ein Merkblatt.

5 Beabsichtigte und unbeabsichtigte Wärmewirkung ↗ S. 188/189

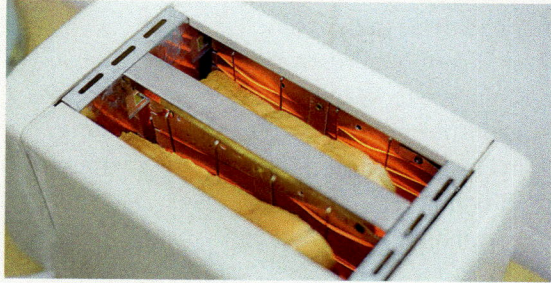

Bei vielen technischen Geräten wird die Wärmewirkung des elektrischen Stroms genutzt, zum Beispiel beim Toaster.
In anderen Geräten ist eine solche Wärmewirkung nicht erwünscht. In Laptopnetzteilen muss diese beispielsweise aus Sicherheitsgründen verringert werden.

□ Nenne jeweils zwei weitere Beispiele für eine beabsichtigte und eine unbeabsichtigte Wärmewirkung in Geräten.

In Worte fassen

6 Gefahren des elektrischen Stroms ↗ S. 190
Lies in der Leseecke den Text „Sicherer Umgang mit elektrischen Geräten".

a □ Gib drei Sicherheitsregeln für den Umgang mit defekten elektrischen Geräten an.

b □ Gib vier Verhaltensregeln bei einem Elektrounfall an.

7 Haushaltsstromkreis ↗ S. 191
Informiere dich in der Leseecke über den Haushaltsstromkreis.

a □ Beschreibe die Funktion eines Leitungsschutzschalters im Haushaltsstromkreis.

b ☑ Erkläre, warum vom Haushaltsstromkreis Gefahren für den Menschen ausgehen.

c ■ Ein defektes elektrisches Gerät hat eine sofortige Auslösung eines Sicherungsautomaten bewirkt. Begründe, warum es dringend erforderlich ist, das Gerät fachmännisch reparieren zu lassen oder zu entsorgen.

8 Gefahren des elektrischen Stroms im Alltag ↗ S. 186/187, 191
Die Bilder 1–6 zeigen Situationen aus dem Alltag.

a ☑ Begründe, warum die Situationen gefährlich sind. Beschreibe mögliche Schutzmaßnahmen, die die Gefahren mindern.

b □ Formuliere sechs Sicherheitsregeln für den Umgang mit elektrischem Strom.

Einfach lernen

9 Stromleiter und Stromwirkungen ↗ S. 186–189
a Nenne jeweils drei Leiter und Nichtleiter.

b Was sind die vier Wirkungen des elektrischen Stroms?

c Nenne für jede der vier elektrischen Stromwirkungen so viele Haushaltsgeräte wie möglich, die diese ausnutzen.

Elektrischer Stromkreis

Ein elektrischer Stromkreis ist eine Verknüpfung aus **Elektrizitätsquelle, elektrischem Gerät** und **Verbindungsleitungen.**

Die Spannung des elektrischen Geräts und der Elektrizitätsquelle müssen einander angepasst werden.

Stromkreise werden als **Schaltpläne** dargestellt:

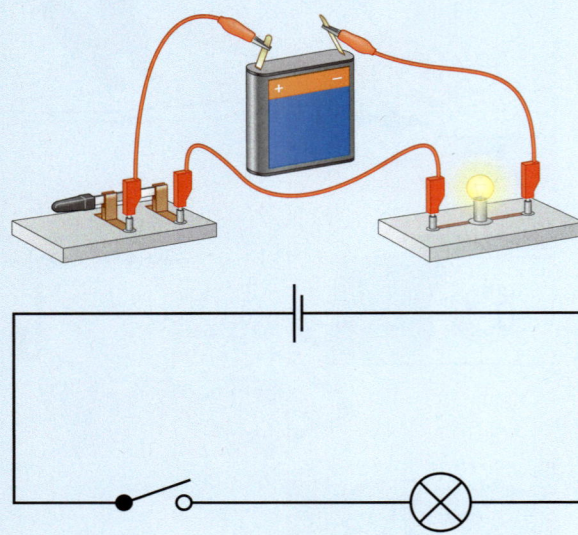

Elektrische Leitfähigkeit

Leiter sind Stoffe mit guter elektrischer Leitfähigkeit, zum Beispiel alle Metalle und Graphit, bestimmte Flüssigkeiten (Salzwasser) und Gase unter besonderen Bedingungen.

Nichtleiter (Isolatoren) sind Stoffe mit schlechter elektrischer Leitfähigkeit, zum Beispiel Glas, Keramik, Kunststoffe, Holz und Gase unter normalen Bedingungen.

Der Mensch – ein Leiter

Aufgrund seines Salzwassergehalts leitet der menschliche Körper den elektrischen Strom. Hohe Spannungen können zu Verletzungen oder zum Tod führen. Gefahr besteht vor allem bei Benutzung von elektrischen Geräten im Bad, bei defekten elektrischen Geräten und in der Nähe von Hochspannungsmasten oder Oberleitungen.

Wirkung des elektrischen Stroms

Der elektrische Strom hat:

- in bestimmten Festkörpern wie Metallen und Graphit eine **Wärmewirkung**
- in bestimmten Gasen eine **Leuchtwirkung**
- in bestimmten Flüssigkeiten eine **chemische Wirkung**
- eine **magnetische Wirkung**

Modellvorstellung

In der Elektrizitätsquelle wird Ladung getrennt. Zwischen dem Minus- und dem Pluspol der Elektrizitätsquelle entsteht ein elektrisches Feld, das sich in den metallischen Verbindungsleitungen eines geschlossenen Stromkreises ausbreitet. Die freien Elektronen im metallischen Leiter erfahren im elektrischen Feld eine Kraftwirkung in Richtung des Pluspols. Sie wandern dementsprechend vom Minus- zum Pluspol und stoßen unterwegs gegen die ortsfesten Gitterionen des metallischen Leiters.

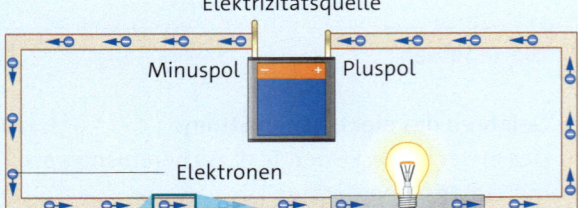

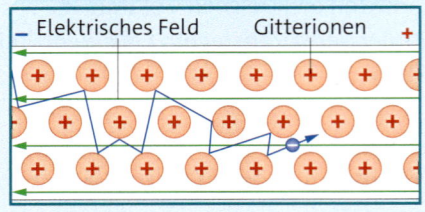

Die **Stromstärke** gibt an, wie viele Elektronen pro Sekunde an einer bestimmten Stelle im Stromkreis vorbeifließen:

$$I = \frac{Q}{t}$$

$$[I] = \frac{[Q]}{[t]} = 1\frac{C}{s} = 1\,A\ (1\,\text{Ampere})$$

In einem unverzweigten Stromkreis ist die Stromstärke an jeder Stelle gleich.

1 Fehlersuche

a ☑ Beschreibe den Fehler im gezeigten Stromkreis. Nenne auch den Fachbegriff dafür.

b ☐ Beschreibe die Auswirkung auf die Batterie.

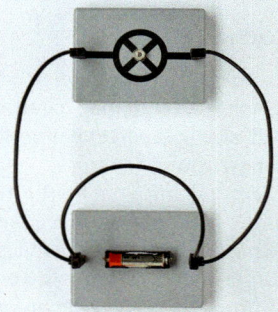

2 Elektrischer Strom in Festkörpern

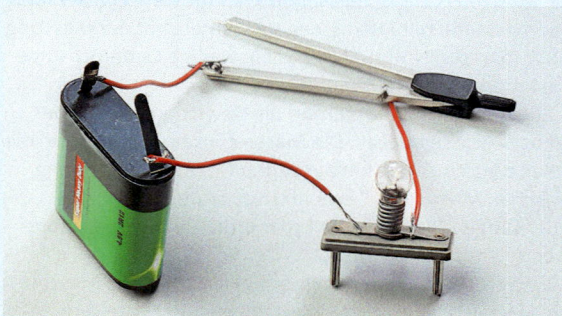

Der Zirkel auf dem Bild ist aus Metall.

a ☐ Nenne mindestens vier mögliche Gründe dafür, dass die Lampe nicht leuchtet.

b ☑ Beschreibe, wie du jeweils vorgehen müsstest, um die Lampe zum Leuchten zu bringen.

c ☐ Nenne die Wirkung des elektrischen Stroms, die bei einer Glühlampe ausgenutzt wird.

d ☑ Wie im Bild dargestellt sind Leiterkabel häufig mit Kunststoff ummantelt. Begründe dies.

3 Elektrischer Strom in Flüssigkeiten

In bestimmten Flüssigkeiten kann es zu einem elektrischen Strom kommen.

a ☐ Nenne jeweils drei Beispiele für Flüssigkeiten, in denen ein elektrischer Strom auftreten kann, bzw. Flüssigkeiten, in denen dies nicht der Fall ist.

b ☑ Beschreibe einen Versuch, mit dem du nachweisen kannst, dass in bestimmten Flüssigkeiten ein elektrischer Strom auftreten kann.

c ■ Begründe, warum der Umgang mit elektrischen Geräten mit feuchten oder nassen Händen gefährlich ist.

4 Elektrischer Strom in Gasen

Unter bestimmten Umständen kann auch in Gasen ein elektrischer Strom auftreten.

a ☐ Nenne zwei Beispiele für das Auftreten eines elektrischen Stroms in Gasen.

b ☐ Nenne die Wirkung, die ein elektrischer Strom in Gasen hat.

5 Magnetische Wirkung

Mit einem Draht, einem Eisennagel und einer Batterie kann man einen Elektromagneten bauen.

a ☐ Beschreibe, wie man mit diesen Materialien einen Elektromagneten baut.

b ☐ Nenne mindestens zwei Vorteile eines Elektromagneten gegenüber einem Permanentmagneten.

c ☐ Nenne zwei Geräte, in denen die magnetische Wirkung des elektrischen Stroms genutzt wird.

d ☑ Beschreibe eine Vorgehensweise, um zu zeigen, dass auch ein Elektromagnet einen Nord- und einen Südpol besitzt.

6 Akkumulatoren

Das Bild zeigt vier Akkumulatoren (kurz „Akkus") in einer Ladestation. Jeder der Akkus trägt die Aufschrift „2400 mAh".

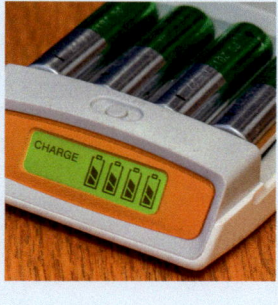

a ☐ Gib an, auf welche physikalische Größe sich die Angabe „2400 mAh" bezieht.

b ■ Begründe deine Antwort zu Aufgabenteil **a** mithilfe einer geeigneten Größengleichung.

c ■ Berechne wie lange der Ladevorgang für einen Akku dauert, dessen Ladezustand noch 20,00 % seines maximalen Wertes beträgt. Der Ladestrom hat im Durchschnitt eine Stärke von 850 mA.

d ☐ Einer der genannten Akkus wird zum Betrieb einer Taschenlampe mit einer Glühlampe als Leuchtmittel benötigt. Erstelle eine Schaltskizze dieses Stromkreises mit geöffnetem Schalter.

e ☑ Der Schalter wird geschlossen. Beschreibe in einer geeigneten Modellvorstellung die Vorgänge in den Verbindungsleitungen.

Lösungen der Teste-dich-Aufgaben

1 a Bewegt sich der Luftballon mit gleichförmiger Geschwindigkeit nach oben?
Wie schnell bewegt sich der Luftballon nach oben?
b Der Luftballon bewegt sich mit gleichförmiger Geschwindigkeit nach oben.
c *Material:* Luftballon, Metronom, Maßband
Durchführung: Das Maßband befestigt man relativ weit oben an der Zimmerwand und lässt es runterhängen. Man lässt den Luftballon auf Höhe der Nullmarke los und startet gleichzeitig die Stoppuhr. Die vom Ballon nach 1 s, 2 s … zurückgelegten Strecken werden markiert und notiert.
Alternativ: *Material:* Luftballon, Filmkamera, Maßband
Durchführung: Man filmt den steigenden Luftballon vor dem Maßband. Anschließend liest man die zurückgelegten Strecken aus den Einzelbildern des Videos ab.

2 a Länge, Zeit
b Die Geschwindigkeit ist eine abgeleitete Größe, weil sie nicht direkt messbar ist. Sie muss aus den Ergebnissen einer Längen- und Zeitmessung berechnet werden.

3 a Die Angabe von Tom ist unvollständig, da weder Einheit noch Größensymbol angegeben ist. Vollständig lautet das Ergebnis: $l = 0,83$ m.
b Das Ergebnis ist mit zwei sinnvollen Ziffern angegeben.
c Tom hat vermutlich einen Meterstab verwendet, weil mit diesem auf Millimeter genau gemessen werden kann.

4 a

$\frac{s}{t}$ in $\frac{m}{s}$	–	11	9,5	11	9,8	10

Ergebnis: Die zurückgelegte Wegstrecke ist vermutlich direkt proportional zur Zeit. Symbolschreibweise: $s \sim t$
b Es handelt sich um eine (geradlinig) gleichförmige Bewegung, weil die Quotienten $\frac{s}{t}$ konstant sind. Abweichungen können mit Messunsicherheiten erklärt werden.
c Mittelwert: $\overline{\left(\frac{s}{t}\right)} = \frac{11 + 9,5 + 11 + 9,8 + 10}{5} \frac{m}{s}$; $\overline{\left(\frac{s}{t}\right)} = 10 \frac{m}{s}$; $v = 10 \frac{m}{s}$
d

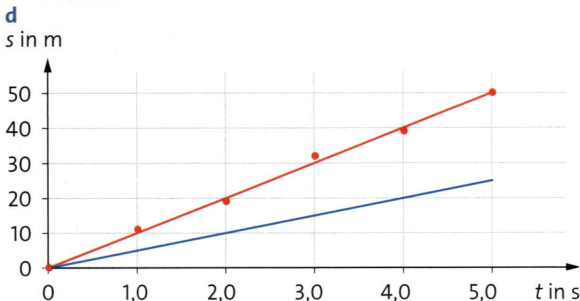

s in m

5 a Der Ballon führt eine gleichförmige Bewegung aus.
b Die Bewegung ist gleichförmig, weil die Messwerte auf einer Ursprungsstrecke liegen. Damit ist die zurückgelegte Wegstrecke direkt proportional zur benötigten Zeit, was bei einer geradlinigen Bewegung der Fall ist.
c Beispiel: $t = 150$ s, $s = 1000$ m $\rightarrow v = \frac{s}{t}$, $v = \frac{1000\ m}{150\ s}$; $v = 6,67 \frac{m}{s}$

d $v = 3,6 \cdot 6,67 \frac{km}{h}$; $v = 24 \frac{km}{h}$

1 a Formelzeichen für die Kraft: F, von engl. force: Kraft
b Kräfte erkennt man daran, dass sie einen Körper dauerhaft oder vorübergehend verformen oder seinen Bewegungszustand ändern.
c Die Wirkung einer Kraft $\vec{F}$ hängt nicht nur von ihrem Betrag F, sondern auch von ihrem Angriffspunkt und ihrer Richtung ab. Zwei Kräfte mit gleichem Betrag können einen Körper anders verformen, wenn sie in unterschiedliche Richtungen weisen oder an verschiedenen Stellen angreifen. Um Richtung und Angriffspunkt einer Kraft deutlich machen zu können, stellt man Kräfte als Kraftpfeile dar.

2 a Man muss die zu messende Kraft grob abschätzen und einen passenden Kraftmesser auswählen. Vor der Messung muss man den Nullpunkt für die jeweilige Gebrauchslage einstellen.
b Zur Kalibrierung nutzt man die Gewichtskraft von bekannten Massestücken. Die Massestücke hängt man an die Feder, die sich daraufhin ausdehnt. Der Zusammenhang zwischen Masse und Gewichtskraft lautet: $F_G = m \cdot g$. Jeder Längenänderung der Feder ordnet man die entsprechende Kraft in Newton zu.
c Man erhält Federkraftmesser für verschiedene Messbereiche, wenn Federn mit unterschiedlicher Härte verwendet werden.
d

Δl in m

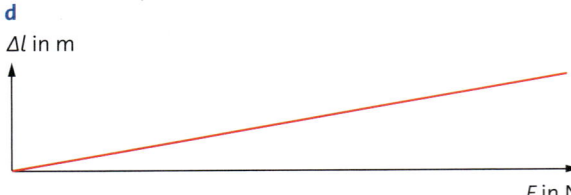

F in N

e Bei einer Feder, die dem hookeschen Gesetz folgt, ist die Längenänderung bei einer festgelegten Kraftänderung immer gleich. Dadurch sind die Abstände zwischen den Teilstrichen auf der Skala gleich. Das macht das Ablesen und Kalibrieren einfacher.

3 a *Gemeinsamkeiten:* gleicher Betrag, entgegengesetzte Richtung; *Unterschiede:* Angriffspunkte im gleichen Körper beim Kräftegleichgewicht, Angriffspunkte im jeweils anderen Körper bei Wechselwirkungskräften
b

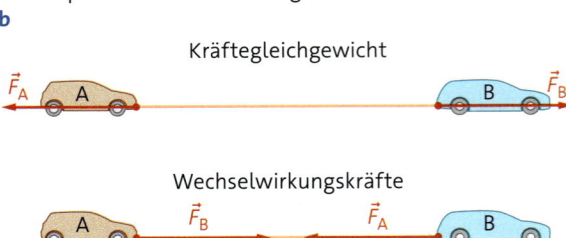

Kräftegleichgewicht

Wechselwirkungskräfte

4 Könnte sich der Baron an seinem eigenen Zopf aus dem Sumpf ziehen, wäre diese Kraft ohne Gegenkraft. Das ist aber laut dem Wechselwirkungsprinzip nicht möglich. Kräfte treten nur paarweise auf. Nur wenn der Baron mit einem anderen Gegenstand, zum Beispiel einem Ast, anstatt sich selbst in Wechselwirkung tritt, entsteht eine Gegenkraft.

5 a Die Gewichtskraft wirkt lotrecht zum Mittelpunkt eines Himmelskörpers. Sie ist abhängig vom Himmelskörper und vom Abstand zum Himmelkörper.
b Die Masse eines Körpers ist die physikalische Größe, mit der die Körpereigenschaften Schwere und Trägheit beschrieben werden.
c Diese Aussage ist korrekt. Alle Körper ziehen sich mit der sogenannten Gravitationskraft gegenseitig an. Die Gewichtskraft stellt einen Sonderfall dar, nämlich die Gravitationskraft zwischen einem Körper und einem Himmelskörper.
d Gegeben: m = 135 kg; Gesucht: F_G
$F_G = m \cdot g$; F_G = 135 kg $\cdot$ 3,71 $\frac{N}{kg}$; F_G = 501 N
e Auf dem Planeten Jupiter ist der Ortsfaktor sehr viel größer als auf der Erde. Damit ist dort die Anziehungskraft viel größer. Um dort ein Bein anzuheben, ist eine sehr viel größere Muskelkraft erforderlich. Daher kann sich dort ein Mensch nur kriechend fortbewegen.

6 a Wenn ein Bus stark bremst, bewegen sich die Insassen in die ursprüngliche Bewegungsrichtung weiter: Aus ihrer Sicht fallen sie nach vorne.
b Man setzt den Hammerkopf auf den Stiel und schlägt dann den Stiel fest auf eine stabile Unterlage. Durch das abrupte Abbremsen auf der Unterlage bewegt sich der schwere Kopf aufgrund seiner Trägheit weiter und wird so auf dem Stiel fixiert.
c Die Nackenstütze schützt vor einem Schleudertrauma, wenn man in einem stehenden Auto sitzt und ein anderes Fahrzeug von hinten aufprallt. Fährt ein Fahrzeug von hinten auf ein stehendes Fahrzeug auf, so wird dieses mitsamt seinen Insassen in Bewegung gesetzt. Aufgrund seiner Trägheit bleibt der bewegliche Kopf in Ruhe. Für einen Autoinsassen, der sich nach vorne bewegt, wird der Kopf nach hinten geschleudert.
Dies führt zu Verletzungen der Halswirbelsäule. Durch die Nackenstütze wird auch der Kopf mit dem Auto verbunden und im Fall eines Heckaufpralls mitbewegt.

Aufbau und Eigenschaften von Körpern und Stoffen – S. 77

1 a *Aggregatzustände:* fest, flüssig, gasförmig; *Übergänge:* fest zu flüssig → Schmelzen, flüssig zu fest → Erstarren, flüssig zu gasförmig → Verdampfen, gasförmig zu flüssig → Kondensieren, fest zu gasförmig → Sublimieren, gasförmig zu fest → Resublimieren
b *Raumtemperatur:* Die Teilchen zittern an festen Gitterplätzen.
150 °C: Die Teilchen verschieben sich gegeneinander und tauschen ihre Plätze.
300 °C: Die Teilchen bewegen sich frei im ganzen zur Verfügung stehenden Raum.

c Vergleiche deine Zeichnungen mit den Bildern 2, 3 und 4 auf Seite 58 und 59.

2 a Haftreibung
b Reibung kann durch Glättung der Oberflächen, Schmiermittel wie Öl oder Fett sowie durch Verringerung der Anpresskraft reduziert werden.
c – Auf Eis ist aufgrund der glatten Oberfläche die Reibung sehr gering. Das Eis kann nur eine geringe Reibungskraft auf die Sohle deiner Schuhe bewirken. Deshalb kannst du leicht ausrutschen.
– Auf einer Ölspur ist die Reibung erheblich geringer, als auf trockener, sauberer Straße. Bremst oder lenkt man auf einer Ölspur, kann die reduzierte Reibung dazu führen, dass das Auto wegrutscht.
– Je besser die Lager bei Inlineskates sind, desto geringer ist die Reibung beim Rollen und das Fahren ist einfacher.
d Wenn zwei sehr glatte Oberflächen aneinanderliegen, ist die Kontaktfläche besonders groß. Das hat zur Folge, dass sich viele Teilchen der beiden Körper nahekommen und miteinander in Wechselwirkung treten. Aufgrund der anziehenden Kräfte zwischen den Teilchen sind die Reibungskräfte groß.
e Die Haftreibungskraft sorgt für den Antrieb eines Autos. Die Haftreibung bewirkt, dass die rollenden Reifen an der Straße haften und nicht durchdrehen. Dadurch dass die auf der Straße nach hinten rollenden Reifen am Boden haften, wird das Auto nach vorne bewegt.

3 a *Schachfigur:* Zur Volumenbestimmung kann die Überlaufmethode verwendet werden. Dafür wird der Körper in ein Wassergefäß getaucht und das Volumen des überlaufenden Wassers bestimmt.
Würfel: Das Volumen kann mit der Formel $V = a^3$ berechnet werden.
b *Schachfigur:* Da es sich um einen unregelmäßigen Körper handelt, kann das Volumen nicht so einfach berechnet werden.
Würfel: Da es sich um einen regelmäßigen geometrischen Körper handelt, kann das Volumen mit der entsprechenden Formel berechnet werden. Das Berechnen ist genauer als die Überlaufmethode.
c Man verwendet 10 5-ct-Münzen, um die Messunsicherheiten zu verringern. Man bestimmt die Masse der Münzen mit einer elektrischen Waage. Das Volumen der Münzen bestimmt man mit der Verdrängungsmethode. Dazu werden die Münzen in einen mit Wasser gefüllten Messbecher gegeben und das verdrängte Volumen ermittelt. Die Messergebnisse für Masse und Volumen teilt man jeweils durch 10.
Die Dichte einer 5-ct-Münze berechnet man mit $\varrho = \frac{m}{V}$. Anschließend schlägt man in einer Tabelle die Dichte von Kupfer nach und vergleicht die beiden Werte.

4 a Die Dichte gibt Auskunft darüber, welche Masse ein bestimmtes Volumen eines Stoffs hat.
b Gegeben: ϱ = 0,840 $\frac{g}{cm^3}$, V = 1,0 cm³;
Gesucht: m
$m = \varrho \cdot V$; m = 0,840 $\frac{g}{cm^3} \cdot$ 1,0 cm³; m = 0,84 g

c Die Dichte eines Stoffs ist von der Temperatur abhängig. Ein bestimmtes Volumen an Heizöl hat somit bei unterschiedlichen Temperaturen auch unterschiedliche Massen. Je höher die Temperatur des Öls, umso geringer ist die Masse eines bestimmten Volumens. Damit bei einer Heizöllieferung die abgefüllte Menge genau bestimmt werden kann, muss deshalb auch die Temperatur gemessen werden.
d Mit steigender Temperatur wird der mittlere Abstand zwischen den Teilchen eines Stoffs größer. In einem bestimmten Volumen sind folglich bei höheren Temperaturen weniger Teilchen enthalten. Die Masse des Volumens ist damit geringer als bei einer niedrigeren Temperatur. Die Dichte nimmt deshalb mit steigender Temperatur ab.

Natur des Lichts – S. 103

1 a Licht breitet sich geradlinig aus. Die Geschwindigkeit der Lichtausbreitung ist abhängig von der optischen Dichte des Mediums.
b Man muss den Lichtweg einer Lichtquelle sichtbar machen, indem man das Licht streifend auf eine ebene, helle Fläche treffen lässt. Bringt man in den Lichtweg eine Schlitzblende mit sehr kleiner Blendenöffnung, erkennt man ein sehr schmales paralleles Lichtbündel. Dieses nennt man Lichtstrahl.
c Nicht selbstleuchtende Körper sieht man, wenn von ihnen Licht in unser Auge gelangt. Damit dies geschehen kann, muss Licht einer Lichtquelle auf den nicht selbstleuchtenden Körper treffen. Der Körper absorbiert einen Teil des auftreffenden Lichts, einen anderen Teil streut er in den Raum. Trifft dieses Licht in unser Auge, sehen wir den Körper.

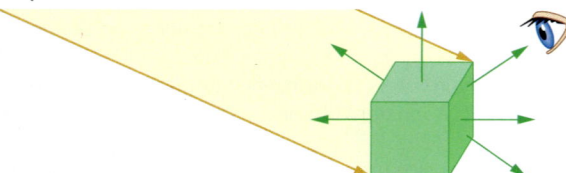

2 a Vergleiche deine Skizze mit Bild 3 auf Seite 82.
b Die Größe des Schattenbilds hängt nicht nur von der Größe des Gegenstands ab.
Die Größe des Schattenbilds nimmt auch zu, wenn der Abstand zwischen Gegenstand und Projektionsfläche größer wird und wenn der Abstand zwischen Lichtquelle und Gegenstand kleiner wird.
c Das Schattenbild besteht aus einem dunklen Kernschatten und zwei helleren Halbschatten, die sich an zwei Seiten des Kernschattens anschließen.
d Vergleiche deine Zeichnung mit Bild 4 auf Seite 84. Eine Sonnenfinsternis entsteht, wenn der Mond bei Neumond auf einer gemeinsamen Geraden mit Sonne und Erde steht. Dann entsteht auf der Erde ein Kernschatten. Das ist der Bereich der totalen Sonnenfinsternis.

3 a *A:* Licht wird an einer glatten Oberfläche (Spiegel) reflektiert.
B: Licht wird von einer schwarzen Oberfläche absorbiert.
C: Licht wird von einer durchsichtigen Oberfläche durchgelassen.

b Licht wird von dunklen Oberflächen absorbiert. Deshalb wird man im Dunkeln schlecht gesehen, auch wenn Licht auf die Kleidung trifft. Ist die Kleidung mit Reflektoren versehen, wird von dort Licht in alle Richtungen gestreut, sodass man dann besser gesehen werden kann.

4 a Trifft Licht auf eine Oberfläche, wird ein Teil des auftreffenden Lichts von dort wieder in alle Richtungen gesendet. Dies nennt man Streuung von Licht. Erfolgt die Streuung in genau eine Richtung, wie das bei sehr glatten Oberflächen der Fall ist, spricht man von Reflexion.
b Das Reflexionsgesetz besagt, dass Reflexionswinkel und Einfallswinkel gleich groß sind und dass einfallender und reflektierter Lichtstrahl in einer gemeinsamen Ebene liegen. Das Einfallslot ist eine Senkrechte auf der Spiegelebene in dem Punkt, in dem ein Lichtstrahl auf eine Oberfläche trifft. Der Einfallswinkel ist der Winkel zwischen Einfallslot und einfallendem Lichtstrahl.
Der Reflexionswinkel ist der Winkel zwischen dem reflektierten Lichtstrahl und dem Einfallslot.

5 a Das Spiegelbild ist genauso weit von der Spiegelebene entfernt wie der Gegenstand. Es ist genauso groß wie der Gegenstand, aufrecht und seitenrichtig. Vorne und hinten sind beim Spiegelbild vertauscht.
b

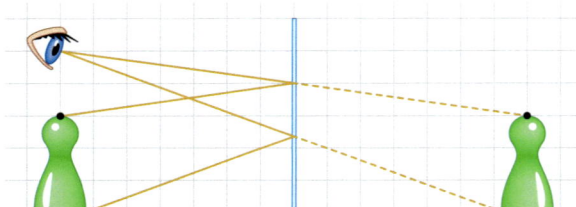

6 a Trifft ein Lichtstrahl auf eine Wasseroberfläche, kann er reflektiert, gebrochen oder total reflektiert werden.
b Es kommt zu einer Totalreflexion von Licht, wenn das Licht auf die Grenzfläche zu einem optisch dünneren Medium trifft und der Einfallswinkel dabei größer ist als der Grenzwinkel der Totalreflexion.
c Das Licht, das von Gegenständen unter Wasser ausgeht, wird an der Grenzfläche zur Luft vom Einfallslot weg gebrochen. Ein Betrachter geht von einer geradlinigen Ausbreitung des Lichts aus: daher erscheinen Gegenstände unter Wasser angehoben.

Linsen und Lichtbilder – S. 133

1 a Im Brennpunkt einer Sammellinse werden achsenparallele Lichtstrahlen gesammelt. Die Brennweite ist der Abstand des Brennpunkts von der Mittelebene einer Linse. Die Brennebene ist eine Ebene, die den Brennpunkt der Linse enthält und in der das Licht nicht achsenparalleler Lichtbündel gesammelt wird.

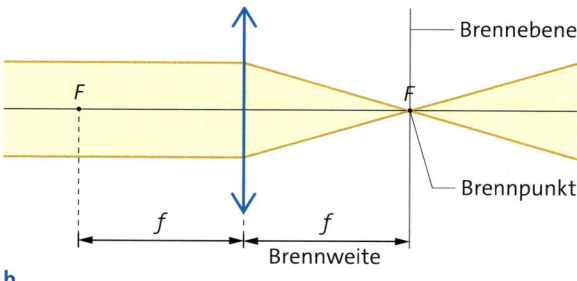

b

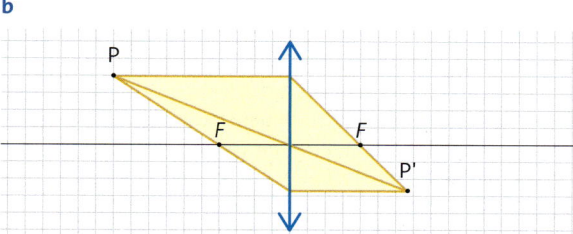

2 a Das Bild ist aufrecht, vergrößert und virtuell.
b Ein solches Bild entsteht, wenn sich der Gegenstand innerhalb der einfachen Brennweite einer Sammellinse befindet.
c Dies wird bei einer Lupe ausgenutzt.

3 a Objektiv (Linse), Blende, Verschluss, Bildsensor
b Über die Blende wird zum einen die eintreffende Lichtmenge gesteuert. Über die Blende wird zum anderen gesteuert, wie groß der Bereich ist, in dem Gegenstände in unterschiedlicher Entfernung vom Fotoapparat gleichzeitig scharf abgebildet werden können.
c So eine Fotografie entsteht bei einer relativ kleinen Blendenöffnung mit relativ langer Verschlusszeit.

4 a Linsensystem, Pupille, Netzhaut
b Linsensystem – Objektiv; Pupille – Blende; Netzhaut – Bildsensor
c Oberhalb einer Entfernung von etwa 30 cm werden alle Gegenstände bei entspannter Augenlinse scharf gesehen. Im Bereich zwischen 30 cm und 10 cm Entfernung führt die Anspannung des Ziliarmuskels dazu, dass die Augenlinse stärker gewölbt wird. Dadurch wird die Brennweite des Linsensystems verkleinert und die Gegenstände werden wieder scharf auf der Netzhaut abgebildet. Dies nennt man Akkommodation.

5 a Bei der Kurzsichtigkeit ist der Augapfel zu lang. Bei entspanntem Ziliarmuskel liegt das scharfe Bild weit entfernter Gegenstände vor der Netzhaut.

b

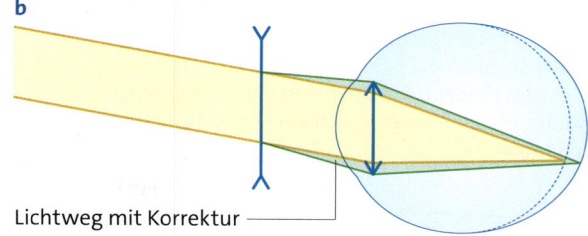

Lichtweg mit Korrektur

Gegenstandspunkte werden vor der Netzhaut in einem Bildpunkt abgebildet. Auf der Netzhaut wird ein breiter Lichtfleck abgebildet. Das Bild erscheint unscharf.
c Siehe farbig markierter Lichtweg im Bild von Aufgabenteil **b**.

6 a Objektivlinse und Okularlinse sind beim Fernrohr so angeordnet, dass ihre Brennpunkte zusammenfallen.

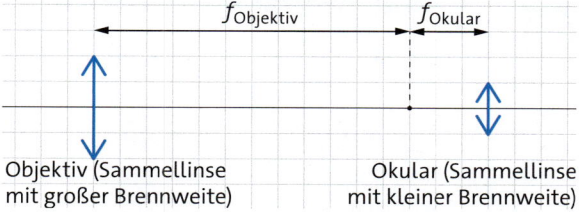

| Objektiv (Sammellinse mit großer Brennweite) | Okular (Sammellinse mit kleiner Brennweite) |

b Das von einem weit entfernten Gegenstand eintreffende parallele Lichtbündel verlässt das Fernrohr unter einem größeren Winkel zur optischen Achse, als es in das Fernrohr eintritt. Der Sehwinkel, unter dem der Gegenstand betrachtet wird, wird vergrößert. Deswegen erscheint der Gegenstand auf der Netzhaut vergrößert.

Magnetismus – S. 151

1 a Eisen, Kobalt, Nickel
b Zwei Magnete können sich gegenseitig anziehen oder abstoßen. Ungleichnamige Magnetpole ziehen sich gegenseitig an. Gleichnamige Magnetpole stoßen sich gegenseitig ab.
c Pierres Aussage ist nicht ganz richtig: Magnete haben keinen Pluspol. Er müsste sagen, dass sich Nord- und Nordpol bzw. Süd- und Südpol abstoßen.

2 a Man muss den Stahlnagel mehrmals mit einem Magneten mit demselben Pol in dieselbe Richtung überstreichen.
b Beim Überstreichen werden die Elementarmagnete alle in die gleiche Richtung gleichsinnig ausgerichtet.
c Ein magnetisierter Stahlnagel kann durch starke Erschütterung oder starkes Erhitzen über eine bestimmte Temperatur entmagnetisiert werden.
Nach der starken Erschütterung sind die Elementarmagnete nicht mehr alle gleichsinnig ausgerichtet.
Durch das starke Erhitzen werden die ferromagnetischen Eigenschaften des Stahlnagels zerstört.

3 a Man muss auf einen Magneten eine nicht ferromagnetische Platte legen. Auf die Platte streut man anschließend Eisenfeilspäne.

b Dem Feldlinienbild kann man die Richtung und den Betrag der magnetischen Kraftwirkung an einer bestimmten Stelle entnehmen.

c Magnetfelder lassen sich durch ferromagnetische Hohlräume, in deren Inneren sich ein Magnet befindet, abschirmen.

4

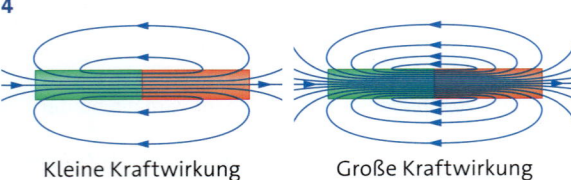

Kleine Kraftwirkung   Große Kraftwirkung

5 a

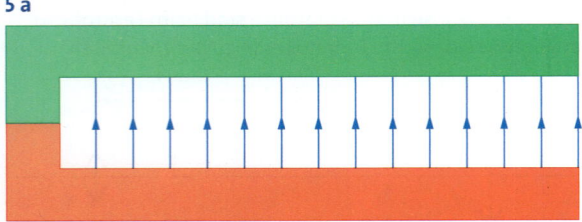

b Die magnetische Kraftwirkung ist zwischen den Schenkeln des Hufeisenmagneten an jeder Stelle gleich. Das liegt daran, weil dort die Feldlinien parallel verlaufen und an jeder Stelle die gleiche Dichte haben. Ein solches Magnetfeld nennt man homogen.

6 a Vergleiche deine Zeichnung mit Bild 7 auf Seite 147. Das Magnetfeld schaut in Erdnähe so aus wie das eines Stabmagneten. Der magnetische Südpol befindet sich in der Nähe des geografischen Nordpols und der magnetische Nordpol in der Nähe des geografischen Südpols.

b Die Deklination beschreibt den Winkel zwischen magnetischem Pol, Standort und geografischem Pol. Die Inklination beschreibt den Winkel zur Horizontalen, mit dem die Feldlinien des Erdmagnetfelds auf der Erdoberfläche eintreffen.

7 a Ein Kompass besteht aus einer frei drehbaren Magnetnadel und einer Windrose mit den Himmelsrichtungen.

b Die Magnetnadel richtet sich annähernd in die Nord-Süd-Richtung aus. Das Gehäuse des Kompasses dreht man so, dass die Spitze der Magnetnadel annähernd in Richtung Norden zeigt. Dann können alle Himmelsrichtungen von der Windrose abgelesen werden.

Elektrostatik – S. 175

1 a $Q = n \cdot e$; $n = \frac{Q}{e}$; $n = \frac{0{,}000\,003\ \text{C}}{1{,}602 \cdot 10^{-19}\ \text{C}}$; $n = 2 \cdot 10^{13}$

b Beim Berühren der Türklinke fließen in sehr kurzer Zeit sehr viele (etwa 10^{13}) Elektronen von der Klinke auf Herrn Tietze, die dann zur Erde abfließen.

c Durch die Metallfäden fließen die Elektronen, die beim Laufen über den Teppich durch Kontaktelektrizität auf den Menschen übergehen, sofort wieder zur Erde ab. Herr Tietze lädt sich deswegen nicht elektrisch auf.

2 a Der Zeiger am Elektroskop schlägt aus.

b Durch elektrische Influenz werden die Elektronen im Metallteller in den Metallstab und den Metallzeiger verschoben. Dort besteht dann ein Elektronenüberschuss. Da sich die gleichnamigen Ladungen von Stab und Zeiger abstoßen, wird der Zeiger ausgelenkt.

c Durch das Erden fließen die überschüssigen Elektronen von Metallstab und Metallzeiger zur Erde ab. Entfernt man den Stab, herrscht auf dem ganzen Elektroskop ein Elektronenmangel. Es ist positiv geladen.

d Auf dem negativ geladenen Metallkörper herrscht ein Überschuss an frei beweglichen Elektronen. Berührt der Metallkörper den Teller des positiv geladenen Elektroskops, fließen Elektronen vom Metallkörper auf das Elektroskop. Die Menge an überschüssiger positiver Ladung auf dem Elektroskop wird kleiner und somit auch der Betrag der abstoßenden Kraftwirkung zwischen Stab und Zeiger.

3 a Eine metallische Kugel ist neutral, weil sie gleich viele positive Ladungsträger (Gitterionen) wie negative Ladungsträger (Elektronen) besitzt.

b Bei Berührung der elektrisch neutralen Metallkugel fließen negativ geladene Elektronen von der Metallkugel zum Pluspol der Elektrizitätsquelle. Auf der Metallkugel herrscht dann ein Elektronenmangel. Deswegen ist sie dann positiv geladen.

c Körper 2 muss nicht entgegengesetzt geladen sein. Die anziehenden Kräfte können auch eine Folge der elektrischen Influenz, also der Ladungsverschiebung in Körper 2 sein.

4 a Der Tischtennisball bewegt sich zunächst zur Spitzenelektrode, berührt diese und bewegt sich dann zur Metallplatte. Anschließend pendelt der Ball zwischen Spitze und Platte hin und her.

b An der Spitze der Spitzenelektrode ist die Feldliniendichte und damit die elektrische Kraftwirkung auf geladene Körper besonders groß. Durch elektrische Influenz kommt es in der Graphitschicht des Tischtennisballs zu einer Ladungsverschiebung. Die Ladungsverschiebung ist auf der Seite größer, die der Spitzenelektrode zugewandt ist. Daher ist die anziehende Kraftwirkung zwischen Ball und Spitzenelektrode größer und der Ball bewegt sich zu dieser Elektrode. An der Elektrode gibt der Ball Elektronen ab und besitzt dann einen Elektronenmangel. Er wird im elektrischen Feld zur negativ geladenen Metallplatte beschleunigt. Dort nimmt er Elektronen auf und hat nun einen Elektronenüberschuss. Der Vorgang wiederholt sich dann fortlaufend.

c Elektrische Influenz wird bei Fotokopierern und bei Laserdruckern genutzt.

Elektrische Stromkreise – S. 195

1a Die beiden Pole der Batterie sind über ein leitendes Kabel miteinander verbunden. Man sagt: Sie sind kurzgeschlossen. Man spricht von einem Kurschluss. Das ist der Grund, warum das Lämpchen nicht leuchtet.
b Die Batterie erhitzt sich und kann zerstört werden.

2a *Mögliche Gründe:* Die Batterie ist leer; die Lampe ist nicht weit genug in die Fassung eingeschraubt; der Zirkel ist mit einer nichtleitenden Lackschicht überzogen; ein Kabel ist defekt.
b Batterie ersetzen; Lampe korrekt einschrauben; Lackschicht abkratzen; Kabel ersetzen.
c Leuchtwirkung
d Kunststoff sind Isolatoren und leiten den elektrischen Strom nicht. Sie dienen als Schutz vor den Wirkungen des elektrischen Stroms.

3a *Leitende Flüssigkeiten:* Salzwasser, Seifenwasser, Essig
Nichtleitende Flüssigkeiten: destilliertes Wasser, Spiritus, Zuckerwasser
b Der elektrische Stromkreis aus einer Batterie und einer Glühlampe wird an einer Stelle unterbrochen. Dort werden die beiden freien Kabel jeweils mit einem Graphitstift verbunden. Die Graphitstifte werden in die Flüssigkeit getaucht. Handelt es sich um eine leitende Flüssigkeit, leuchtet die Lampe.
c Der Mensch besteht zu einem großen Teil aus salzhaltigem Wasser und ist deshalb ein elektrischer Leiter. Gelangt der menschliche Körper in Kontakt zum Außenleiter, wird er Teil des Haushaltsstromkreises. Mit feuchten Händen ist die Gefahr noch größer.

4a Blitz, Leuchtstoffröhre
b Leuchtwirkung

5a Man wickelt den Draht mehrmals um den Eisennagel und verbindet die beiden überstehenden freien Enden mit den Polen der Batterie.
b Der Elektromagnet kann aus- und eingeschaltet werden. Er kann eine höhere magnetische Kraft erzeugen.
c Elektrische Klingel, elektrischer Haartrockner
d Man nähert eine frei drehbare Magnetnadel den beiden Enden des Elektromagneten. Ein Ende des Elektromagneten zieht den Nordpol der Magnetnadel an und stößt den Südpol ab. Das andere Ende verhält sich umgekehrt.

6a Die Angabe bezieht sich auf die Ladungsmenge Q.
b Formt man die Gleichung $I = \frac{Q}{t}$ nach der Ladungsmenge Q um, erhält man die Gleichung: $Q = I \cdot t$. Die Einheit für die Stromstärke I ist 1 Ampere (1 A) und die Einheit für die Zeit ist zum Beispiel 1 Stunde (1 h). Multipliziert man die Größen miteinander, erhält man die Einheit 1 Ah. Das „m" ist ein Vorsatzzeichen und steht für „Milli", also den Zahlenwert 0,001.
c Gegeben: I = 850 mA, Q_{max} = 2400 mAh
Gesucht: t

$$I = \frac{Q}{t}; t = \frac{Q}{I};$$
$$Q = 0,8000 \cdot Q_{max}; Q = 0,8000 \cdot 2400 \text{ mAh} \quad Q = 1920 \text{ mAh}$$

$$t = \frac{1920 \text{ mAh}}{850 \text{ mA}}; t = 2,26 \text{ h}; t = 136 \text{ min}$$

Es dauert 2 Stunden und 16 Minuten, um den Akku vollständig aufzuladen.
d

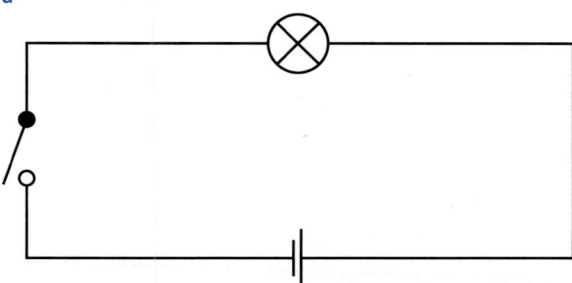

e Zwischen dem Plus- und dem Minuspol des Akkus breitet sich in den metallischen Verbindungsleitungen ein elektrisches Feld aus. Alle freien Elektronen des Metalls erfahren im elektrischen Feld eine Kraftwirkung in Richtung des Pluspols des Akkus. Sie wandern deshalb im Leiter vom Minus- zum Pluspol.

Tabellen mit wichtigen Größen

Physikalische Größen

Größe	Symbol	Einheit		andere Einheiten		Umrechnung
Länge	l, s	Meter	1 m			
Fläche	A	Quadratmeter	1 m²	Hektar	1 ha	1 ha = 10000 m²
Volumen	V	Kubikmeter Liter	1 m³ 1 l	Liter	1 l	1 l = 1 dm³ = 0,001 m³
Masse	m	Kilogramm	1 kg	Tonne	1 t	1 t = 1000 kg
Dichte	ρ	Kilogramm pro Kubikmeter	$1\,\frac{kg}{m^3}$	Gramm pro Kubikzentimeter	$1\,\frac{g}{cm^3}$	$1\,\frac{g}{cm^3} = 1000\,\frac{kg}{m^3}$
Zeit	t	Sekunde	1 s			
Geschwindigkeit	v	Meter pro Sekunde	$1\,\frac{m}{s}$	Kilometer pro Stunde	$1\,\frac{km}{h}$	$1\,\frac{km}{h} = 0,28\,\frac{m}{s}$
Kraft	F	Newton	1 N			
Ladungsmenge	Q	Coulomb	1 C	Amperestunde	1 Ah	1 Ah = 3600 C
Elektrische Stromstärke	I	Ampere	1 A	Coulomb pro Sekunde	$1\,\frac{C}{s}$	$1\,\frac{C}{s} = 1\,A$

Vielfache und Teile von Einheiten

Vorsatz	Vorsatzzeichen	Potenz	Zahl
Tera	T	10^{12}	Billion
Giga	G	10^{9}	Milliarde
Mega	M	10^{6}	Million
Kilo	k	10^{3}	Tausend
Hekto	h	10^{2}	Hundert
Deka	da	10^{1}	Zehn
Dezi	d	10^{-1}	Zehntel
Zenti	c	10^{-2}	Hundertstel
Milli	m	10^{-3}	Tausendstel
Mikro	µ	10^{-6}	Millionstel
Nano	n	10^{-9}	Milliardstel
Piko	p	10^{-12}	Billionstel

Ortsfaktor

Ort	g in $\frac{N}{kg}$
Erde, Normort	9,81
Erdmond	1,62
Merkur	3,70
Venus	8,87
Mars	3,71
Jupiter	24,79
Saturn	10,44
Uranus	8,87
Neptun	11,15
Sonne	274,0

Elementarladung

Elementarladung	$e = 1{,}602 \cdot 10^{-19}$ C

Dichte

Stoff	ϱ in $\frac{g}{cm^3}$
Feststoffe bei 20 °C	
Aluminium	2,702
Antimon	6,69
Blei	11,34
Eis (bei 0 °C)	0,917
Eisen	7,9
Gold	19,32
Kupfer	8,933
Messing (gelb)	8,4
PVC	1,37–1,64
Styropor	0,012–0,040
Flüssigkeiten bei 20 °C	
Benzin*	0,78
Ethanol	0,789
Quecksilber	13,5
Spiritus*	0,83
Wasser	0,998
Wasser (bei 4 °C)	1,00
Zuckerwasser (Massenanteil Zucker 60 %)	1,29
Gase bei 0 °C und 1013 hPa	
Kohlenstoffdioxid	0,00198
Luft*	0,00129
Sauerstoff	0,00143
Stickstoff	0,00125
Wasserstoff	0,00090

*durchschnittlicher Wert

Schaltsymbole

Regelbare Elektrizitätsquelle (Netzgerät)	
Batterie	
Glühlampe	
Motor	
Leuchtdiode	
Schalter (offen)	
Verzweigung	
Stromstärkemessgerät	
Sicherung	
Erdung	

Lichtgeschwindigkeit

Optisches Medium	c in $\frac{km}{s}$
Vakuum	299792
Luft	299706
Wasser	225000
Plexiglas	201000

Stichwortverzeichnis

Bildquellenverzeichnis

Titelbild
Shutterstock.com/GaudiLab.

Illustrationen und technische Zeichnungen
Cornelsen/Hannes von Goessel (S. 203) | Cornelsen/Gregor Mecklenburg (S. 8/u., 18, 24/o., 26/u., 29/2, 43/u., 46/1+2, 47, 48/o., 51/6, 52/o. r., 57/4, 58/2, 59, 66/1, 67/r., 72/2, 76/o., 121/6 o.,126/1, 164/o., 193/8) | Cornelsen/Tom Menzel (S. 62/r.) | Cornelsen/ Markus Gaa Fotodesign (S. 81/6) | Cornelsen/Matthias Pflügner (S. 19/o., 39, 52/u., 85/4, 116/3 l.) | Cornelsen/ Matthias Pflügner, bearbeitet durch Gregor Mecklenburg (S. 100/2, 116/3 r.) | Cornelsen/Walther-Maria Scheid (S. 9, 14/u., 15-17, 19/u., 20, 21/5 u., 24/Mi., 25/4, 26/Mi., 27, 28/2, 29/1+4, 30/1+2., 31, 32/Mi., 33/2, 35/l., 36/u., 37/3+4, 40, 42/u., 43/o., 44, 48/1+2, 49, 50, 51/8, 52/o. l., 53/3, 56/1+2, 58/1, 62/L., 63, 64/1+2, 65/3+4, 67/L., 68/1+2, 69, 70/1-3, 71, 72/1, 73, 74/2, 75/Mi., 76/u., 80/1-4, 81/6, 82/3, 83/4+7, 84, 85/1+3, 87, 88/2, 90/2+3, 90-93, 94/2, 95, 96/2, 98/2-4, 99/5+8, 99, 100/1+3u., 101/4, 102, 103/2, 106/1-3, 107/5+7, 108/1+2, 109, 110, 111/8, 112/1+2, 113, 114/1+2, 115, 116/1, 117-119, 120/1, 120/2 l.: 121/5, 122/1+2, 123, 124/1-3, 125, 126/2, 127, 129/7 r.+8 r., 130/4 r., 132, 136/2+3, 137, 138/1+2, 139, 140/1+2 u., 141, 142/1, 143/4, 144/1+2, 145/4, 147, 148/2, 149/7, 150/l.+u. r., 151/5, 154/2, 155-157, 158/1+2, 159/3, 160/1+2, 161, 162/1 l., 2+3 l., 163, 164/1+2, 165, 166/1+2, 167/4, 168, 170/1+2, 171/3+6, 172/1 r., 2 r.+3, 173-175, 178/2+3, 179, 180/1+2, 181, 182/2+4, 183/r., 184/l.+Mi. r., 185/8, 186/1-3, 187/4, 188/1, 189/3, 191, 192, 194, 196, 198-201).

Fotografien
Adobe (S. 5/6: mawardibahar, 7: Leonid Tit; S. 10/Mi. l.: dmitrimaruta; S. 14/1: rochagneux, o.: BRIAN_KINNEY; S. 21/1: leomalsam; S. 25: akf; S. 28/1: gourmecana; S. 33/3: alexlmx, 5 l.: euthymia; S. 36: aletia2011; S. 37: alexlmx; S. 41/11: Jürgen Fälchle, 11 Digitalanzeige: aigarsr; S. 42: Didi Lavchieva; S. 45/A: Picture-Factory, E: mostockfootage; S. 46: sylv1rob1; S. 51/7 o.: Valeriy Velikov, 7 Mi.: serguastock, 7 u.: alonesdj; S. 53/2: pit24; S. 57: ggw; S. 60/2: Georgios Kollidas; S. 68/o.: Monkey Business; S. 75: bjphotographs; S. 77/3 r.: Jurga Jot; S. 88/o.: WavebreakMediaMicro; S. 90/1: Steve Mann; S. 99/7: psdesign1; S. 103: dmitriisimakov; S. 112: phonlamaiphoto; S. 114: Inara Prusakova; S. 120/o.: Andrey Armyagov, 3: Firma V; S. 121/6 u.: nito; S. 122/3 l., r.: dimvix; S. 124: Edler von Rabenstein; S. 128/1: BlueOrange Studio, 2: tl6781, 4: kelifamily; S. 129/5: Patrick Daxenbichler, 7: Deki, 8: prochym; S. 130/4: kuritafsheen, 5: zdshooter; S. 134/S. 135: mawardibahar; S. 140: Matze; S. 146/4: Maxim Pavlov; S. 151: photomelon; S. 152/S. 153: Leonid Tit; S. 154/o.: Tobilander; S. 167/5: Wavebreak Media; S. 185: alexlmx; S. 186: djama; S. 187/6: embeki; S. 188/o.: Superingo) | akg-images GmbH (S. 53/4: akg-images) | ClipDealer GmbH (S. 45/B: Birgit Reitz-Hofmann) | Cornelsen/Volker Döring: S. 24; S. 187/5; S. 195/2 - Jürgen Klebbe: S. 195/1 - Volker Minkus: 45/6; S. 86/1, 2; S. 89; S. 143/2, 3; S. 146/1, 2; S. 148/3; S. 170; S. 171/4, 5; S. 182/3 o.; S. 183; S. 184/5 (1-4); S. 188/2) | Deutscher Verkehrssicherheitsrat (DVR) (S. 30) | dpa Picture-Alliance (S. 144: Arne Dedert; S. 182/1: SZ Photo; S. 190/1: Robert Guenther) | Imago Sportfotodienst GmbH (S. 82/o.: Hartenfelser) | Imago Stock & People GmbH (S. 38: StockTrek Images; S. 146/3: Westend61) | INTERFOTO (S. 167/6: Granger, NYC) | Kirchhoff-Institut für Physik, Universität Heidelberg (S. 142) | Markus Gaa Fotodesign (S. 81/5; S. 82/1, 2; S. 83/5, 6; S. 88/1; S. 94/1; S. 97/4; S. 108; S. 111; S. 116/4) | Mauritius Images GmbH (S. 3/3: Cavan Images; S. 4/5: John Seamons; S. 10/o.: TopFoto; S. 54/S. 55: Cavan Images; S. 65: Science Source / David M. Phillips; S. 70: Oleg Belov; S. 90/4: NASA Image Collection; S. 94/o.: John De Mello; S. 101: Phil Degginger; S. 104/S. 105: John Seamons; S. 126: Science Source/Larry Landolfi; S. 136/1: Science Source/ Phil Degginger; S. 138: Eye Ubiquitous; S. 145/3: Science Source/Phil Degginger, 5: sciencephotos; S. 150/r. o.: Science Source/Phil Degginger; S. 160: Marco Rubino Photography; S. 162/3: GL Archive; S. 166: sciencephotos; S. 190/2: Jochen Tack) | NASA (S. 3/1, S. 6, S. 7) | PEFC Deutschland e.V. (S. 2) | Science Photo Library (S. 34/o.: NASA; S. 60/3: IBM RESEARCH; S. 96/1: SAM OGDEN; S. 97/3: Giphotostock; S. 99/6: MAXIMILIAN STOCK LTD; S. 100: TREVOR CLIFFORD PHOTOGRAPHY; S. 107/4, 6: Giphotostock; S. 120/2 r.: LAURENT DOUEK/LOOK AT SCIENCES; S. 129/6: ROYAL ASTRONOMICAL SOCIETY; S. 131/7: Giphotostock; S. 154/1: Giphotostock; S. 159: MARTYN F. CHILLMAID; S. 162/1: Science Photo Library; S. 167/3: Giphotostock; S. 172/1 l., 2 l.: Kinsman, Ted; S. 178: Science Photo Library) | Shutterstock GmbH (S. 3/2: conrado; S. 4/4: Anton Petrus; S. 5/8: Art Konovalov; S. 8: Praethip Docekalova; S. 10/Mi. r.: Studio 37; S. 11: Andrii Spy_k; S. 21/5 o.: Raoul Axinte; S. 22/S. 23: conrado; S. 26: Mauricio Graiki; S. 28/3: Andrey Armyagov; S. 32: Alex Kolokythas Photography; S. 33/5 r.: Gtranquillity; S. 34/u.: Benoist; S. 35/5: Sergey Furtaev; S. 45/C: Arnon.PT, D: Jeff Hinds, F: mydegage; S. 56: Albina Tiplyashina; S. 58: nd3000; S. 60/1: markara, 4: Kateryna Kon; S. 61: titov dmitriy; S. 64: Ingus Kruklitis; S. 66: Paul Broadbent; S. 68/3 l.: gloverk, 3 r.: Rabbitmindphoto; S. 74/3: Ravital, 4: Gandolfo Cannatella; S. 77/1: Weerasak P, 3 l.: Tetyana Afanasyeva, 4: Tanja Esser; S. 78/S. 79: Anton Petrus; S. 80: supertramp88; S. 86/o.: Raskolnikov; S. 96/o.: sandra zuerlein; S. 98: loskutnikov; S. 106: Lunn; S. 116/2: Corepics VOF; S. 120/2 l.: Blaz Kure; S. 121/4: Skocko; S. 122/o.: Mostovyi Sergii Igorevich; S. 128/3: Soru Epotok; S. 131/6: KN; S. 133/2: Olgysha, 3: hdsidesign; S. 136/o.: ae san; S. 149/10: petch one; S. 158: Yupa Watchanakit; S. 176/S. 177: Art Konovalov; S. 180: Lumppini; S. 189: Coprid; S. 193: apicpueques; S. 195/6: art_photo_sib).

Modelle

In der Physik nutzen wir Modelle, um uns Vorgänge besser vorzustellen oder um sie zu erklären.

Modell	Teilchenmodell	Lichtstrahl	Elementarmagnete
Das Modell beschreibt/veranschaulicht ...	**... den Aufbau der Stoffe und Körper.** Alle Stoffe bestehen aus kleinsten unter sich gleichen Bausteinen, den Teilchen. Diese befinden sich in ständiger Bewegung. Sie bewegen sich umso heftiger, je höher die Temperatur des Körpers ist.	**... die Ausbreitung des Lichts.** Licht breitet sich in Luft mit einer Geschwindigkeit von etwa $300\,000\,\frac{km}{s}$ geradlinig aus. Ein sehr schmales, parallel verlaufendes Lichtbündel nennt man Lichtstrahl.	**... den Aufbau ferromagnetischer Körper.** Ferromagnetische Körper bestehen aus kleinsten Elementarmagneten, die jeweils einen Nord- und einen Südpol besitzen und bereichsweise gleichsinnig orientiert sind.
Was man mit dem Modell erklären kann:	Unter anderem die unterschiedlichen physikalischen Eigenschaften der drei Aggregatzustände	Die Entstehung von Schatten Den Lichtweg durch Linsen	Das Magnetisieren und Entmagnetisieren von ferromagnetischen Stoffen
Bildliche Darstellung des Modells	fest: flüssig: gasförmig:	Schattenbildung: Schattenbild Schattenraum Lichtstrahl Lichtweg durch Linsen:	Unmagnetisierter Eisennagel ... ... wird magnetisiert: